北京第二外国语学院科研重点项目（16A004）；北京高等学校青年英才计划项目资助（Beijing Higher Education Young Elite Teacher Project)

『包容性发展』与收入分配：智利案例研究

• 黄乐平 著 •

中国社会科学出版社

图书在版编目(CIP)数据

"包容性发展"与收入分配:智利案例研究/黄乐平著.—北京:中国社会科学出版社,2016.8
ISBN 978-7-5161-8943-6

Ⅰ.①包… Ⅱ.①黄… Ⅲ.①经济发展—研究—智利—现代②收入分配—研究—智利—现代 Ⅳ.①F178.44

中国版本图书馆 CIP 数据核字(2016)第 221733 号

出版人	赵剑英
选题策划	罗 莉
责任编辑	刘 艳
责任校对	陈 晨
责任印制	戴 宽

出 版	中国社会科学出版社
社 址	北京鼓楼西大街甲 158 号
邮 编	100720
网 址	http://www.csspw.cn
发 行 部	010-84083685
门 市 部	010-84029450
经 销	新华书店及其他书店
印 刷	北京君升印刷有限公司
装 订	廊坊市广阳区广增装订厂
版 次	2016 年 8 月第 1 版
印 次	2016 年 8 月第 1 次印刷
开 本	710×1000 1/16
印 张	18
插 页	2
字 数	309 千字
定 价	66.00 元

凡购买中国社会科学出版社图书,如有质量问题请与本社营销中心联系调换
电话:010-84083683
版权所有 侵权必究

在一个较长的时期内，拉美和加勒比国家在收入分配问题的认识上存在一定的误区，单纯强调经济增长忽视收入分配。作为后发展国家，人们一直以为经济增长缓慢、发展落后造成这些国家收入分配不断趋于恶化。只要改变这一趋势，拉动经济增长就可以带动收入分配的改善。因此，在第二次世界大战结束之后，拉美国家普遍实行了国家主导型的进口替代工业化战略。当时，无论是联合国拉美经委会还是拉美国家政府都强调了国家对经济的干预，并相应地提出了一系列推动经济增长的政策主张。因为他们都相信，只要经济增长了，就业就能得到改善，民众的收入也会相应地提高，贫困人口就会减少，收入分配就可以相应地得到改善。然而，结果却并非如此。尽管经济增长了，甚至在一些国家还出现了高增长的奇迹，但是收入分配不公现象却依然十分突出，并且出现了贫富两极分化日趋加剧的趋势。有些社会阶层甚至被排斥在发展之外，未能享受到发展的成果，并在此后20世纪80年代爆发的债务危机以及为应对危机而进行的经济结构调整中进一步遭受到严重的打击。

由此，人们终于认识到初次分配中正确处理效率与公平，对于实现收入分配公平而言具有非常重要的意义。这里之所以要强调兼顾效率与公平，因为在拉美和加勒比地区民粹主义具有一定的影响，而且也代表了相当一部分人的诉求。如果不顾一国经济发展的现实，在初次分配中一味满足民粹主义的要求，同样会影响有利于公平的收入分配体系的建设。然而，忽视初次分配，最终也难于实现收入分配的公平。因此，在拉美和加勒比地区中，在初次分配中正确处理好效率与公平之间的关系，是实现收入分配公平的重要一步。拉美的现实表明，一旦随着经济增长的加快以及国民经济的"蛋糕"不断被做大，相应的利益集团也逐渐形成并且壮大，建立在这一基础上的收入分配基本格局也已形成，此后想通过再分配的途径改变已有的收入分配格局，将会遇到利益集团的强烈反对，从而加剧了改善收入分配的难度，甚至有可能在已有的基础上加剧贫富两极分化和收入分配不公的固化。拉美和加勒比国家的现实已经证明了这一现象的真实存在。

拉美国家在收入分配问题上给我们另一个非常重要的启示是，如果没有相应的完善的制度保障，仅仅依靠政府社会政策的支持，或者实施类似"包容性发展"战略，都难以改变该地区收入分配不公和贫富两极分化的现状，甚至还会因经济环境的变化导致政府社会政策调整引发新的问题。

序

长期以来，拉丁美洲和加勒比地区一直被认为是世界上收入分配最不公和贫富差距最大的地区。尽管该地区各国的具体表现有所差异，但是它们由此面临的经济和社会发展的严峻挑战却是相同的。无论是经济发展长期相对稳定的国家，还是经济发展相对缓慢的国家，或者是处于不同的经济发展水平的国家，该地区几乎所有国家都无法回避收入分配不公和贫富差距两极分化及其所带来的一系列社会问题的困扰。即便是本书所分析的智利，尽管其是经济合作与发展组织成员国，并被认为是拉美和加勒比地区首个走出中等收入陷阱而跨入发达国家行列的国家，但该国至今却未能走出收入分配不公的陷阱。这也极具拉美国家的特色，经济发展与收入分配公平之间存在一条难于跨越的鸿沟，尽管一些国家试图通过相关政策和发展战略的结合扭转这一趋势。究竟是什么原因造成这样一种现象，如何才能走出这一陷阱，这是国内外学者感兴趣的课题。

本书以智利为案例，作者选择了该国经济发展相对平稳的时期，深入分析其收入分配的演变趋势及"包容性发展"战略的实际成效，试图找出影响智利收入分配变化的主要因素。作者通过对智利初次分配和再分配的分析，研究增长、生产、教育、税收、社会保障等与收入分配之间的关系，从而认为政府在增长与分配、效率与公平、国家与市场关系上所采取的不同的处理方式，在一定程度上对收入分配的变化具有重要的影响；与此相应地，国家在这些方面的相关政策对收入分配的影响具有不可替代的重要作用。然而，作者也从智利的实际情况中看到，如果造成收入分配不公的相关制度不能得到根本改变，国家为改善收入分配而采取的政策安排和实施"包容性发展"战略的努力都难以取得预期的实质性进展。这对我们认识拉美和加勒比地区的收入分配问题是有一定的启示意义。

在这方面，拉美国家近10多年来的实践也为我们提供了较为深刻的教训，其中一些国家的经济和社会政策出现了顺周期的大起大落的变化，国民的收入分配状况也相应地出现了剧烈变化，原先的脱贫者重新返贫，由此产生了一系列新的社会问题，在一些国家甚至导致危机的产生。自2003年起，受外部经济环境的影响，拉美经济也进入了新的繁荣周期，委内瑞拉、巴西等国政府利用自身的自然资源优势所获得的巨额收入，加大了在改善收入分配和反贫方面的财政投入，相应的财政和社会政策也出现了明显的顺周期趋势，并且取得了明显的效果，民众对政府的支持率和期望值也达到了较高的程度。然而，随着美国次贷危机引发的全球危机蔓延，拉美经济也迅速跌入下行通道，一些曾因政府在社会政策上的高投入获得民众高支持率的国家，也因政府的财政和社会政策的顺周期调整，收入分配趋于恶化，相应的民众支持率也大幅度地急剧下降，甚至导致危机的产生。例如，委内瑞拉在新一轮的国会选举中反对党获得大胜并具有绝对掌控权，该国也因此陷入了府院之争的危机之中；巴西则陷入执政联盟瓦解、总统因弹劾案而暂时离任180天、经济陷于滞胀，原有的社会政策正面临大幅度调整。拉美的现实表明，没有制度保障相应的改善收入分配政策都难以持续，并且不可避免地会随经济周期的波动而变化，最终还会导致政权更迭，收入分配不公的现状难以从根本上改变。因此，对于拉美国家而言，相关的收入分配制度的创新和完善是实现收入分配公平的最重要的、无法回避的选择，也是学者需要进一步深入研究的课题。

吴国平

2016年5月22日

目 录

绪 论 …………………………………………………………（1）
    一　选题背景和选题意义 ………………………………（1）
    二　国内外相关研究现状及文献综述 …………………（3）
    三　研究方法和角度 ……………………………………（10）
    四　基本思路和结构安排 ………………………………（12）

第一章　收入分配理论研究综述 ……………………………（14）
  第一节　一般收入分配理论的历史演进 ………………（14）
    一　古典和新古典经济学代表人物对收入分配的论述 ……（14）
    二　马克思对收入分配的论述 …………………………（17）
    三　新剑桥学派对收入分配的论述 ……………………（18）
    四　发展经济学对收入分配的论述：经济增长与收入分配
        的关系 ………………………………………………（19）
    五　对以上理论的简单总结 ……………………………（24）
  第二节　收入分配中效率与公平的关系 ………………（25）
    一　效率与公平的内涵 …………………………………（25）
    二　收入分配中效率与公平的关系 ……………………（28）
  第三节　收入分配中国家与市场的关系 ………………（31）
    一　西方经济学理论对国家与市场作用的论述 ………（32）
    二　收入分配中国家与市场的关系 ……………………（34）

第二章　"包容性发展"战略与收入分配
    ——拉美和智利的视角 ………………………………（36）

第一节 拉美收入分配理论的演进 ………………………………… (36)
  一 结构主义对收入分配的论述 ………………………………… (37)
  二 "先增长，后分配"的收入分配理论 ………………………… (39)
第二节 "社会凝聚"与"包容性发展"理念的形成 ……………… (41)
第三节 智利"包容性发展"理念的内涵与收入分配 ……………… (44)

第三章 20世纪70年代以来影响智利收入分配变化的主要因素 … (48)
第一节 20世纪70年代以来智利收入分配的演变与成因 ……… (49)
第二节 影响智利收入分配变化的各项因素与收入分配的
       相关性 ………………………………………………………… (56)
  一 宏观经济形势、经济增长与收入分配 ……………………… (57)
  二 生产和就业异质性与收入分配 ……………………………… (60)
  三 教育与收入分配 ……………………………………………… (69)
  四 税收与收入分配 ……………………………………………… (71)
  五 社会保障与收入分配 ………………………………………… (73)
第三节 结论 ………………………………………………………… (75)

第四章 智利"包容性发展"的成效和问题
     ——初次分配环节 ………………………………………… (78)
第一节 保持宏观经济稳定和增长：宏观经济政策、成效及
       当前的挑战 …………………………………………………… (78)
  一 1990年以来宏观经济政策的特点及成效 ………………… (79)
  二 宏观经济政策面临的挑战 …………………………………… (91)
  三 结论 …………………………………………………………… (94)
第二节 生产同质性政策、成效及问题 …………………………… (95)
  一 促进生产同质性：提高中小微企业生产率的政策 ………… (96)
  二 生产同质性现状及存在的问题 …………………………… (105)
第三节 劳动制度改革政策、影响及就业同质性目标 ………… (113)
  一 20世纪70年代以来智利劳动制度改革的演变 ………… (114)
  二 就业异质性：劳动制度改革对各种劳动者的不同影响 … (119)
  三 实现就业同质性目标、保护非正规劳动者的政策选择 … (123)
第四节 教育机会公平政策、成效及教育机会的阶层差距 …… (126)

  一 教育投入和教育机会公平政策 …………………………（126）
  二 教育改革的成效和教育机会的阶层差距现状 …………（129）
  三 促进阶层之间教育机会公平的政策选择 ………………（136）

第五章 智利"包容性发展"的成效和问题
    ——再分配环节 ……………………………………………（141）
 第一节 税收制度及其对收入分配的影响 ……………………（141）
  一 税收结构和税改趋势 ……………………………………（142）
  二 税收结构对财政收入和收入分配的影响 ………………（146）
  三 提高税收收入并进而改善收入分配的政策选择 ………（150）
 第二节 社会保障制度及其对收入分配的影响 ………………（154）
  一 现行社保制度及促进社保公平的政策 …………………（154）
  二 社保制度对收入分配的影响 ……………………………（159）
  三 社保领域促进收入分配改善的政策选择 ………………（173）

第六章 结论、展望与启示 ……………………………………………（176）
 第一节 结论：智利通过"包容性发展"战略改善收入
     分配的经验和教训 ……………………………………（176）
 第二节 未来几年智利改善收入分配的展望及面临的挑战 ……（180）
 第三节 智利的经验教训对拉美国家和中国的启示 …………（185）
  一 对拉美国家的启示 ………………………………………（185）
  二 对中国的启示 ……………………………………………（189）

附录1： 米歇尔·巴切莱特政府施政纲领 2014—2018 年 ………（195）
附录2： 2001—2010 年拉美宏观经济改革的深化与再调整
    ——基于 2001 年阿根廷金融危机的教训 ………………（216）
附录3： 2001—2010 年拉美国家经济改革道路的分化
    ——以委内瑞拉和巴西为例 ………………………………（236）

参考文献 …………………………………………………………………（263）

后 记 …………………………………………………………………（275）

绪　论

"包容性发展"是目前世界各国普遍热议的话题，它也被很多国家认为是一种较为科学的发展模式。包容什么，如何包容？每个国家或许会给出不同的答案。对于拉美国家智利而言，"包容性发展"理念是与其收入分配问题紧密相连的，因为在经济长期稳定增长、人均收入水平领先于拉美主要国家、贫困率大幅降低、民主自由程度较高的背景下，其收入分配问题虽有所缓解，但依然严峻，成为未来智利发展过程中亟待解决的主要矛盾。如何包容增长与分配，促进两者的协调发展，是摆在智利政府面前的重要课题。本书将对智利"包容性发展"战略下的收入分配问题进行探索和研究。下面在绪论中将分别阐述本书的选题背景和意义、文献综述、研究方法和本书结构等内容。

一　选题背景和选题意义

"包容性发展"是新的发展时代向世界提出的一个新命题。这一概念体现了经济增长和社会全面发展之间的辩证关系，反映了世界各国对未来可持续发展模式的思考以及对社会公正和民生的关注。21世纪以来，在"包容性发展"理念的引导下，世界各国尤其是发展中国家在继续重视经济增长的同时将越来越多的注意力投向民生领域，力图推动经济和社会的协调发展。2000年联合国所提出的"千年发展目标"有力地促进了广大发展中国家对贫困、饥饿、教育等问题的关注和改善，为"包容性发展"模式的实施开了一个好头。然而相对于贫困等问题，收入分配问题是广大发展中国家更难以有效解决的一个顽疾，也必将是这些国家未来在实施"包容性发展"战略过程中应重点面对的问题。这是本书选取"'包容性发展'与收入分配"这一主题的主要背景。

拉丁美洲历来是世界上收入分配最不公正的地区之一，因此"包容性发展"战略对其有着特别重要的意义。20世纪50—80年代的进口替代工业化为拉美国家带来了经济独立和高速增长，但收入分配问题却相对被忽视了。80—90年代的经济结构性改革虽然试图纠正这一失衡现象，但由于政策和实践的失误，拉美国家收入分配状况不但没有改善，反而进一步恶化。2001年阿根廷金融危机的惨重代价不仅再一次促使各国对新自由主义经济政策进行反思，也使其对长期被忽视的社会问题有了新的认识。21世纪以来，随着左派在拉美许多国家崛起，新领导人纷纷把改善民生作为其政策的重点。同时，拉美学术界对欧洲之前所提出的"社会凝聚"概念进行了全新的诠释和解读，并引入新的"包容性发展"概念，在平等性增长、就业、教育和社保等方面进行了深入的理论探索并提出了一系列政策建议，对各国的收入分配政策起到了理论指导作用。

在拉美国家中，选取智利作为研究对象有一定意义。首先，相对于其他拉美国家，智利经济增长与收入分配之间的矛盾更为突出。自20世纪70年代末以来，智利经济经历了30年的持续稳定增长，其间还曾出现过阶段性高增长的"智利奇迹"。据拉美经委会（CEPAL）统计，2010年，智利人均GDP达到12613.5美元，超过世界银行2010年设定的12196美元的高收入经济体标准下限，成为第一个超越"中等收入陷阱"、进入高收入经济体行列的拉美大陆国家。同年，智利加入经济合作与发展组织（OECD），成为"富国俱乐部"中的一员。然而，在经济表现如此良好的情况下，智利的收入分配状况却依然不甚乐观，目前基尼系数仍处于0.5以上的高位，即使在拉美地区也处于中上水平。这一矛盾值得我们研究。其次，智利40年来的收入分配状况的发展过程及其成因在拉美国家中具有典型性：20世纪70—80年代智利军政府和90年代以来文人政府对增长与分配、效率与公平、国家与市场关系的认识和处理方式不同，因此这两个阶段智利收入分配的发展趋势截然相反。这与许多拉美国家近几十年来的经历是相似的。另外，1990年以来智利政府在改善分配的过程中所采取的措施具有一定的示范性，其中存在的问题具有启示性，因此其"包容性发展"战略的成绩和不足对其他拉美国家有一定的借鉴意义。研究智利可以找到对拉美该问题进行研究的突破口。

研究智利的"包容性发展"与收入分配问题还可以为中国提供一个可资借鉴的比较视角，具有一定的实践意义。1978年，随着改革开放序幕的徐徐拉开，中国开始发生翻天覆地的变化：35年来，中国国内生产总值年均增幅达9.4%，现在已成为世界第二大经济体；人均国内生产总值增加了约16倍，人民生活水平得到极大提高；政治、经济、社会、文化等领域全面发展进步，改革开放所取得的成就为世界所瞩目。然而在此过程中，中国的收入分配状况却急剧恶化。据估计，1978年中国基尼系数为0.2左右，尚处于"收入比较平均"的范围；2000年前后越过0.4的警戒线并继续升高；2014年初，国家统计局公布的2013年中国基尼系数为0.473，而许多学者认为已超过0.5，进入"收入差距悬殊"范围，甚至有学者称已达到0.61。如今，收入差距悬殊已成为制约经济增长和转型升级的主要因素，而更重要的是，它所带来的贫富阶层对立造成社会矛盾不断加剧，如果未来出现经济形势恶化，则积蓄已久的矛盾必然爆发出来，造成严重破坏。因此，改善收入分配，促进经济增长与收入分配的包容性发展是中国当前面临的刻不容缓的任务。近年来，中国相继提出科学发展观、建设和谐社会、加快经济发展方式转变等一系列理论和思想，在促进就业、普及教育、改善医疗条件、完善社保制度、减少贫困、改善收入分配等方面做出了不懈努力。实现"包容性发展"已成为中国未来发展的一个明确目标。

中国与智利开始进行改革的年代相似，而且都经历了经济高增长与收入分配状况恶化并行的发展过程，类似的现象背后有着类似的原因。因此，对智利"包容性发展"战略下的收入分配问题进行研究可以为探索导致我国收入分配问题的原因以及思考未来收入分配改革的设计方案提供一些参考和借鉴，具有一定的实践意义。

二 国内外相关研究现状及文献综述

目前，国内外专门研究"智利的'包容性发展'与收入分配"这一主题的文献较为罕见，而与之相关的其他主题的研究成果较多，尤其是拉美国家西班牙语和英语写成的相关文献较为丰富，主要集中在以下两个方面：第一，增长与分配的关系和"包容性发展"理念；第二，20世纪70年代以来智利的收入分配以及与之相关的改革措施和存在的问题，包括宏观经济、生产同质性、就业同质性、教育、税收和社会保障等领域。

（一）增长与分配的关系和"包容性发展"理念

21世纪以来，随着拉美各国开始对之前的新自由主义经济改革政策进行反思以及许多国家左派政府的上台，社会问题重新得到重视，而长久以来争论不休的关于增长和分配的关系问题再次进入人们的视野。在这方面最著名的经典论断或许是库兹涅茨在20世纪50年代提出的"倒U型"曲线。该理论认为，在经济增长初期，现代化部门受益较多，资本所起的作用较为明显，因此少数的资本所有者会获得更多的利益，于是收入分配公正程度会随着经济增长而趋于恶化。当人均收入达到中等水平，各部门劳动力收入差距缩小，收入分配公正程度随之改善。刘易斯进一步指出，收入分配的不平等是经济增长的必要条件，因为收入分配不平等有利于高收入阶层扩大储蓄，从而形成投资，发展生产，促进经济高速增长。发展初期的分配不公是增长的必要"代价"，过早进行再分配调节会阻碍经济的增长。

受其影响，拉美国家在20世纪70年代也产生了类似的理论，如巴西经济学家西蒙森的"积累理论"和内托的"蛋糕理论"，都主张先集中力量促进增长，不必顾忌收入差距的拉大，最终靠增长解决分配问题。80—90年代的拉美经济结构性改革中，各国在收入分配问题上奉行新自由主义的"滴漏效应"理论，认为自由市场经济制度带来的高增长会自动解决分配和贫困问题。

但从长期来看，拉美大多数国家在进口替代和新自由主义改革时期的增长并没自动带来分配和贫困问题的改善。因此，许多学者对"先增长、后分配"的理论提出质疑或反对。阿尔德曼等人提出"先分配、后增长"，认为如果没有广大民众参与经济发展的积极性，经济就只会有增长而无发展。卡莱斯·鲍什（2011）认为经济平等程度的提高能够加大民主制度建立的可能性，从而可以减少社会矛盾和暴力革命发生的可能性，这对于经济增长是有益的。而更有说服力的是钱纳里等人提出的"伴随增长的再分配"理论。该理论认为必须重视收入再分配以解决贫困问题，但同时必须继续努力促进经济增长，即"增长与消灭贫困之间无交替可言"。然而，这一理论虽然同时强调了再分配和增长的重要性，但并未强调增长过程的平等性。于同申等人（2009）指出，发展中国家能否一方面取得较快的经济增长，另一方面减少收入不平等状况，主要取决于发展过程的性质，即增长是如何实现的、有谁参与、哪个部门优先等。这一观点与 Infante y Sunkel（2009）的主张相似。他们认为，应当实现平等性增长，改变拉美长期存在的生产异质性，提高落后生产部门的生产率，改善初次收入分配，这样才能从根本上解决分配和贫困问题。

在解决分配和贫困问题时，除了增长和分配的关系，另一个必须探讨的重要问题是国家在发展中所扮演的角色。因为无论是要保持宏观经济健康稳定，还是要改善初次分配和再分配，国家的公共政策和财政货币政策都起着不可替代的作用。Fortin（2009）指出，新自由主义主张由市场作为主体进行资源配置，最大程度地弱化国家对经济的干预作用，融入全球化，促进跨国资本流动。这种自由放任的市场经济政策导致了2008年全球经济危机。拉美经委会前执行秘书格特·罗森塔尔（Gert Rosenthal，2011）也认为20世纪80年代盛行的经济范式高估了市场的作用，低估了国家在经济和社会发展中的作用。仅靠市场信号不能解决一切问题，市场与国家应合理结合，以实现包括经济增长、更加平等、金融稳定和环境可持续发展在内的多极发展目标。OECD编写的《2012年拉丁美洲经济展望》（2011）指出，在应对目前的各种挑战（如提高人民生活质量、减少贫困和不平等）时，国家能够也应当起到一种基础作用：国家应提高财政货币政策的质量和效率，创造高质量就业，巩固透明、公正、牢靠的财政体系，提升人力资本，提高基础设施投资效率，支持创新和生产发展。Martner y Aldunate（2006）认为，拉美和加勒比地区在社会保障方面的落后地位使得积极财政政策的必要性凸显出来。尽管经济增长和就业是社会进步的基础条件，但国家公共支出的作用在中长期看来是非常重要的。吴国平（2010）认为，拉美国家逐渐摆脱了单纯追求小政府大市场的改革目标，寻求实现健康的市场、有效率的政府与和谐社会三者共存的机制。而一国政府的财政政策在实现社会凝聚目标（如就业、收入分配、教育、卫生、减贫等）的过程中具有不可替代的作用。

21世纪以来，社会问题越来越受到拉美国家的重视，人们对增长和分配的关系、国家在发展中所扮演的角色有了进一步的认识。在这样的实践和理论背景下，亟须符合新时代特征的新理念来为社会政策服务，帮助人们更好地阐释经济增长与收入分配等社会问题之间的关系及其协同发展的必要性。在"社会凝聚"等理念的基础上，2007年亚洲开发银行首次提出"包容性增长"理念，主要指一种将经济增长与社会公正、社会融入有机结合的发展战略。包括中国在内的许多国家对这一概念表示认可，并结合本国国情对其进行新的解读和阐释。陈宪（2010）对"包容"做出了解释：包容性增长，要求包容经济、社会和生态，包容短期利益和长期利益，包容本土化和全球化，而对于现阶段的中国和世界，最为重要的是包容效率与公平，以实现兼顾效率与公平的增长。美国著名政治学家和经济学家德隆·阿西莫格鲁和詹姆斯·A. 罗宾逊在其2012年出版的著作《国家为什么会失败》中探讨了包容性制度和长期经济增长的关系。他们在对欧美发达国家、非洲和拉美等地区的发展中国家以及许多贫穷落后国家长期历史发展过程进行考察研究的基础上，提出了包容性（inclusive）和汲取性（extractive）制度的概念。他们认为，实行包容性政治和经济制度是实现长期经济增长的关键，这是因为：在政治上，人民有广泛而切实的政治权利并能平等地参与政治活动；在经济上，人们可以通过自由竞争获得应得的产品，有很高的生产性激励。这些都有利于经济长期增长。相反，在汲取性制度下，人民没有广泛的政治权利，在经济上成为当权者攫取的对象，生产性激励不足，这必然阻碍经济长期增长。这一理论实际上强调了平等的政治、经济机会对经济增长的重要性，即"平等性增长"的重要性。拉美学者如Infante y Sunkel（2009）以智利为例指出了拉美包容性发展的特点。他们认为，在拉美各国导致社会排斥的主要因素是收入不平等，而这是由现行增长模式造成的。拉美生产领域历来存在严重的异质性，各部门生产率水平极不平衡，这在普雷维什为代表的老一辈拉美经委会学者的著作中早已有过深入论述。而这一问题目前依然存在：现代化部门和大企业生产率高，而解决大量就业的中小企业生产率低下，这在根本上导致了就业差异和财富集中，从而导致了初次分配的不平等。因此，相对于经济增长和以社保为主的再分配政策，要实现缩小收入差距、减贫和减少社会排斥的目标，更重要的措施和推动力在于通过生产同质性和就业同质性解决初次分配差距。他们认为"包容性发展"的目标是实现社会凝聚，而实现该目标的措施主要有四项：生产同质性，平等性增长，制度改变和社会保障政策。谈到初次分配和再分配的关系，于同申等人（2009）指出，发展中国家在反贫困的斗争中应首先理顺生产要素价格，改善就业机会和教育机会，注重资产的平等，为落后部门创造造血机能，这样才能提高其生产率，从而改善初次分配，其次才是利用财政进行再分配，而我们在实践中的思路恰恰与此相反。

（二）20世纪70年代以来智利的收入分配问题以及与之相关的改革

1973年皮诺切特领导的智利军政府上台后开始实施具有新自由主义性质的经济改革。在经历了一段波折起伏后，智利经济自20世纪70年代末开始进入稳定增长期。然而正是从这一时期开始，智利收入分配状况开始急剧恶化。1990 年文人政府时期，收入分配有所改善。拉美学者对造成这一现象的原因进行了分析。Cortazar（1983）通过比较 1970—1973 年与 1974—1982 年的智利居民收入和政府人均社会公共支出后认为，1974 年后收入分配恶化是因为政府大幅减少了社会支出。Ruiz - Tagle（1999）认为收入分配的恶化和改善是不对称的，虽然 20 世纪 80—90 年代智利经济高速增长但收入分配依然难以有效改善，因此经济增长是改善分配的必要条件，但不是充分条件。Ffrench - Davis（2003）详细回顾了 20 世纪 70 年代以来智利的历史并分析了导致其收入分配变化的原因：军政府时期收入分配恶化一方面是因为社会支出减少；另一方面是因为在"先增长后分配、效率重于公平、弱化政府角色"的原则下政府在生产结构、劳动制度、税收制度、社保制度等方面都实施了不利于公平的政策。文人政府执政后对改革进行"再改革"，增加了教育、医疗、社保方面的公共支出，保持宏观经济稳定以促进生产性就业和平衡，通过税制改革增加财政收入，对改善分配起到了积极作用。Machinea y Hopenhayn（2005）研究指出，新自由主义改革带来的私有化造成了新的生产异质性，跨国公司和大型垄断企业的出口能力、融资能力和技术水平与中小企业的差距越来越大，这是收入分配恶化的一项主要原因。González y Martner（2013）在对 1990 年以来智利收入分配变化研究后指出，教育、制度变化、宏观经济、财政（社会支出、税收累进性）是影响收入分配的重要因素。

　　1990 年后，智利文人政府强调"平等性增长"，注重经济和社会的平衡，实施了一系列积极的社会政策以减少贫困和改善收入分配。在与收入分配相关的各个改革领域政府进行了尝试和努力。与这些改革相关的研究文献也较为丰富。宏观经济稳定和经济增长是收入分配改善的前提。关于这一方面，Parrado, Rodríguez y Velasco（2012）指出，智利常年实施严格的财政纪律是保持财政平衡、促进宏观经济稳定的重要原因。加强财政责任有利于政府在必要的时候采取反周期政策，可以保证社会支出，维持竞争性汇率，减少对外资的依赖，不受国际金融风险影响。Marshall（2012）指出，20 世纪 70 年代智利改革之初，人们过于信任市场的力量和自我修正能力，从而在某种程度上忽略了价格稳定和金融稳定的重要性。针对这一问题，20 世纪 90 年代以来，智利中央银行加强了在货币和金融方面的责任，采取了较为谨慎的调控政策，保证了宏观经济的平稳运行。

生产同质性即提高中小微企业生产率的改革是促进收入分配改善的决定性因素。CEPAL（2009）认为，中小微企业因其在解决就业、减贫和促进地区经济发展方面所起到的特殊作用而在社会凝聚中扮演重要的角色。然而该部门在开展经营和技术创新过程中面临的最大障碍之一就是缺少必要的资金支持。这些企业不仅因资产规模小而无法为信贷提供担保，而且信贷成本对其而言也相对较高。Foschiatto（2006）认为，近年来智利加大力度投放小额信贷作为减贫和促进中小企业经济发展的手段。他分析了小额信贷计划的不同组织结构、干预模式以及公共部门的参与程度。Ferraro 等人（2010）、Bebczuk（2010）和 Pavón（2010）也对智利、秘鲁、厄瓜多尔等国促进中小企业融资的政策进行了介绍和分析。拉丁美洲开发银行（CAF）2011 年编写的报告特别分析了金融服务的可获性与经济发展和社会福利之间的关系：金融服务可以促进物质资本和人力资本的积累，提高企业生产率。报告首先分析了微型金融机构和小额信贷创新模式为提高中小微企业金融服务可获性做出的贡献，之后还介绍了与私人银行互为补充的、能够解决影响金融体系运行的市场缺陷的公共政策，以及国有发展银行应扮演的角色。Monsalves（2002）指出，智利在较长一段时期内的发展还需要依靠自然资源开采部门，因此从事传统行业的中小企业对推动经济增长和改善分配起着重要作用。他对智利推动中小企业技术现代化的公共政策进行了分析。Álvarez（2011）在对智利的研究中发现，生产率会随工艺流程的创新而提高，研发投入会增加流程创新，而大型企业会在研发上投入更多资金。可见，公共政策应加大对中小企业研发和创新的推动力度。OECD 编写的《2012 年拉丁美洲经济展望》（2011）也认为，应建立新的管理模式、强有力的制度以及有效的公共政策来推动私人部门投入研发和生产创新。Milesi（2011）指出，由于智利出口主要集中在低附加值产品和自然资源上，且主要以大型企业为主，因此提高中小企业出口能力有利于增强出口多样性。他还指出，内生竞争力和创新能力是中小企业国际参与取得成功的要素。Infante（2008）指出，要利用公共政策为中小企业提供基础设施、金融服务、职业培训等有利条件。

就业同质性改革与生产同质性改革有着紧密联系。Infante（2009）认为，智利的生产异质性对劳动力市场的分割以及各部门就业人员在工资、工作岗位条件、谈判能力和社会保障水平等方面的差异产生了重要影响。

Durán（2011）认为，智利的劳动力市场分割现象与生产异质性关系紧密，劳动制度薄弱、有差别也反过来导致了生产异质性。因此，劳动制度改革对转变生产结构至关重要。他进一步指出劳动制度改革主要分为以下几个方面：（1）社会对话；（2）工会改革；（3）集体谈判（又分为两方面：最低工资以及劳动者参与收益分配）。Maurizio（2011）指出，中小企业劳动者处于不稳定的就业状态，要经受国际竞争环境的挑战并适应技术更新的要求，劳动力素质就必须不断得到提高。要建立职业培训的长效机制，用教育和培训改善劳动条件和工资待遇。Chacaltana（2009）认为教育和职业培训领域应解决四大问题：（1）青年人无法公平地接受教育；（2）教育投资不足；（3）学习内容与就业市场的需求不一定相符；（4）教育质量的优劣只有当青年人就业相当长时间后才能被检验。之后，他介绍了拉美部分国家在解决这些问题方面所做的努力和获得的经验。

教育是促进机会公平从而在长期改善收入分配的重要因素，而公共支出对于促进教育机会公平有着重要意义。Arellano Marín（2001）研究了20世纪70年代以来智利政府公共教育支出对教育覆盖率的促进作用，并对1990年以来智利实施的"改善低收入群体基础教育质量计划"等多项旨在促进教育公平的计划项目进行了分析。Cisterna Cabrera（2007）分析了智利公立和私立教育在教学质量上的差距，指出这一差距是导致教育不公平的重要因素，教育正在复制现存的阶层差距。CEPAL（2010）将智利的公共教育支出按照收入五分位的分配、各收入群体30年来教育年限的变化、义务教育与初中等教育年限的关系等与拉美其他国家做了比较，指出近年来智利在教育机会公平方面取得了进步。而OECD（2011）研究了拉美各国不同收入群体的教育年限和教育流动性，发现智利各收入群体的教育年限差距在拉美国家中相对较小，但教育代际流动性较差。

税收是调节再分配的重要手段。Pavez（2005）专门对智利的增值税进行了研究，认为智利增值税在税收收入中所占比重不仅远高于OECD国家，而且高于拉美国家的平均水平，而直接税比重相对较低，这不利于税收制度对收入分配的调节。Jorratt De Luis（2009）对智利的直接税尤其是所得税进行了深入研究。他认为要促进税收公平首先应该对企业所得税进行改革，以促进其与劳动所得税的平衡。另外，税制改革应该废除大部分税收豁免，促进所得税的同质性，提高企业所得税税率，降低个人所得税边际税率。CEPAL（2013）对拉美国家的财政状况和税制改革做了总结梳理，从其中的数据可以看出智利近年来税收结构的改善。

社会保障是实现"包容性发展"及其"社会凝聚"目标的重要路径，是最重要的收入再分配手段之一，与初次分配调节政策相辅相成。郑秉文（2009）分析了拉美国家尤其是智利等较早实行社保私有化的国家缴费型社会保险覆盖率低的原因。他指出，拉美社保制度的减困效果之所以小于欧美，出现"增长性贫困"，一方面是由于初次分配不公，初始贫困率较高，另一方面是由于拉美社保私有化改革后存在一系列问题：个人账户完全积累制社会保险对个人遵缴率和缴费密度要求高的特点与拉美长期存在的就业市场多元化趋势形成冲突，导致替代率逐年下降；社保覆盖率较改革前不但没有上升，反而有所下降。Uthoff（2006）认为，20世纪80年代智利的社保私有化改革试图解决之前的养老金制度碎片化问题，建立个人账户来加强权利和义务的联系，但结果是并未扩大覆盖面，就业的异质性导致一部分人被排斥在社保体系之外。CEPAL（2006）提出了对现行养老金制度进行改革的建议。首先，加强非缴费型养老金，以照顾到无储蓄能力人群。其次，统一缴费体系，推动公平和效率，同时改革融资标准和受益结构，保证融资可持续性。最后，针对人群分割导致的储蓄和缴费能力低的现象，应完善和深化缴费和非缴费的连带融资机制。提到医疗保险制度，该报告指出，一方面要发展融资连带机制，将公共体系和社会保险进行整合，使接受服务和支付能力脱钩，保证人们公平地获得医疗服务；另一方面要控制成本，提高资源配置效率。Cecchini y Martínez（2011）同样阐述了利用公共支出整合社会保障制度，促进福利的公平获得，实现社会凝聚的思想。关于有条件现金转移支付计划，Villatoro（2005）认为有条件现金转移支付政策的实施背景是拉美在社保方面新的理念的产生。一系列经济危机和结构调整在社会领域造成的不良后果引发了关于社保合理性的争论。经过争论，人们看到，社会保障不仅要在短期内减少贫困，更要控制未来的风险：要在长期内改善人力资本，从而消除和超越贫困。Arriagada y Mathivet（2007）具体对智利的有条件现金转移支付计划——"连接"计划进行了分析。

三 研究方法和角度

本书将对智利经济增长与收入分配之间的矛盾以及智利改善收入分配的路径进行初步研究。经济增长中的收入分配是一个理论性与实践性都非常强的课题，本书在历史与逻辑相统一的原则下将采取理论联系实际、总量分析与结构分析相结合、定性与定量分析相结合、比较分析和指标分析相结合等研究方法。

第一，理论联系实际。本书对西方经济学历史上有代表性的收入分配理论进行总结归纳，并特别分析了增长与分配、效率与公平、国家与市场之间的关系。在这一理论基础上分析智利收入分配的具体情况以及与上述理论的关系。第二，总量分析与结构分析相结合。在对智利40年来收入分配总体发展脉络进行分析的基础上，对影响其收入分配变化的各项因素及其之间的关系进行分别研究。第三，定性与定量分析相结合。以定性分析为主，在相关理论基础上，通过分析历史和最新信息资料，对研究对象的性质进行经验性研究，对其发展趋势做出基本判断。同时，运用统计数据增强说服力。第四，比较分析和指标分析相结合。对智利不同历史发展阶段的收入分配状况进行纵向比较，并对智利和其他拉美国家以及欧美国家的情况进行横向比较。同时，适当选取系列指标以更全面展示比较分析的结果。

就分析角度和方法而言，首先，本书对收入分配的分析角度不是要素分配，而是规模分配，即根据基尼系数、收入五分位和十分位等指标来考察各个收入群体之间的收入差距；其次，与传统的收入分配分析方法不同——传统上一般多从各生产要素间的分配、土地所有制、城乡差别、地域差别等方面对收入分配问题进行分析，本书的分析是在"包容性发展"理念框架下对收入分配的分析，即从增长与分配、效率与公平、国家与市场三对关系的角度对历史经验和得失成败进行总结，进而对未来进行展望。

另外，本书在对智利历史进行分析时将选取20世纪70年代至今这一时期。这主要是因为70年代以来智利收入分配的演变过程与国家发展模式、国家政策的相关性非常密切，因而对这一时期进行分析能够对两者的关系得出一定有价值的结论，进而论证"包容性发展"战略的理论和实践意义。而且，智利的"包容性发展"理念也正是针对20世纪70—80年代以来增长与分配失衡发展的教训和90年代以来对其进行纠正的有益经验而总结提出的，所以选取20世纪70年代至今这一时期作为分析时段对于本书的主题而言更有针对性。

四 基本思路和结构安排

本书遵循历史与逻辑相统一的原则。本书的逻辑起点是西方经济学经典收入分配理论，尤其是增长与分配、效率与公平、国家与市场的关系，全书的论述将紧紧围绕这三对关系展开。本书的历史起点是20世纪70年代，将通过分析自1973年军政府执政开始至今智利的历史发展过程，结合对统计数据的分析比较，总结出40年来影响智利收入分配变化的主要因素即未来改善收入分配的主要路径为宏观经济和经济增长、生产同质性、就业同质性、教育、税收、社会保障，进而分别从初次分配和再分配两个环节对近年来这些路径上的政策和制度的成效及问题进行分析。这些影响因素即改善收入分配的路径与上述三对关系有机地联系在一起，形成本书的分析框架，如下图显示。

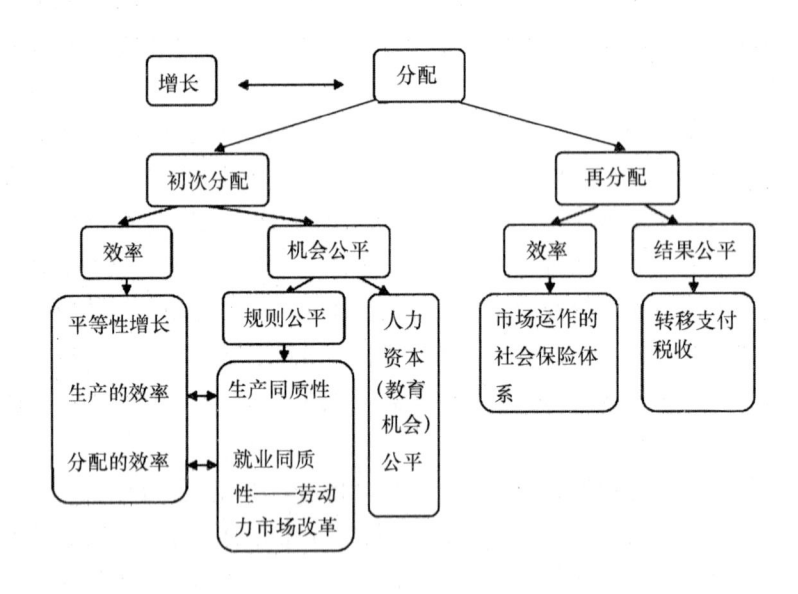

本书的分析框架

本书具体结构安排为：

第一章综述西方古典和新古典经济学理论中关于收入分配的经典论述和现代发展经济学中关于增长与分配的关系以及两者的相互影响，并归纳出关于收入分配的三对重要关系：增长与分配、效率与公平、国家与市场。接着第二章以拉丁美洲的视角综述20世纪50年代以来拉美国家的收入分配理论发展和历史教训以及新的社会发展理念和目标，在此基础上分析智利"包容性发展"理念的内涵。第三章选取智利当代历史中颇有代表性的两个时期：军政府时期（1973—1990年）和文人政府时期（1990年至今）来分析智利收入分配的演变及其成因，阐述"包容性发展"战略的重要性，并提出智利在这一战略下改善收入分配的主要路径。第四章和第五章分别从初次分配和再分配环节分析近年来智利在上述改善分配的路径上所采取的政策、成效及存在的问题。第六章进行总结，并在此基础上对未来几年智利收入分配改革进行展望，对其面临的挑战进行分析，最后给出智利的经验教训对拉美国家和中国的启示。

第一章 收入分配理论研究综述

在对智利"包容性发展"战略下的收入分配问题进行分析之前,本章将对相关的收入分配理论进行综述。

首先,第一节将对西方经济学历史上有代表性的收入分配理论进行简单的回顾和总结,以将其作为本书的理论基础。在对现代发展经济学收入分配理论进行梳理时将重点总结其关于增长与分配关系的论述。

其次,第二节和第三节将总结归纳西方经济学理论关于效率与公平、国家与市场关系的论述。增长与分配、效率与公平、国家与市场三对关系将构成本书对智利"包容性发展"战略下收入分配问题分析的理论框架。

第一节 一般收入分配理论的历史演进

从古典经济学到新古典经济学,从马克思主义政治经济学到发展经济学,历代经济学家都将收入分配作为其重要的研究内容之一。从本节中我们可以总结出各时期收入分配理论有关要素间分配关系以及增长与分配关系的观点和结论。

一 古典和新古典经济学代表人物对收入分配的论述

西方古典和新古典经济学收入分配理论主要研究功能分配,即各要素之间的分配关系及因此而产生的矛盾。代表人物有亚当·斯密、大卫·李嘉图、约翰·穆勒和 J. B. 克拉克等。

(一)亚当·斯密

西方古典经济学的奠基人亚当·斯密(Adam Smith)在其代表作《国富论》(即《国民财富的性质和起因的研究》,1776)中认为,国民财富在地主、资本家和工人三大阶级之间进行分配，表现形式分别为地租、利润和工资。

工资的形成经历了一个历史发展过程。起初"劳动的全部产物归劳动者所有"，然而"一旦土地变成了私有财产，地主就要从劳动产物中索取一个份额——地租"；接着，由于"劳动者的雇主要为其垫付庄稼收割前所需的生活费，因此要从劳动产物中扣除第二个项目——利润"①，这便形成了劳动工资。亚当·斯密指出，工资水平取决于工人和雇主间的合同，但雇主在这一关系中处于优势，法律支持他们联合起来压低工资。随着国民财富的增长，用工需求会不断增加，工资水平也会相应提高。

与工资不同，利润会随着国民财富的增长而减少，因为这时"许多富商把他们的资本都投入同一行业，他们中间的竞争必然导致利润的下降"②。利润率不易确定，但可以通过利息率间接判断。亚当·斯密反对垄断，鼓励竞争和资本自由流动，认为利润率和利息率应由市场供求决定。

地租是因使用土地而支付的价格。不管地主是否对土地进行改良，都要收取地租，因此地租是一种垄断价格。但是，如果因需求不足而使得土地生产物的平均价格低到只够支付生产成本和利润，那么地主就无法得到地租。

然而，在工业革命尚未大发展的时代，亚当·斯密更多关注的是如何为资本主义自由发展扫清障碍，因此重点论及的是生产问题，而非分配问题。他还没有预测到未来发生在劳资两阶级之间的惨烈斗争。

（二）大卫·李嘉图

19世纪初古典经济学另一位代表人物大卫·李嘉图（David Ricardo）批判地继承了亚当·斯密的学说，也认为国民财富在地租、利润和工资之间分配，但他尤为重视地租。与亚当·斯密不同，他认为"地租是付给地主的、报酬原有不可灭土壤力的生产物"③，不包括对土地进行改良而所投资本获得的报酬。地租不是生产物价格的一部分，它的产生是因为土地供给有限且质量有优劣之分：随着人口不断增长，劣质土地也必须被开

---

① ［英］亚当·斯密：《国富论》，谢祖钧译，新世界出版社2007年版，第54—55页。
② 同上书，第73页。
③ ［英］大卫·李嘉图：《政治经济学及赋税原理》，郭大力、王亚南译，译林出版社2011年版，第26页。

发利用，因而耕种优质土地须支付地租。地租额度由这两种土地的质量差别决定。另外，一种级差地租源于追加等额资本带来的不同生产率水平，即"地租发生的原因，是投下追加劳动量，收获必按比例递减"①。按照以上理论，生产越艰难，地租越高，因此地主与资本家和工人阶级间存在天然的冲突。地租有长期上升的趋势。

关于工资，李嘉图认为劳动的市场价格因供求关系变化而围绕其自然价格上下波动，最终两者会趋同；而这一自然价格仅够维持劳动者及其家庭最基本的生存需要。这种"生存工资"说将劳动降格为普通商品，劳动者完全没有进一步改善生活条件的希望。

既然生产物价格中不包括地租，那么它只由工资和利润组成，两者是此消彼长的关系，因此劳资两阶级从一开始就存在冲突。资本家将利润用于储蓄，进而成为经济增长的唯一源泉。随着经济的不断增长，利润会不断下降。

与亚当·斯密不同，李嘉图将分配法则看作经济学的主要问题。他开始较充分地认识到收入分配的重要性和各阶级间的冲突，这源于当时英国严重的社会矛盾。但他站在资产阶级一方并维护其利益，同时贬斥工人阶级的合理诉求。

(三) 约翰·穆勒

约翰·穆勒 (John Mill) 是19世纪后半期英国古典经济学的重要代表，其父詹姆斯·穆勒是李嘉图的忠实拥护者和宣扬者。约翰·穆勒继承了前辈的主要理论和观点。首先，他肯定地租是因使用土地而须支付的一种垄断价格，而且是由于土地质量有优劣之别而产生的。其次，他也认为工资和利润的变动方向是相反的；工资水平在短期内取决于劳动力的供求关系，而在长期内取决于劳动者的数量；随着投资竞争的日益激烈，利润水平有平均化的趋势。

穆勒的贡献主要有两点：首先，他指出分配法则的独特性，即它主要是由人为因素（尤其是统治集团的意志）支配的，而生产法则主要受自然规律支配。因此，他主要通过研究当时的社会制度、习俗和法律来分析分配制度。其次，由于当时的社会阶级矛盾日益激化，工人与资本家和地

---

① [英] 大卫·李嘉图：《政治经济学及赋税原理》，郭大力、王亚南译，译林出版社 2011 年版，第 28 页。

主间的分配问题已完全无法回避,因此穆勒深切地感受到对分配制度进行改革的必要性。他鲜明地指出,欠发达国家理应优先解决生产问题,而英国这样的发达国家必须首先重视分配问题。他提出的措施有:"第一,限制人口;第二,在尚未实行大生产方式的地方(如爱尔兰)实行小农经济;第三,限制财产继承权;第四,征收土地增值税,限制地租数量;第五,在已经实行了大生产的地方(如英格兰和法国),可以而且能够通过发展合作关系的办法来改变雇工和雇主的关系。"①

(四) J. B. 克拉克

从19世纪70年代起,新古典经济学通过"边际革命"而崛起,继续宣扬古典经济学的自由主义理论,但它以需求而非供给为分析核心,同时以边际效用价值论代替古典之劳动价值论,从而成为西方经济学的主流,美国的 J. B. 克拉克(John Bates Clark)为其代表人物。

克拉克创立了边际生产力分配理论。他首先认为分配和交换的过程应被纳入生产的范畴内来分析,因此分配过程是受某种自然规律支配的。接着,他根据"生产力边际递减规律"和"边际效用递减规律"指出,在上述自然规律支配下,社会个体根据其所掌握的生产要素对生产做出的贡献量来获取相应的收入,即"每一个生产要素创造多少财富就得到多少财富"②。生产要素的价格就是由最后单位生产力——边际生产力决定的,具体而言,工资由劳动的边际生产力决定,而利息由资本的边际生产力决定。工人、资本家和地主分别根据其拥有的生产要素所做贡献获得报偿,因此他们之间不存在剥削。由此得出结论,在静态、完全竞争的环境下,分配过程是公平的。

此外,克拉克还认为在静态经济环境下,由于存在完全竞争,因此资本家的利润是趋近于零的。而在动态过程中,部分企业家由于实施技术进步而获得利润。这一进步也会间接促使工资水平不断提高。

二 马克思对收入分配的论述

马克思批判地继承了古典经济学的理论,并革命性地提出了科学的劳

---

① [英] 约翰·穆勒:《政治经济学原理》,赵荣潜译,商务印书馆1991年版,第38页。
② [美] J. B. 克拉克:《财富的分配》,陈福生、陈振骅译,商务印书馆2009年版,序言第1页。

动价值论和分配理论。他指出，分配过程并不是脱离于生产过程之外的。一方面，生产资料的占有方式，即生产要素的分配方式是生产的前提，生产不是"空洞的抽象"；另一方面，生产关系决定产品的分配关系。因此，要素的分配决定生产，进而决定产品的分配。而在社会再生产过程中，生产是决定因素，它支配着分配、交换和消费这三个环节。

在分析了生产和分配的一般关系后，马克思提出了剩余价值论。他指出，在资本主义私人占有制下，劳动者被剥夺生产资料，被迫出卖劳动力。社会总产品（C＋V＋M）在扣除用于补偿物质成本的不变资本（C）后，可变资本（V）以工资的形式来补偿劳动者付出的必要劳动，而劳动者通过剩余劳动创造的剩余价值（M）被资本家无偿占有了。接着，剩余价值以地租、利息和企业利润的形式在地主、货币资本家和职能资本家三者之间被瓜分殆尽。

关于工资、利润和地租之间的变动关系，马克思指出，由于资本家追求资本积累和技术进步，因此资本有机构成（C/V，即不变资本与可变资本之比）不断提高，物质资本比例增加，而劳动力在总资本中的构成比例不断下降，这就形成了生产的相对人口过剩。在劳动力供大于求的局面下，工资被限制在仅够维持劳动者及家庭生存的水平上，工人阶级贫困化不断加剧。就利润而言，虽然其绝对量会不断增加，但由于"生产中使用的活劳动量相对不断减少，所以，这种活劳动中物化剩余价值的无酬部分同所使用的总资本的价值量相比，也必然不断减少。而剩余价值量和所使用的总资本价值的比率就是利润率，因而利润率必然不断下降"①。而由于土地需求会不断增加，因此地租在剩余价值中的比例也会不断上升。

三 新剑桥学派对收入分配的论述

二战后，凯恩斯的追随者出现分流：美国的萨缪尔森（Samuelson）将凯恩斯学说与新古典经济学的马歇尔等人的理论结合起来，建立了"新古典综合派"。该学派根据"边际生产力递减理论"，认为利润率会随着资本投入量的不断增加而降低，同时工人工资会不断提高。以琼·罗宾逊（Joan Robinson）为代表的英国凯恩斯派学者随即树起反马歇尔和反新古典综合派的大旗，创立"新剑桥学派"。他们指出"'资本'是不能测

---

① 马克思：《资本论》第三卷，人民出版社1975年版，第237页。

度的量值，因而资本边际生产率概念是没有意义的，用边际生产率说明工资率和利润率的理论也是站不住脚的"①。他们认为投资水平决定利润，随着经济的快速增长，高投资率必然使得利润在收入分配中的相对比例越来越大，而工资的比例则越来越小。这种分配不公和贫富分化是由资本主义制度造成的。以上观点使他们获得了"左派和马克思化的凯恩斯主义"的称号。

新剑桥学派进一步指出，在既定的经济增长率和资本—产出比例下，实现充分就业的稳定增长的一个重要的可行手段是改变储蓄率，而要改变储蓄率就要调整上述利润和工资在国民收入中的比例。他们建议由政府主导来对分配制度进行改革，通过实行累进税和遗产税等手段来降低利润所占份额，促进收入分配均等化。

新剑桥学派理论的一个突出特色，即将分配和增长结合起来进行研究，将分配引入增长模型，并将其作为实现稳定增长的一个重要条件。

四 发展经济学对收入分配的论述：经济增长与收入分配的关系

发展经济学兴起于第二次世界大战之后，主要以发展中国家的经济发展问题为研究对象。就收入分配理论而言，它在继承传统经济学理论、继续研究经济增长和要素分配的关系的基础上，把更多的重心放在规模分配和分配均等问题及其与经济增长的关系的研究上。其中，库兹涅茨的"倒U型"假说具有里程碑式的意义，它奠定了"总量和简约形式的研究方法"，"其最终目的是推导出发展过程中整体经济（economy - wide）内的收入分配的度量和人均收入之间的关系"②。这种理论模式产生了深远影响，之后的发展经济学收入分配理论基本都是围绕在对这一假说的论证上。

（一）库兹涅茨的"倒U型"假说和刘易斯的二元经济模型

美国经济学家西蒙·库兹涅茨（Simon Kuznets）在1955年发表的《经济增长与收入不均等》一文中对英、美、德等发达国家的时间序列数据以及发展中国家和发达国家的横截面数据进行研究后发现，经济发展的

---

① [英] 琼·罗宾逊、约翰·伊特韦尔：《现代经济学导论》，陈彪如译，商务印书馆2009年版，第3页。

② [英] 安东尼·B.阿特金森、[法] 弗兰克伊斯·布吉尼翁主编：《收入分配经济学手册》，蔡继明等校译，经济科学出版社2009年版，第761—762页。

早期阶段相对于后期阶段有着更高的收入不平等。由此他提出了著名的"倒 U 型"假说：在一国经济的增长初期，由于资本产生的作用更大，因此收入向资本所有者集中；他们的储蓄倾向更高，储蓄基本集中在富人群体。另外，随着城市化和工业化的发展，城市居民收入差距及城乡差距逐步拉大。因此，整体收入差距不断拉大。在经济实现工业化后，随着劳动力价格的提高和各部门生产率差距的缩小，收入差距会不断缓和（图1—1）。

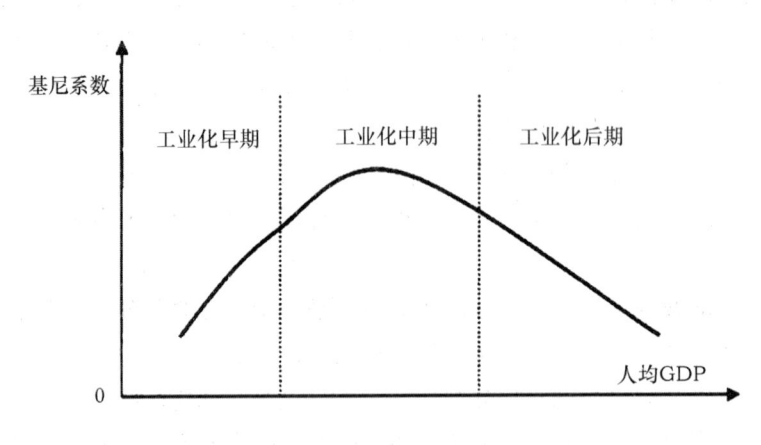

图1—1　库兹涅茨的"倒 U 型"曲线

库兹涅茨进一步指出，收入差距得以缩小还源于若干抑制因素：第一，国家会利用累进所得税和遗产税等税收、法律和行政手段来干预分配。第二，高收入群体人口会不断减少，中等收入群体的一部分人会补充到高收入群体中，使其比例维持不变。这会缩小收入差距。第三，随着新兴产业的发展，这些新兴群体会在收入分配格局中获得比传统产业所有者更多的优势。①

美国的阿瑟·刘易斯（Arthur Lewis）于1954年发表了论文《劳动力无限供给条件下的经济发展》，提出了著名的二元经济模型。该理论虽早于库兹涅茨上述论文，却为其给出了非常有力的佐证。在该模型中存在两个生产部门：传统的农业部门生产率低，边际生产力为零，劳动力处于大

---

① S. Kuznets: "Economic Growth and Income Inequality", *American Economic Review*, 1955(45), pp. 1–28.

量剩余或无限供给状态;而现代工业部门生产率高。在高工资的吸引下,劳动力由农业部门向工业部门大量转移。在这一过程中,资本在工业化中起主导作用,因此收入分配有利于资本家阶层,同时可以使他们增加储蓄,从而推动投资和经济增长。另外,工业部门劳动者工资高于农业部门30%以上,这也促使收入差距拉大。到工业化后期,农业部门剩余劳动力基本被工业部门全部吸收,劳动力要素逐渐变得稀缺,价格上升,而资本的作用减弱,于是各部门收入趋于平均,收入差距逐渐缩小。刘易斯据此声称,收入差距拉大是经济增长初级阶段的必然现象和增长的原因,国家不应过早地通过再分配政策出面干预,否则有可能会阻碍经济增长。①

(二)"倒U型"假说之后发展经济学对增长与分配关系的论述

"倒U型"假说所关注的就是增长对分配的影响问题以及二者之间的冲突问题(或者说何者优先的问题)。事实上,二战后至今,这些问题构成了发展经济学收入分配理论的主要研究内容。研究经历了一个演变发展的过程。

1. 增长对分配的影响

在"倒U型"假说提出之前的20世纪40年代,罗森斯坦－罗丹(Rosenstein-Rodan)等人提出了"加快工业化和加快经济增长是减少贫困、改善分配的最佳方法"的论断。在他们看来,高速增长和公平分配是可以同时实现、良性互动的。

50年代,库兹涅茨的"倒U型"假说和刘易斯的二元经济理论认为在经济发展初期必然伴随着收入分配的恶化,而且收入集中有利于扩大储蓄和投资,是增长的必要条件,因此他们主张国家不要干预,因为在增长后期分配会自动改善。他们的理论认为增长和分配是相冲突的,应当"先增长,后分配"。"倒U型"假说的影响如此之大,以至于之后众多经济学家在研究收入分配时都将论证其是否成立作为工作重点。许多学者运用时间序列数据考察了多国的发展历程,证明了"倒U型"曲线的存在,但是证据多来自发达国家,而发展中国家由于还处在发展初期,难以提供有效证据,人们更多地看到的是它们对"倒U型"曲线前半段的诠释:经济快速增长伴随着分配的严重恶化(如巴西等拉美国家)。

---

① A. W. Lewis: "Economic Development with Unlimited Supplies of Labor", *The Manchester School of Economic and Social Studies*, 1954, 22 (2), pp. 139 – 191.

1974年，钱纳里（Chenery）等人在世界银行文件《伴随增长的再分配》中指出，虽然增长和分配之间存在着冲突，但在促进经济增长的同时应当采取一些积极的再分配手段（如转移支付）来进行干预，以使贫困群体享受到增长带来的好处，即"增长与消灭贫困之间无交替可言"①。这一主张实际上也是对罗森斯坦－罗丹增长模式的修正。

70年代中期至90年代初的新理论对"倒U型"假说和"增长与分配冲突或替代论"提出质疑，认为"不论在短期或长期，只要政策处理得当，经济快速增长和分配之间并不必然存在冲突"②。这一结论主要源于对东亚地区的实证研究。例如，一些学者在对台湾地区这一时期的发展状况进行考察后发现，增长并不必然伴随着不平等。得益于土地改革和人力资本开发，台湾创造了高增长和公平分配伴随进行的奇迹。而阿乌哈等人（Ahuja et. al., 1997）研究又发现，上述东亚国家或地区在经历了20年的增长和公平分配共存后，开始出现了分配不公的趋势，从而得出结论，七八十年代的分配情况在21世纪也许并不适用。

2. 分配对增长的影响

以上是通过分析增长对分配的影响以及论证两者间是否存在冲突来说明增长和分配的关系。20世纪90年代以来，人们逐渐开始关注分配不均对增长的反作用。事实上，增长（生产）和分配之间存在着动态的互动关系，如果政策处理得当，则会形成两者相互促进的良性互动关系，但如果政策失误，则会出现两者相互制约的恶性互动关系。在两者之间，增长一般起决定作用，分配的性质和结果取决于增长的速度和总量。但在某些情况下，尤其是在市场经济条件下，分配的作用也不容忽视，分配的公平程度和性质能够影响各部门群体的生产积极性，从而影响增长的潜力和长期趋势。

库兹涅茨的"倒U型"假说和刘易斯模型都反对干预分配，认为这样会影响储蓄和资本积累，阻碍增长。但是从其他角度来看，合理的分配制度可以对增长起到促进作用。首先，由于富人消费在消费总量中的比例较低，且边际消费倾向低于中低收入者，因此如果收入分配程度由不公平

---

① H. Chenery, M. Ahluwalia, C. Bell, J. Duloy and R. Jolly: *Redistribution with Growth*, Oxford University Press, 1974, p.29.

② ［英］安东尼·B.阿特金森、［法］弗兰克伊斯·布吉尼翁主编：《收入分配经济学手册》，蔡继明等校译，经济科学出版社2009年版，第761页。

走向合理，则居民整体消费量和边际消费倾向会提高，消费需求的增加会从根本上促进经济增长。其次，消费需求的引致作用会影响投资需求。凯恩斯指出："资本不能离开消费而独立存在，反之，如果消费倾向一经降低，便成为永久性习惯，则不仅消费需求将减少，资本需求也必将减少"。① 消费的增加必然导致投资的增长，从而促进经济增长。最后，分配公平程度的提高会通过改善人力资本来促进增长。Easterly 和 Rebelo（1993）对中国台湾、韩国、日本进行研究后发现，分配均等能够使更广泛的人群接受教育，随着人力资本的提高，经济发展的质量和潜力都会提高。

"倒 U 型"假说认为经济增长的后期分配会自然改善。然而，如果之前的分配差距过大，就会反过来制约增长，使得增长难以顺利发展下去，从而也就无助于分配的改善。分配不均制约增长的机制首先在于有效需求不足。正如上文所言，低收入群体边际消费倾向较高，收入差距过大会导致整体消费需求下降，并引致投资需求下降，从而影响经济发展。除此之外，Persson 和 Tabellini（1994）通过其政治经济不稳定模型指出，在收入差距拉大的情况下，多数低收入选民会推动实行向富人征税和向穷人转移支付的政策，这种再分配政策会影响资本积累，从而制约经济增长。Perotti（1996）则通过资本市场不完美模型指出，无论发达国家还是不发达国家，资本市场都是不完美的。如果初始分配不均等，而穷人又无法从资本市场获得进行投资的资本，那么这将影响经济的增长。Bourguignon（1995）认为，收入分配不均等一方面有利于富人增加储蓄，从而增加物质资本积累，但同时又会使教育覆盖面减小，这会影响人力资本的积累。在工业化后期，人力资本对增长的带动作用逐渐超越物质资本，因此收入不均会影响经济增长。卡莱斯·鲍什（2011）认为经济平等程度的提高能够加大民主制度建立的可能性②，从而可以减小社会矛盾和暴力革命发生的可能性，这对于经济增长是有益的。

---

① ［英］J. M. 凯恩斯：《就业、利息和货币通论》，高鸿业译，商务印书馆 1999 年版，第 38 页。

② "因为个体间的收入分配更加平等，最贫穷社会阶层向富裕选民提出再分配要求的压力将有所降低。相应地，对大多数生产资产的持有者而言，容忍大众民主（mass democracy）的相关成本将减少。换句话说，由于在民主制度下资产所有者需要支付的赋税最终低于他们排斥多数民众所需的镇压成本，他们会选择接受普选制（universal suffrage）。"参见［美］卡莱斯·鲍什《民主与再分配》，熊洁译、王正毅校，上海人民出版社 2011 年版，第 8—9 页。

五　对以上理论的简单总结

西方每一个时期的收入分配理论都有着非常鲜明的时代特色。古典经济学兴盛时正值工业革命前期，其研究目的主要是为资本主义自由发展扫清障碍。亚当·斯密奠定了地租、利润和工资三要素分配理论基础，而直到李嘉图才把收入分配作为主要研究对象，开始关注到了分配对生产的影响。他分析了地主、资本家和工人之间的矛盾冲突，并特别指出地租对资本主义发展的阻碍。在此基础上，约翰·穆勒进一步提出对分配制度进行改革的建议，以缓和日益激化的阶级矛盾。

19世纪中期，随着工业革命的蓬勃发展，资产阶级和工人阶级的矛盾愈演愈烈。马克思批判继承了古典经济学的要素分配理论，第一次站在工人阶级的立场来分析阶级之间的分配矛盾，科学地分析了资本家对工人的剥削过程及地租、利润和工资间的变动关系。而随后兴起的新古典经济学则试图通过论证在完全竞争下各要素以其对生产的边际贡献获得相应报酬来抹杀资产阶级和工人阶级间的剥削和对立关系。

20世纪以来，随着各种新的增长理论的出现，分配理论的研究逐渐将增长和分配结合起来。新剑桥学派将分配引入其增长模型，并将其作为实现稳定增长的一个重要条件。二战后兴起的发展经济学以发展中国家为主要研究对象，在初期它所关注的是增长对分配的影响，认为分配的变化是增长的一个必然结果，库兹涅茨的"倒U型"假说是这一方面研究的最著名代表。近20年来，人们越来越关注自发的市场机制所造成的收入不均和贫困现象，因此分配理论开始更多地研究收入不均对增长的制约作用、分配与增长的良性互动以及分配制度和政策对收入差距的改善作用。

在发展进程中，古典和新古典收入分配理论主要研究功能分配，即各要素间的分配关系及由此产生的矛盾，而当代分配理论则转向研究规模分配，即经济增长过程中个人和家庭收入的变化。但我们可以看出，这两种研究模式有着内在的联系，例如，以库兹涅茨和刘易斯为代表的发展经济学家也是从功能分配入手，通过分析资本和劳动要素的收入分配变化来进一步说明社会整体收入差距的变化，即规模分配的变化。

第二节 收入分配中效率与公平的关系

效率与公平自古以来就是人类经济社会中一对重要的矛盾共同体，它们在表面上是冲突的、不可兼得的，但实际上它们之间又存在着相互依存、相互转化的辩证关系。在经济学领域，效率与公平的关系是历代经济学家所研究的一项重要内容。它和增长与分配的关系有着内在的联系：一般而言，增长体现着效率，而分配中反映着对公平的追求。本节首先分别阐述效率与公平的内涵，其次分析归纳二者之间的辩证关系及其在收入分配中的关系。

一 效率与公平的内涵

效率与公平的概念古已有之，而在经济学中它们有着独特的内涵。

（一）效率的内涵

效率一般指人类价值活动中投入和回报的比较关系。经济学中所说的效率一般指劳动效率，中国大百科全书中对"劳动效率"一词的解释为："劳动效率是指单位活劳动投入的产出水平。它反映一定量活劳动投入所取得的有效成果数量。这种产出成果，可以表现为实物形态，也可以表现为价值形态。"[①] 马克思主义政治经济学较早即已提出生产的效率问题。该理论认为效率所体现的是生产投入与产出间转换的过程是否顺利，资源是否物尽其用、是否被浪费，产品的功用是否足以补偿生产成本等。

以上理论主要从微观角度关注各生产主体的投入产出关系。当代西方经济学在谈论效率问题时则更多地从宏观角度关注资源在整个社会的配置情况。这时一般认为最高的效率状态是帕累托效率。萨缪尔森在分析完全竞争市场的效率和公平时指出："当任何可能的生产资源重组都不能在不使其他人的情况变坏的条件下，使得任何一个人的福利变好时，就达到了帕累托效率（或简称为效率）。……在一个经济体的资源和技术既定的条件下，如果一个经济体能够为消费者最大可能地提供各种物品和劳务的组

[①] 转引自陈剑《效率、公平概念及其关系辨析》，《探索》2009年第2期，第188页。

合,那么,该经济体就是有效率的。"① 资源配置的帕累托最优既可以体现在分配环节,也可以体现在生产环节:"如果产品在消费者之间的分配已经达到这样一种状态,即任何重新分配都会至少降低一个消费者的满足水平,那么,这种状态就是最优的或最有效率的状态。同样地,如果要素在厂商之间的配置已经达到这样一种状态,即任何重新配置都会至少降低一个厂商的产量,那么,这种状态就是最优的或最有效率的状态。"②

这种资源配置的效率最大化是在完全竞争的市场中实现的。因此,"当存在污染、其他外部性、不完全竞争和不完全信息时,市场便无效……无法达到社会最优"③。可见,要使产品在消费者之间达到最优分配,使要素在厂商之间达到最优配置,就必须具备完全的市场竞争条件,由市场在资源配置过程中起主导作用,由市场供求关系来决定要素价格。

具体而言,在生产环节,如果存在垄断等市场失灵情况,那么资源和生产要素就无法以最高的效率合理地分配到各个厂商之间。而分配环节分为两种情况。首先,就劳动者之间的分配而言,如果存在不完全竞争,就无法实现"多劳多得,少劳少得"的高效率按劳分配,影响劳动者的积极性。其次,就土地、资本、劳动力这三个基本的生产要素之间的分配而言,如果存在"市场力量之外的非市场因素,如发展中国家的资本家和工会之间讨价还价的力量、地主和资本家对土地和工资市场的操纵力量等"④,那么这三个要素,尤其是劳动力要素就无法合理地获得其应得的分配。

(二)公平的内涵

公平,或曰公正,是人类追求的最美好的理想之一,有着广泛的内涵。在哲学、社会学、政治学、经济学等领域,公平都是一个重要的概念和永恒的主题。

马克思指出,公平不是抽象存在的,而是一个具有历史性和社会性的概念。在各个历史时期和社会形态下,公平反映着独特的社会和经济价

---

① [美]保罗·萨缪尔森、威廉·诺德豪斯:《经济学》,萧琛等译,商务印书馆2012年版,第255—256页。
② 高鸿业主编:《西方经济学(微观部分)》,中国人民大学出版社2001年版,第345页。
③ [美]保罗·萨缪尔森、威廉·诺德豪斯:《经济学》,萧琛等译,商务印书馆2012年版,第263页。
④ 于同申主编:《发展经济学》,中国人民大学出版社2009年版,第68页。

值。每个阶级都有反映其自身利益的公平观念。此外，马克思承认劳动能力之间的差别，因此反对将公平等同为绝对的平均主义。这实际上也鲜明地提出了按劳分配的原则。新古典经济学在谈到收入分配的公平时认为，各要素应当按照其对生产的边际贡献来获取报酬，贡献越大，报酬越多。这一观点承认了各经济主体先天禀赋和后天努力的差别所造成的收入上的差别。这无疑是公平的体现。

在古典理论的基础上，当代自由主义经济理论进一步提出了机会公平的原则。哈耶克（Hayek，1960）提出，只要每个人都能够平等地享有国家政策带来的好处，其发展的自由和权利不受阻碍，同时取消特权的存在，那么每个人在机会上就是公平的。自由主义认为，只要机会是公平的（其中最重要的原则之一是教育机会的公平），那么在完全竞争的市场环境下，收入上存在的差距就是合理的。而通过垄断、特权、继承等途径带来的超额利润是与公平理念相悖的。然而，这种"纯粹的"自由主义理论过于重视自由和权利所代表的机会公平，而对个人效用所代表的收入结果并不在意："一个宽泛的权利组合被当做不能放宽而必须满足的约束……它们不能被其他目的，包括可以更好满足其他目的的社会利益，或与之相关的其他权利所践踏。人们与其自由权利相关的权利不被其结果的性质所超越——即使这些结果是干净的而不是肮脏的。因此，这种版本的自由主义对这些约束和要求的实际社会结果相当不敏感。"[①]

与此相反，功利主义（或称福利主义）更重视收入结果的公平，认为个人效用的总和水平和福利的平均水平决定着社会的福利水平。类似地，罗尔斯（Rawls）的公平理论虽然首先要求"每个人都享有与其他人同类自由相一致的最广泛的自由"，但"这种自由的优先权与自由主义的安排相比，其范围和约束要小得多。……罗尔斯的差别原则要求境遇最差的群体的状况，按照基本产品拥有量的综合指数尽可能——得到改善。这种焦点组合有明显的平均主义特征"[②]。萨缪尔森在肯定完全竞争所代表的机会公平及其所带来的效率的同时，也非常重视结果的公平："我们的社会并不仅仅追求效率。我们会致力于改变市场的分配结果，以提升收入

---

① ［英］安东尼·B. 阿特金森、［法］弗兰克伊斯·布吉尼翁主编：《收入分配经济学手册》，蔡继明等校译，经济科学出版社2009年版，第64页。
② 同上书，第65—66页。

和财富分配的公平性。政府可能会对高收入阶层或富有群体开征累进制的税收，并用这些税收去补贴穷人的食品、教育和医疗等开支。"[1]

事实上，机会公平与结果公平都是有必要的。从理论上来说，机会公平下的充分竞争会形成一个完美的市场，但完美的市场并不一定会带来完美的收入分配。机会公平下出现的收入差距虽然是"合理"的，但却是不"合情"的，而且如果差距过大则会激化社会矛盾，从而反过来影响机会的公平性和效率。因此，人们在努力实现理想的机会公平的同时，也应当重视对收入结果的调节，使结果相对公平，以缓解社会矛盾。当然，同时也要避免无效率的绝对平均主义。

就机会公平而言，还分为两个方面。如果把机会公平比作站在同一条起跑线上，那么就必须既要保证"起跑线上"的公平，也要保证"起跑线之前"的公平。前者指的是制度、程序、过程、竞争环境、游戏规则的公平，而后者则是让每一个人在竞争之前有机会获得同样的能力，从而以相对公平的竞争条件和身份站在起跑线上。在"起跑线之前"，先天禀赋和后天努力属个人差别因素，而每个人是否能均等地获得培养机会，则是体现这种公平的关键。显然，教育的公平对此至关重要。有学者认为，由于"促进现代经济增长的主要因素已从物质资本转变为人力资本，因此机会公平的内涵已经从市场竞争环境公平，扩展到获取人力资本价值公平，后者的意义开始超过前者"[2]。

二 收入分配中效率与公平的关系

效率与公平的关系是经济学中的一个永恒话题。在收入分配中到底应当重视效率还是重视公平，人们始终争论不休。事实上，二者之间存在着相互依存、相互转化的辩证关系。

（一）效率与公平何者优先的争论以及二者间的辩证关系

综上所述，我们可以看出，自由主义认为在收入分配领域应当坚持效率优先的原则。在他们看来，只要保证机会和起点公平，分配结果的不均等就是合理的。这种不均等有利于调动竞争积极性，保证经济的高效率增

---

[1] ［美］保罗·萨缪尔森、威廉·诺德豪斯：《经济学》，萧琛等译，商务印书馆2012年版，第265页。

[2] 陈宪：《包容性增长：兼顾效率与公平的增长》，《文汇报》2010年10月14日第5版。

长和社会的长远发展。相反，结果公平与自由以及"法律面前人人平等"原则是根本对立的。自由主义认为国家的职责是保证公民拥有自由和平等的权利，保护其私有财产，给予其自由竞争的环境，而不是通过税收等再分配手段来干预分配结果。

与其相对立的是新剑桥学派、功利主义以及罗尔斯理论等所主张的公平优先论。他们用以驳斥自由主义的要点在于，自由放任的资本主义所带来的贫富不均使得"机会公平"和"法律面前人人平等"难以实现，因此自由主义所期望的高效率根本无法实现。如前文所述，新剑桥学派从要素分配的角度分析了资本主义制度下利润挤压工资比例的现实，主张国家必须通过税收手段来促进分配均等化。

新剑桥学派的理论基础是凯恩斯主义。凯恩斯认为放任自由的市场经济"以无原则的和不公正的方式来对财富与收入加以分配"①。贫富不均使得社会消费需求下降，从而导致整体有效需求不足，影响效率和增长。他主张国家通过税收来干预分配。但与新剑桥学派的左派观点不同的是，凯恩斯强调自由和效率的重要性，主张效率和公平的统一。在此基础上，萨缪尔森、阿瑟·奥肯（Arthur M. Okun）和钱纳里等人也提出了效率与公平兼顾的观点。

美国经济学家奥肯专门研究了平等和效率关系。他指出，"追求效率必然创造出不平等，因此在社会平等与效率之间，面临着一种权衡（tradeoff）"；但这种权衡"并不意味着每个东西对一方来说是好，就必然对另一方是坏的"。②奥肯特别考察了机会公平与效率之间互相促进而不是互相排斥的关系。他首先以劳动力市场上种族和性别歧视及排斥对效率的影响作为例子，指出不平等的机会和不平等的收入会造成低效率，而且会造成另一个时间点上的机会不平等，从而使低效率按照复利（compound interest）增长。因此"社会补救"是重要的，公共政策可以"既加强收入平等，也增进效率，社会能够获得更多的这两样好东西，而不是为了一个而去牺牲另一个"。其次，在人力资本的机会公平方面，"缩小教育的资助差距"以及"高等教育资助机会的平等化，是国家获得更多效

---

① [英] J. M. 凯恩斯：《就业、利息和货币通论》，高鸿业译，商务印书馆1999年版，第386页。

② [美] 阿瑟·奥肯：《平等与效率：重大的抉择》，陈涛译，中国社会科学出版社2013年版，第1、3页。

率以及更多平等的方式之一，并不需要为了效率牺牲平等，或者为了平等而牺牲效率"。①

在考察以上观点的基础上，我们应当看出，在效率与公平之间存在着辩证关系，两者不可偏废。就效率的重要性而言，效率是决定公平的前提。没有高效率的增长和雄厚的物质基础，就无法满足人民的需要，分配再公平也是没有意义的。就公平的重要性而言，首先，机会公平是实现效率的途径，它和效率是统一的，这一点正是效率优先论者所强调的。其次，结果公平不容忽视，它和效率并不是绝对相斥的。自由主义的效率与结果公平冲突论与前文所提到的增长与分配冲突论有着一定的内在联系（在增长和分配的关系中，增长体现着效率，而分配中反映着对公平的追求）。而我们从东亚等国家战后的发展历史看出，高效率的增长与分配结果的改善并不一定冲突。结果公平是对机会公平的有益补充。在机会公平条件下完全竞争带来的收入不均虽然带有合理性，但长期的贫富差距会激化社会矛盾和对立，并影响机会的公平性（尤其是贫富不均造成的受教育机会不均等及其带来的就业机会不均等），从而影响劳动积极性，进而影响经济增长的效率。况且资本主义在自由放任发展后难以避免垄断等非市场因素的出现，这将导致分配差距继续拉大（如上文所论）。因此，在争取机会公平的同时，对初次分配的结果进行再分配调节是非常有必要的，这有利于社会的安定团结，也有利于效率和增长。就公平的程度而言，应当在绝对的不公平和绝对的公平之间寻求平衡，因为这两种极端情况都是有损于效率的。

（二）初次分配与再分配中效率与公平的关系

收入分配分为两个阶段：初次分配和再分配。初次分配与生产过程相连，主要指社会产品在国家、企业、个人之间进行分配；而再分配指国家通过税收、社会保障、社会救助等手段对初次分配结果进行调节。传统观念认为，初次分配应当重效率，再分配应当重公平。也就是说，初次分配环节应由市场机制起主导作用，由供求关系决定要素价格，实行按劳分配和按要素贡献分配的原则，使收入拉开合理差距，调动劳动积极性。而在再分配环节，由国家进行适当干预，防止收入差距过大。

---

① ［美］阿瑟·奥肯：《平等与效率：重大的抉择》，陈涛译，中国社会科学出版社2013年版，第53、56页。

而通过对效率与公平内涵及两者之间关系的分析，我们认为，在初次分配和再分配中都要处理好效率与公平的关系。

首先，在初次分配环节，要处理好效率与机会公平的关系，效率为主，公平为辅。效率方面，第一，要争取用于初次分配的国民收入总量快速增长。要实现这一点，除了必须由市场主导来配置资源以外，还必须由国家实施有效的宏观经济政策来保驾护航。第二，要争取在生产环节按照帕累托最优标准使生产要素在厂商之间达到高效配置。这一环节决定着在分配环节各生产部门之间产品分配的合理性。第三，要争取按照帕累托最优标准使产品即国民收入在各要素之间、消费者之间实现高效分配。

机会公平方面，第一，要争取竞争过程、环境、规则的公平。这其中，首先要保证生产要素在厂商之间合理配置，不能出现垄断现象；其次要保证产品在各要素之间、消费者之间分配时不受非市场因素影响。第二，要争取人力资本获取的公平，促进教育、培训机会的均等化。

事实上，初次分配中的效率和机会公平是内在统一的。机会公平就是要创造条件，消除垄断和特权，把大家重新拉回到同一条起跑线前，实现更高程度的竞争，从而提高效率。

其次，在再分配环节，也要处理好效率和结果公平之间的关系，公平为主，效率为辅。公平方面，国家要利用财政力量和行政手段将分配结果保持在一个合理的、社会可承受的水平。同时，在这一环节也不可忽视效率的作用。这里的效率一方面指要避免绝对的平均主义对效率的损害；另一方面指国家在公共产品和服务的供给方面要充分利用市场机制高效率的优势。

总之，初次分配和再分配都要处理好效率与公平的关系。其中，初次分配中的机会公平非常重要，因为如果初次分配差距过于不合理的话，再分配很难补救，会付出不必要的代价。

第三节 收入分配中国家与市场的关系

在资本主义经济发展过程中，国家（政府）与市场是一对关系始终纠葛不断的矛盾体。随着资本主义由起步阶段逐步走向成熟，人们对二者的争论从未停止，它们在经济中也不断交替扮演着主导性的角色。本节首先总结西方经济学理论对国家与市场作用的论述，其次结合效率与公平的关系分析在收入分配中国家与市场的关系。

一 西方经济学理论对国家与市场作用的论述

16世纪的资本原始积累时期，欧洲资本主义尚处于幼年，国内手工工场经济模式和海外殖民扩张及贸易仍需政府保护和扶持。因而此时盛行的重商主义主张政府应当对经济进行充分干预。到18世纪，资本主义已由原始积累发展到工业革命时期，无论是国内经济还是海外贸易都迫切希望获得自由竞争的环境，因此封建主义的封闭制度和重商主义的政府干预模式都对其构成了难以忍受的桎梏。以亚当·斯密为首的古典经济学者适时地提出了自由市场经济理论，为资本主义赢得自由充当了开路先锋。亚当·斯密在其《国富论》中提出了"自由、放任"的原则。他将市场比喻为一只"看不见的手"，在它的引导和自发调节下，每个人都在自律的自由原则下为实现个体效益最大化而进行独立决策，这样，无论是要素在厂商间的分配，还是价格在供求关系中的决定，都会在一种"自然秩序"下有条不紊地进行，并能实现社会效益最大化。而政府绝不能对经济运行进行干预，它的职责只在于"维持和平，建立一个维持严密的执法体制，提供教育和其他最低限度的公共事业"[①]。

李嘉图以其"比较优势学说"丰富了自由市场经济理论。在他看来，每个国家都应按照自己的天然禀赋来生产具有比较优势的产品，同时从他国换取自己不擅长生产的产品，这样就能以较低的成本获得较高的收益。这一交换过程背后是自由贸易原则的保障。李嘉图在谈到市场对经济的自动有效调节时指出："在交易完全自由的制度下，按照自然趋势，各国都把资本劳动投在最有利的用途上。个人利益的贪图，极有关于全体幸福。勤勉的，得到鼓舞；熟练的，加以奖励，且按最有效的方法，利用自然赋予的特殊才力，则劳动分配方法，将最有效，最经济。"[②]

新古典经济学在古典理论的基础上，提出了完全竞争假设下的一般均衡理论，认为在自由市场经济中有望实现资源最优配置的帕累托效率，个人和社会的福利能同时实现最大化。因此，政府的干预只会损害效率，属

---

① [英]亚当·斯密：《国富论》，谢祖钧译，新世界出版社2007年版，导读第3页。
② [英]大卫·李嘉图：《政治经济学及赋税原理》，郭大力、王亚南译，译林出版社2011年版，第67页。

画蛇添足之举。至此，市场对经济的主导作用基本确立。

19世纪以来，资本主义经济危机频发，传统的自由市场经济理论受到一定挑战，主张政府干预的思想抬头。在美国经济学家李斯特（List）的"保护幼稚工业论"等理论的启发下，德、美、俄等后进国家在19世纪七八十年代纷纷实施贸易保护主义政策，以抗衡英国这样的在"自由竞争"贸易中率先受益的国家。此后，在各资本主义国家内部，也掀起了一股政府投资重点工业和基础设施以及国有化的浪潮。20世纪初的庇古福利经济学在分析各种市场失灵情况的基础上也提出了政府通过税收等手段干预经济的主张。

20世纪20—30年代资本主义世界经济大萧条在某种意义上宣告了自由放任主义的暂时终结。凯恩斯主义应运而生，凯恩斯彻底批判了自由放任主义的理论缺陷，认为"资本主义经济萧条的根源是由于消费需求和投资需求所构成的总需求不足以实现充分就业。……为解决有效需求不足，必须发挥政府作用，用财政政策和货币政策来实现充分就业"①。其后继者——新古典综合派和新剑桥学派虽相互对立，但都赞成政府对经济进行有效干预。自此，直至70年代，凯恩斯的国家干预理论始终在西方国家占有统治地位。国家与市场的矛盾天平倾向了国家一方。

20世纪60—70年代西方国家出现的滞胀现象令凯恩斯主义者们手足无措，于是新自由主义借此强势登上历史舞台，重新祭起古典自由主义的大旗，但其理论更加极端。"哈耶克强调，在市场秩序中，没有人能控制结果，市场能够自动实现最优的经济效率，个人自由不应受国家的任何不当干预。……市场被赋予了几乎完全的自由。"② 但新自由主义并不是主张"小政府"或者政府完全不干预，只是希望政府的干预有利于增强而非损害市场机制的作用。以弗里德曼为首的货币学派等也坚持类似观点。随着英国撒切尔政府经济改革和美国里根政府经济改革的开展、1990年华盛顿共识的诞生以及拉美和东欧转型国家改革的推进，新自由主义所倡导的自由化、市场化、私有化逐渐成为统治资本主义世界的经济范式，市场再次取得了"胜利"。

---

① 高鸿业主编：《西方经济学（宏观部分）》，中国人民大学出版社2001年版，第502—503页。

② 陈平：《新自由主义的兴起与衰落：拉丁美洲经济结构改革（1973—2003）》，世界知识出版社2008年版，第56页。

而此后，市场统治一切的模式也逐渐暴露出种种弊端。20世纪90年代以来发生在拉美、俄罗斯、亚洲的数次金融危机让人们认识到了市场机制的盲目性和国家宏观政策的重要性，尤其是2008—2009年的全球经济危机更是引发了全世界对这些问题的思考。此外，自由市场经济所带来的发展中国家收入分配恶化和贫困现象也呼唤着国家在社会领域发挥有效作用。如此，国家与市场关系的天平必将做出新的调整。

二 收入分配中国家与市场的关系

以上的历史回顾向我们基本展现了国家与市场在国民经济中的作用和各自的优势。两者关系的钟摆式发展轨迹让我们认识到，任何极端的理论主张都是有失偏颇、不符合辩证法的。将古典理论和凯恩斯主义结合起来的新古典综合派代表人物萨缪尔森清楚地认识到了这一点。他在充分肯定市场对资源配置的主导作用的同时指出："在现实中，还不曾有一种经济能够完全依照'看不见的手'的原则顺利进行。相反，每个市场经济几乎都会遭受其制度不完善之苦。"因此，他特别强调政府干预经济的职能："1. 政府通过促进竞争、控制诸如污染这类外部性问题，以及提供公共品等活动来提高经济效率。2. 政府通过财政税收和预算支出等手段，有倾斜地向某些团体进行收入再分配，从而增进公平。3. 政府通过财政政策和货币政策促进宏观经济的稳定和增长，在鼓励经济增长的同时，减少失业和降低通货膨胀。"① 可见，国家与市场相辅相成，国家的作用不仅体现在维护公平上，也体现在促进效率上。将以上结论放在收入分配框架中考察，我们可以做出以下总结：

在收入分配中要处理好国家与市场的关系。这一对关系与上一节中效率与公平的关系相联系，因为市场的作用主要是保证分配的效率，而国家的作用主要是保证分配的公平。

在初次分配环节，市场作用为主，国家作用为辅。由市场主导来进行资源配置，争取生产要素在厂商间最优配置和产品在各要素间和消费者间最优分配，最终实现经济高效增长和国民收入快速增加。在这一过程中国家首先要通过一系列措施来与垄断等因素作斗争，保证竞争过程的公平，

---

① [美]保罗·萨缪尔森、威廉·诺德豪斯：《经济学》，萧琛等译，商务印书馆2012年版，第54—55页。

例如：帮助中小企业、落后地区和部门更便利地获得资源，以打破大企业的垄断地位；制定最低工资标准、提高工会谈判能力、加强劳动培训，以保证劳动者按贡献获得应得的报酬；等等。其次，国家要加大教育投资，改革教育制度，保证人力资本获得方面的机会公平。最后，国家要实施有效的财政、货币政策，增加就业，促进宏观经济稳定，做大分配蛋糕。总之，此时国家的作用不是直接干预分配，而是争取机会公平和促进宏观经济稳定，最终是为了实现经济效率和市场机制的有效发挥。

在再分配环节，国家作用为主，市场作用为辅。国家运用税收、社保、转移支付手段对初次分配结果进行调节，防止收入差距拉大，促进社会公平稳定。而在社会保险等领域应当发挥市场的作用，以资本运作的方式保证其高效运行。

第二章 "包容性发展"战略与收入分配
——拉美和智利的视角

第一章综述了西方经济学历史上有代表性的收入分配理论，并总结出增长与分配、效率与公平、国家与市场这三对与收入分配有关的重要关系。本章是第一章的延续，将综述拉美国家尤其是智利收入分配理论的发展，并阐述"包容性发展"理念的由来和内涵及其与收入分配的关系。

20世纪拉美进口替代工业化时期和经济结构性改革时期，拉美国家收入分配理论的核心内容其实就是增长与分配、效率与公平的关系。在"先增长，后分配"和"效率优先"原则的指导下，拉美各国在取得经济增长的同时，收入分配状况普遍恶化。21世纪以来，各国开始重视经济与社会关系的协调发展，"社会凝聚"和"包容性发展"理念随之形成。本章第一节将对此进行阐述。

智利走过了与其他拉美国家类似的道路。目前，智利贫困率已大幅降低，而收入分配差距悬殊成为导致社会排斥的核心问题。因此，智利"包容性发展"的内涵就在于包容增长与分配，在保持经济增长的同时促进收入分配的改善。本章第二节将对此进行阐述。

第一节 拉美收入分配理论的演进

20世纪50年代以来，在西方现代收入分配理论的基础上，拉美学者结合本地区经济发展的特点逐渐建立起拉美国家自己的收入分配理论并指导着其经济实践。在这一时期，拉美收入分配理论先后经历了结构主义的"中心—外围"理论框架内的收入分配理论、进口替代工业化时期和经济结构性改革时期在拉美各国占主导地位的以"先增长，后分配"和"效率优先"论为中心的收入分配理论及 21 世纪以来强调经济与社会、增长与分配协调发展的收入分配理论几个阶段。

一 结构主义对收入分配的论述

1948 年,联合国拉丁美洲经济委员会(简称拉美经委会,CEPAL)成立。随后,20 世纪 40 年代末至 50 年代,以劳尔·普雷维什(Raúl Prebisch)为首的拉美经委会学者逐渐创立了结构主义理论(也称发展主义理论),为拉美各国的经济转型提供了理论基础。

结构主义对拉美传统出口导向经济时代收入分配状况的总结是建立在其"中心—外围"理论基础之上的。普雷维什指出,作为中心的工业化发达国家生产结构具有同质性,生产率水平均衡。而作为外围的拉美国家社会经济结构呈现明显的异质性:从事出口初级产品的部门生产专业化,能够吸收来自中心国家的技术进步成果,生产率高,能够创造就业,而其他部门生产率低下,技术落后,失业严重,因此形成明显的二元性特点。由于人口膨胀,剩余劳动力难以迅速被生产吸收,因此失业问题将长期存在,这导致了收入差距的扩大。普雷维什进一步指出,中心国家的技术进步成果在外围国家社会结构中得到应用和分配。在这一过程中,权力关系扮演着重要角色。由于生产资料集中在社会结构的上层,因此大部分技术进步的成果以剩余的形式留在了这里,这加剧了收入分配的不平等。此外,贫富悬殊还会刺激社会上层模仿中心国家的消费方式,这对于资本积累是一种潜在的巨大浪费,因此外围国家在物质资本和人力资本方面积累不足。[1]

拉美经委会的另一位代表人物塞尔索·富尔塔多(Celso Furtado)也指出:"在拉美传统出口导向经济模式下,出口部门以及可以从中心国家获得现代技术的部门得到密集式发展,生产多样化程度高,实际收入增加,而其他部门只能得到水平式发展,基本处于停滞状态,实际收入没有变化。"[2]

结构主义认为,要摆脱外围国家的不利地位,消除二元性差异,从而

---

[1] Raúl Prebisch: *El Mercado Común Latinoamericano*, México, DF, CEPAL, 1959, p. 11.
[2] Celso Furtado: *La Economía Latinoamericana*, Siglo Veintiuno Editores, 18a edición en español, 1985, p. 102.

改善收入分配，就必须实施进口替代工业化。可见，结构主义在这里并没有按照西方古典要素理论来分析收入分配，而是开创性地从中心—外围差异、部门差异的角度洞悉到了拉美贫富差距的根源。此外，结构主义所分析的经济二元性与刘易斯的二元经济理论不同，后者理论中的落后农业部门劳动力会不断向现代工业部门转移，直至部门差距消失，收入分配改善。而拉美高生产率出口部门是中心国家控制下的"现代"部门，解决就业能力有限，因此拉美国家如果不摆脱外围地位，则其二元性难以自动消失。

然而，50年代的结构主义理论主要关注的是外围国家工业化的问题，并未专门研究收入分配问题。在结构主义的指导下，拉美各国开始全面实施进口替代工业化。但是在进入60年代后，收入分配并未随着工业化的发展而改善，相反在很多国家却出现了恶化的趋势，城市贫困人口增加。这时收入分配问题开始得到结构主义学者的重视。他们分析后认为，拉美国家在实施内向型工业化导致国内市场趋于饱和后，并未像东亚国家那样，适时地将发展模式向出口替代转型，充分利用国内丰富的劳动力资源，发展劳动密集型产业，将这种产业所生产的非耐用消费品推向海外市场，而是把进口替代推进到第二阶段，建立起资本和技术密集型的、生产资本货和耐用消费品的工业部门。这种发展模式一方面无法充分利用拉美相对丰富的劳动力资源，不能为大量剩余的劳动力提供就业，导致劳动力供大于求，劳动报酬水平低下；另一方面使得资本所有者大量积聚财富。富尔塔多（1961）就指出，工业化带来城市化和现代化的同时，也导致了新的贫困和社会失衡等结构性问题，这一方面是历史遗留因素造成的，另一方面是源于劳动力市场上供应始终大于需求。而造成劳动力需求不足的原因是投资增长缓慢和资本过于集中。普雷维什（1980）也指出，此时拉美缺乏的不是资本，而是再生产资本。上层阶级的奢侈性、多样性消费导致投资积累不足。这种现象随着工会力量的削弱、劳动报酬的进一步下降而愈加明显。

70年代，结构主义者们继续对拉美的收入分配进行研究，"他们对需求（收入分配）和供给（资本积累和技术进步）的结构关系进行分析，认为当时的发展模式使得分配不公长期存在，并无法有效解决贫困问题。同时，他们还指出，必须恢复民主（当时拉美大部分国家丧失了民主），并实施再分配政策,才能实现经济的平等性增长"①。

二 "先增长,后分配"的收入分配理论

库兹涅茨的"倒U型"曲线和刘易斯的二元经济模型提出后,"先增长,后分配"、"高增长能够自动带来收入分配的合理化"的观点在整个西方世界盛极一时。20世纪50—70年代,类似的理论在拉美国家也大行其道,其中最有代表性的当属巴西经济学家西蒙森的"积累优先理论"。该理论也提出,必须把增长放在优先考虑的位置。过早地实施改善分配的社会政策会影响上层阶级的储蓄和财富积累,进而阻碍经济增长。另一位巴西经济学家内托就此形象地提出了"蛋糕理论":必须首先做大经济蛋糕,然后才有条件去合理地分配它;而在此之前争论收入分配的问题是没有意义的。我们应该看到,以上理论的提出一方面受到库兹涅茨等人理论的影响,另一方面也是在拉美国家如火如荼的工业化大背景下产生的。在财富积累和增长目标压倒一切的时代里,产生重增长、轻分配的指导思想也就不足为奇了。此外,当时在拉美有着权威地位的结构主义虽然也希望改善分配状况,但其注意力更多地放在工业化问题上,对于收入分配,它主要关注发展模式的弊端对分配状况所造成的影响,并未重视再分配等社会政策。这在一定程度上也助长了"先增长,后分配"的理论。

与上述理论相呼应,"滴漏效应"理论也主张对富人减税,从而促进其投资;同时不应也不需向贫困群体给予特殊优待,因为经济增长的好处会通过"滴漏"的方式向其转移。这一理论不仅被美国里根经济学采纳,而且在20世纪80—90年代拉美经济改革中也成为一种主导思想。然而事实表明,拉美上层阶级的储蓄和投资热情并不高,而是更喜欢模仿发达国家进行奢侈消费,"做大的蛋糕"被少数人挥霍了,"滴漏"到普通民众那里的只有零星的"蛋糕渣"。

1982年债务危机爆发后,拉美各国陷入衰退。分配状况在20世纪50—70年代高增长时期尚且无法改善,在衰退时更是全面恶化。80年代末,新自由主义在拉美各国逐渐上位,成为改革的主导思想。该理论一向主张"效率优先论",即只要保证法律平等和机会公平,那么充分竞争所

---

① Ricardo Bielschowsky:"Sesenta Años de la CEPAL: Estructuralismo y Neoestructuralismo", *Revista de la CEPAL* 97, abril 2009, p. 177.

带来的分配结果的不均等就是合理的。在"看不见的手"支配下的市场竞争可以保证经济的高效率增长和社会的长远发展。国家对经济的干预作用应降到最低,它的职责不是通过税收等再分配手段来干预分配结果,而是保证公民拥有自由和平等的权利,保护其私有财产,给予其自由竞争的环境。此外,新自由主义也幻想着社会问题通过经济高增长得到自动解决。然而事实并非所愿:由于改革速度过快且力度过猛、国家宏观政策失误以及一系列内外部因素,90 年代拉美增长乏力且经济动荡频发;政府疲于应对改革和危机,难以照顾社会问题,因此贫困和收入分配状况继续恶化。正如美国经济学家斯蒂格利茨(J. E. Stiglitz)所批评的:"'华盛顿共识'的各项政策的根本问题之一就在于观察事物的视野狭窄:他们集中于关注经济效率,指望其他社会问题在某个另外的时刻去解决。他们在追求其狭隘的经济目标方面失败了。不仅如此,他们在其有限的使命上失败的同时,还加剧了其他更广泛的社会问题。"[1]

20 世纪 80 年代,结构主义开始重点研究以往较少涉及的两个领域:宏观稳定政策以及"债务—通胀—调整"的关系,而曾经的两个重要主题——工业化发展和收入分配的研究则受到了影响。80 年代末,面对新自由主义的攻势,拉美经委会与时俱进,推陈出新,逐渐提出了一套关于生产和社会发展以及国际参与的新战略,即新结构主义,在 90 年代与新自由主义展开论战,而增长和分配的关系是争论的焦点之一。

新结构主义认为,新自由主义改革中通过提高汇率、降低工资或利用自然资源优势而增强的竞争力是"虚假的"竞争力。要提高真正的竞争力和生产率,实现长期增长,必须通过技术进步和社会公正两条途径。就社会公正而言,新结构主义认为经济发展应该把实现增长和社会公正作为并列的目标,不可偏废。经济转型和社会公正要同时来抓,互为补充,而不是像新自由主义所认为的,市场充分发挥作用就会自然带来社会公正。因此,在改革的同时要大力发展教育、医疗等社会保障事业。

---

[1] Joseph E. Stiglitz: "El Rumbo de las Reformas: Hacia una Nueva Agenda para América Latina", *Revista de la CEPAL*, No. 80, p. 25. 转引自苏振兴《增长、分配与社会分化——对拉美国家社会贫富分化问题的考察》,《拉丁美洲研究》2005 年第 1 期,第 5 页。

第二节 "社会凝聚"与"包容性发展"理念的形成

20世纪的最后20年，新自由主义的市场经济改革范式几乎席卷全世界，尤其对拉美、东欧和亚洲转型经济体产生了重要影响。这些国家从传统的国家主导型计划经济体制转向市场经济体制，从内向发展模式转向外向发展模式，生产力得到一定解放。然而自由放任的市场竞争在带来经济效率提高的同时却导致贫富差距拉大，而且由于国家的作用受到抑制，对分配调节不力，因此日益严峻的收入分配问题也难以得到解决。世纪之交，增长与分配的矛盾已越来越激化。21世纪以来，在继续重视经济增长的同时，世界各国都将更多的注意力投向民生领域。2000年，各国领导人在联合国千年峰会上发出《千年宣言》，共同承诺2015年之前在消除极端贫穷和饥饿、普及基础教育、降低儿童死亡率、遏制艾滋病等传染病扩散等八个方面努力实现一系列量化指标，即"千年发展目标"。10余年来，在这一具体目标的指引下，各国均在社会发展方面取得了不同程度的进步。

21世纪以来，拉美国家在继续改革调整的同时也对社会问题给予了更多的重视。20世纪90年代的数次经济危机，尤其是2001年阿根廷金融危机使人们对"市场决定一切"的发展模式产生了质疑，同时不断恶化的分配状况也使人们不再相信"社会问题可以靠增长自动解决"。各国政府，尤其是一些左派领导人纷纷把改善民生作为其政策的重点，国家在社会领域的作用再次凸显。在这些政策实践背后起到理论指导作用的，是"社会凝聚"理念和"包容性发展"理念。

"社会凝聚"概念最早由法国社会学家埃米尔·涂尔干（Emile Durkheim）于20世纪初提出，在长期的发展过程中具有了多重维度的内涵。20世纪90年代，欧盟将其作为政策目标和政策手段加以推广，以提高社会成员的生活条件，并减少欧盟成员国和地区之间的差异和不平衡，深化欧洲一体化进程。1992年的《马斯特里赫特条约》就指出欧盟的目标是"推动经济和社会的均衡、持续进步"。1997年欧洲理事会将社会凝聚作为推动人权发展、保证全体社会成员的福利、缩小差距、避免两极化的核心手段。2001年，欧盟制定了具体的Laeken指标体系来对其成员国在社会凝聚方面所作出的成绩进行评估，具体包括"收入、就业、教育、医疗"四大项，共 18 项指标。

　　20 世纪 90 年代，欧洲开始与拉美国家在反贫、消除社会排斥方面进行合作。之后，在世界银行、美洲开发银行的努力下，"社会凝聚"理念被传播到拉美，受到知识理论界的欢迎。2004 年，拉美经委会（CEPAL）正式将社会凝聚作为应对极端不平等和社会排斥的政策目标提出，呼吁各国将增长和社会凝聚的平等目标结合起来，这得到了各国的普遍认可。"社会凝聚理念之所以能在拉美得到广泛传播，是因为它与拉美国家已形成的认识和社会实践相吻合，即各国已认识到贫困、不平等和社会排斥制约经济增长，导致社会分裂和冲突，因此各国将发展目标逐步从单纯追求经济增长转向经济与社会协调发展，而社会凝聚为其提供了一种新视角和新观念。"[1] 社会凝聚理念在拉美"本土化"后，CEPAL（2007）对其做出了自己的定义："社会凝聚是社会融入和排斥的体制化机制与公民对这些机制运行情况的看法和反应之间的辩证关系。"[2] 同时进一步指出，社会凝聚的具体目标是减少贫困、改善不平等状况和减少社会排斥。要实现这些目标，具体的途径，或者说社会凝聚的三大"支柱"是"机会、能力和保障"。具体而言，"机会"是指通过劳动力市场改革创造生产性就业，减少非正规就业；"能力"是指通过教育体制改革促进教育机会均等，提升人力资本和公民素质，从而提高就业质量；"保障"是指缩小保障水平差距，扩大保障覆盖面，增加公共支出，促进社会凝聚。此外，CEPAL 还指出，拉美对社会凝聚程度衡量的标准有别于欧洲：拉美社会凝聚指标包括"差距、制度、归属感"三大类，涵盖贫困和收入、就业、社保、教育、民主制度、法治、文化、融合和社会归属等多个领域，下设若干指标。欧盟 Laeken 指标中的"收入、就业、教育、医疗"四大项内容基本被"差距"涵盖，而"制度"主要涉及民主、法治、政策等内容，"归属感"主要涉及社会融合、文化等内容。其中，"差距"和"归属感"两类指标最重要。

　　在"社会凝聚"理念所提出的"经济和社会目标均衡发展"成为拉美各国热议的主题后，"包容性发展"理念逐渐形成。2007 年亚洲开发银

---

　　[1] 郑秉文主编：《社会凝聚：拉丁美洲的启示》，当代世界出版社 2010 年版，第 121 页。
　　[2] CEPAL, SEGIB y AECI: *Cohesión Social: Inclusión y Sentido de Pertenencia en América Latina y el Caribe*, Santiago de Chile, 2007, p. 19.

行首次提出"包容性增长"理念,即它是一种将经济增长与社会公正、社会融入有机结合的发展战略。包括中国在内的许多国家对这一概念表示认可,并结合本国国情对其进行新的解读和阐释。有中国学者对"包容"做出了解释:"包容性增长,要求包容经济、社会和生态,包容短期利益和长期利益,包容本土化和全球化,而对于现阶段的中国和世界,最为重要的,是包容效率与公平,以实现兼顾效率与公平的增长。"① 美国著名政治学家和经济学家德隆·阿西莫格鲁和詹姆斯·A. 罗宾逊在其 2012 年出版的著作《国家为什么会失败》中探讨了包容性制度和长期经济增长的关系。他们在对欧美发达国家、非洲和拉美等地区的发展中国家以及许多贫穷落后国家长期历史发展过程考察研究的基础上,提出了包容性（inclusive）和汲取性（extractive）制度的概念。他们认为,实行包容性政治和经济制度是实现长期经济增长的关键,这是因为:在政治上,人民有广泛而切实的政治权利并能平等地参与政治活动;在经济上,人们可以通过自由竞争获得应得的产品,有很高的生产性激励。这些都有利于经济长期增长。相反,在汲取性制度下,人民没有广泛的政治权利,在经济上成为当权者攫取的对象,生产性激励不足,这必然阻碍经济的长期增长。② 这一理论实际上强调了平等的政治、经济机会对经济增长的重要性,即"平等性增长"的重要性。

　　拉美理论界近年来将"包容性增长"理念吸收进来,用于阐述新的发展模式,但更多情况下使用的是"包容性发展"的提法,它与"包容性增长"是一脉相承的,只是更多地强调了社会发展的因素,加入了更多的拉美内涵,并与"社会凝聚"理念结合起来。首先,拉美"包容性发展"理念与"社会凝聚"的出发点是一致的,并以实现"社会凝聚"为发展目标,即要实现减少贫困、改善不平等状况和减少社会排斥。它确立了经济增长要为社会发展服务、增长的目标是经济、社会全面发展的原则。其次,这一理念中的"包容"首先指的是要包容经济增长和社会公正,或曰包容效率和公平,但并不止于此。由于拉美"社会凝聚"指标三大要素中除"差距"外,还包括"制度、归属感",因此"包容"还

---

① 陈宪:《包容性增长:兼顾效率与公平的增长》,《文汇报》2010 年 10 月 14 日第 5 版。
② ［美］德隆·阿西莫格鲁、詹姆斯·A. 罗宾逊:《国家为什么会失败》,李增刚译、徐彬校,湖南科学技术出版社 2015 年版,引言第 4 页。

应指促进民主和法治、促进文化融合、减少种族和性别歧视以及保护环境和可持续性发展等。

可见，"包容性发展"是一项内容丰富、宏伟远大的执政理念和目标。而由以上综述可以看出，这一理念并非无本之木、凭空创造，而是有着坚实的历史实践基础。在理论方面，它与拉美收入分配理论是一脉相承的，正是由于几十年来在分配理论、增长和分配关系上的长期争论和探索，才逐步形成了这样一种兼顾增长和分配、经济和社会均衡发展的理念；在实践方面，拉美各国正是品尝了重增长、轻分配观念所带来的恶果，才坚定决心开始下大力气解决分配等社会问题。当然，21世纪以来，拉美主要国家收入分配等社会问题得到缓解与这一时期各国宏观经济健康稳定、增长态势良好，因而政府有财力、有精力处理社会问题有很大关系。"包容性发展"和"社会凝聚"一样，既是对10余年来这方面成就的总结，也是未来政策努力的方向。

第三节 智利"包容性发展"理念的内涵与收入分配

从上文可以看出，拉美"包容性发展"理念虽然与收入分配理论有着渊源关系，但却包含了除此之外更加庞杂的内容。由于它是在"社会凝聚"基础上形成的，而后者包括减少贫困、改善不平等状况和减少社会排斥三项社会目标，因此"包容性发展"的内涵就不仅指的是要包容增长和分配、效率和公平，还包括减贫以及民主法治等制度内容和促进社会融入、增强归属感等诸多社会内容。然而具体到智利，"包容性发展"则有其特有的内涵。

拉美经委会（CEPAL）著名学者里卡多·因方特和奥斯瓦尔多·松克尔（Ricardo Infante B. y Osvaldo Sunkel, 2009）将拉美"包容性发展"理念的一般性和智利发展现状的特殊性结合起来进行研究。他们指出，近年来在拉美各国，贫困和收入不均问题依然严峻，而它们是导致社会排斥的两个最重要的原因。然而智利的情况有所不同，1990—2007年，智利经济并未出现大的波动，年均增长5.5%，人均收入累计增加96%。在这样的背景下，基础设施和公共服务发展迅速，教育、住房、医疗、社保覆盖面快速增加。反贫政策果断而高效，使贫困人口比例由38.6%降至13.7%，在拉美主要国家中处于最低水平（图2—1）。

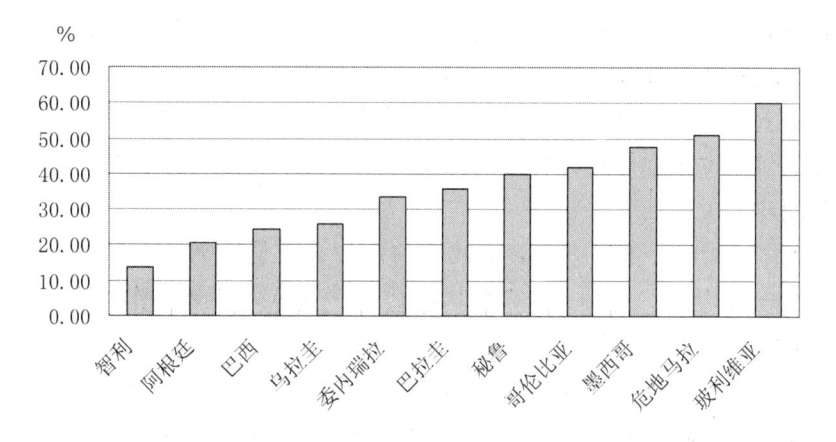

图 2—1　2007 年拉美主要国家贫困人口比例

注：墨西哥、哥伦比亚数据为 2008 年，危地马拉数据为 2006 年。

资料来源：作者根据拉美和加勒比社会经济数据库（SEDLAC）2012 年数据绘制。

但是智利依然存在着较高的"社会赤字"：2007 年失业率为 8%，非正规就业率为 38%，其中非正规工薪族比例由 1990 年的 14.3% 增加到 17.3%，未参加社保人口比例维持在 33% 左右。在这样的非正规就业环境下，劳动收入增长缓慢：1990—2007 年，实际工资年均增长率为 2.9%，不仅远低于 GDP 增长率，而且低于劳均 GDP3.3% 的增长率，这导致劳动对增长的贡献率低，劳动收入在初次分配中的比例低，收入差距难以缩小。2006 年智利基尼系数仍维持在 0.518 的高位，最富 20% 人群的收入是最穷 20% 人群收入的 13 倍。总之，21 世纪以来智利面临的最重要的社会问题不是贫困而是收入分配不均。缩小贫富差距是减少社会排斥、实现"社会凝聚"和"包容性发展"的关键。

因方特和松克尔进一步指出，解决智利收入分配问题的关键在于初次分配。近年来，智利所实施的一系列具有再分配性质的社会政策成效突出，通过补贴和转移支付手段，贫困问题得到有效缓解，但收入分配问题依然严峻，这其中的原因就在于初次分配环节未发生明显改变。再分配政策虽然必要，但并非解决问题的关键。首先，初次分配决定了分配的基本格局，再分配只是在其基础上进行调整，难以使其发生根本变化。其次，如果只依赖再分配政策来解决分配问题，就会导致一种弊端：由于大部分低收入群体从事低生产率工作，收入微薄，与社会的劳动联系低；在高效的再分配政策下，他们收入的一大半来自国家社会支出，因此其社会参与方式就是"消费"而非"劳动"。久而久之，低收入家庭就会有依赖财政救助的趋势。可见，要从根本上缩小贫富差距，就要加强低收入群体在社会中的"劳动参与"，提高其劳动收入，在初次分配环节改善其收入状况。

具体到初次分配环节，解决问题的主要手段是促进生产同质性。20世纪50—60年代，结构主义者们认识到了拉美贫富差距的根源在于生产结构的异质性或二元性：与中心国家紧密相连的初级产品出口部门技术先进、生产率高，而其他部门生产率低，因此两部门收入差距的悬殊导致了整体收入差距的拉大。结构主义将进口替代工业化视为改变这一局面的良方。80—90年代经济改革后，拉美主要国家重新回归到出口导向发展模式，智利在这方面走得更早，因此进口替代之前的生产结构在很大程度上得到了"复制"：参与到全球化进程中的现代化出口导向部门、大型企业及相应地区技术进步快、生产率高、竞争力强、发展有活力，它们充分享受到了全球化带来的社会文化和消费成果，是发展的受益者，但由于它们数量少，因此解决就业非常有限。相比之下，处于全球化边缘位置的部门、中小微企业及落后地区生产率低、发展缓慢而缺乏活力，没有分享到发展的成果。这些企业为数众多，解决了大部分的就业，但多为非正规、不稳定的就业，收入水平低下。生产的异质性进一步导致了劳动力市场的分割或曰就业异质性：现代化大型企业与中小微企业就业人员在工资水平、工会谈判能力、岗位条件及社会保障水平等方面都存在巨大差异。这些都是导致财富集中、贫富悬殊的主要原因。只有提高中小微企业生产率，促进生产同质性，才能从根本上改善分配状况。

在以上论述的基础上，因方特和松克尔绘制了智利"包容性发展"战略的结构图（图2—2）。首先，"包容性发展"的目标是实现"社会凝聚"。其次，实现这一目标的路径有四条：平等性增长，生产同质性，制度变化和有保证的社会保障。其中，制度变化基本是为生产同质性目标服务的，包括诸多方面，如建立新的交易模式以激励中小企业扩大生产并参与生产集聚，增强竞争力；为中小企业创造良好的环境，使其能够创造就业；推动中小企业外向化，改善产业链中大小企业间的契约不对称；国家须建立社会制度网络，推动市民参与和社会对话；资源如何分配要经过劳、资、政府多方对话协商；等等。

第二章 "包容性发展"战略与收入分配 47

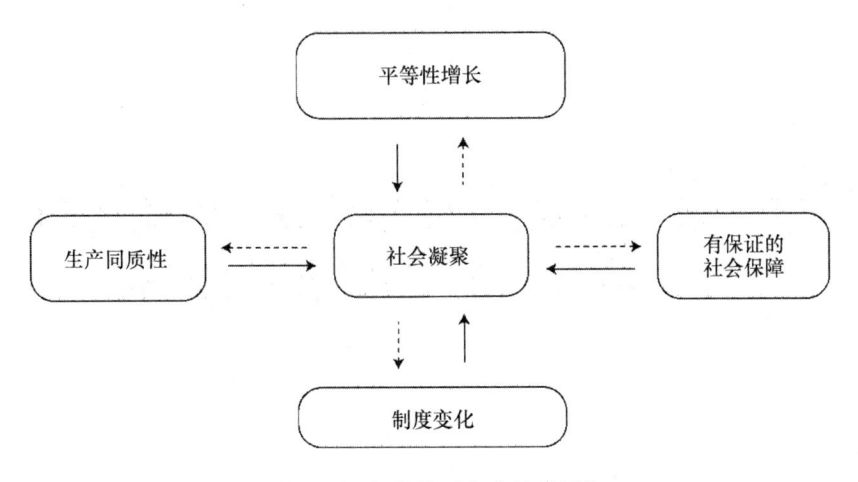

图 2—2 智利的"包容性发展"

（图示：平等性增长、社会凝聚、生产同质性、有保证的社会保障、制度变化之间的关系）

资料来源：Ricardo Infante B. y Osvaldo Sunkel："Chile: hacia un Desarrollo Inclusivo"，*Revista de la CEPAL* 97, abr. de 2009, p.149.

总之，智利现阶段"包容性发展"战略的内涵是包容增长和分配，通过改善收入分配来促进"社会凝聚"。具体而言，初次分配的重要性大于再分配，其中促进生产和就业同质性是关键。

因方特和松克尔的以上思想基本上代表了拉美经委会的观点。他们认为，当前智利"包容性发展"战略所要解决的问题就是如何更好地处理增长与分配的关系，以促进经济增长和收入分配的良性互动，因此它与半个世纪以来拉美国家对两者关系的争论和思考是联系在一起的。在增长与分配的关系这一大的主题下，效率与公平、国家与市场的关系也是需要处理的相关问题。

第三章我们将通过回顾历史来考察40年来智利对上述三对关系的处理方式的变化与收入分配变化趋势之间的关系，从而证明因方特和松克尔对智利"包容性发展"内涵的论断。

第三章　20世纪70年代以来影响智利收入分配变化的主要因素

第二章阐述了拉美经委会学者因方特和松克尔所指出的智利"包容性发展"战略的内涵：包容增长与分配，通过改善收入分配来促进"社会凝聚"。可见，在他们看来，增长与分配的关系是智利实现"包容性发展"所面临的主要矛盾。本章第一节试图通过对智利历史进行分析来证明其观点：40年来智利对增长与分配、效率与公平、国家与市场三对关系的处理方式对收入分配变化起着主导作用，因此在未来也是促进收入分配改善的核心问题。

从第一节的历史回顾中我们还可以总结出导致20世纪70—80年代智利收入分配恶化的若干主要原因。事实上，这些原因（如生产和就业异质性）正是由于在这一时期过分注重增长和效率、忽视分配和公平而产生的。而这些原因和问题也成为1990年以来文人政府改革的重点和未来收入分配改革的主要路径。

第二节将对上述主要原因与智利收入分配变化趋势的相关性进行分析，从而发现哪些是影响智利收入分配变化的最重要的因素，因此其也应是未来改革的重中之重。

本章将对智利20世纪70年代以来的历史进行分析。之所以选取这一时期，主要是因为70年代以来智利收入分配的演变过程与国家发展模式、国家政策的相关性非常密切，因而对这一时期进行分析能够对两者的关系得出一定有价值的结论，进而论证"包容性发展"战略的理论和实践意义。智利军人政府（1973—1990年）和文人政府（1990年至今）虽然在经济上都秉承出口导向和自由市场经济发展模式，但对于增长与分配、效率与公平以及国家与市场之间的关系却有着不同的观念和主张，因此它们在经济和社会领域有着不同的政策导向。这种差异在很大程度上导致了两个时期不同的收入分配变化趋势：正如下文所显示的，1990年前后智利基尼系数的发展趋势完全相反。

就分析角度和方法而言，首先，本章对收入分配的分析角度不是要素分配，而是规模分配，即根据基尼系数、收入五分位和十分位等指标来考察各个收入群体之间的收入差距；其次，与传统的收入分配分析方法不同——传统上一般多从各生产要素间的分配、土地所有制、城乡差别、地域差别等方面对收入分配问题进行分析，本章的分析是在"包容性发展"理念框架下对收入分配的分析，即从增长与分配、效率与公平、国家与市场三对关系的角度对历史经验和得失成败进行总结，进而对未来进行展望。

第一节　20世纪70年代以来智利收入分配的演变与成因

1970—1973年"人民团结"政府时期，智利的基尼系数创造了0.44的历史低位。1973年皮诺切特领导的军人政府上台以来，其收入分配开始显著恶化，1982年基尼系数达到0.57，之后的80年代始终在0.55上下徘徊。1990年还政于民，收入分配状况开始出现轻微改善的迹象，但90年代的大部分年份中基尼系数仍然处在0.55左右的水平。21世纪以来，收入分配改善相对较为明显，到2011年基尼系数降至0.516。图3—1显示了1964—2011年智利基尼系数的变化情况。从图3—1中黑色的3阶多项式趋势线可以看出上文所述的变化趋势。而从表3—1中也可以看出，从1990年开始，智利收入最高的10%群体与收入最低的10%群体收入之比开始降低，2003年后变化较为明显。但是总体而言，90年代至今智利收入分配状况的改善并不显著，这一时期基尼系数下降的幅度远小于70年代其上升的幅度，到目前为止始终处于0.5以上这一国际公认的"收入差距悬殊"范围。

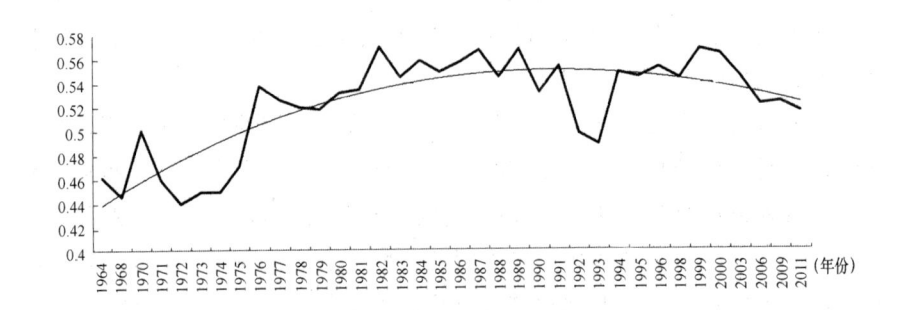

50　"包容性发展"与收入分配：智利案例研究

图 3—1　1964—2011 年智利基尼系数变化

资料来源：作者根据以下文献数据绘制：UNU/WIDER，World Income Inequality Database，http://www.wider.unu.edu/research/Database/en_GB/database/。

表 3—1　　1987—2009 年智利收入分配十分位　　单位：%

年份	D1	D2	D3	D4	D5	D6	D7	D8	D9	D10	D10/D1
1987	1.2	2.2	3.0	3.8	4.7	5.9	7.6	10.3	16.0	45.3	37.7
1990	1.3	2.3	3.1	3.9	4.9	6.1	7.7	10.2	15.3	45.1	34.2
1992	1.5	2.4	3.2	4.0	4.9	6.1	7.7	10.2	15.0	45.0	30.9
1994	1.4	2.4	3.1	3.9	4.9	6.1	7.7	10.4	15.5	44.5	32.9
1996	1.4	2.3	3.1	3.9	4.9	6.1	7.8	10.4	15.7	44.4	32.8
1998	1.3	2.3	3.1	3.9	4.8	6.0	7.7	10.3	15.7	44.9	35.1
2000	1.3	2.4	3.1	3.9	4.9	6.0	7.6	10.1	15.2	45.3	33.9
2003	1.4	2.5	3.2	4.1	5.0	6.2	7.7	10.1	15.0	45.0	32.2
2006	1.6	2.7	3.5	4.4	5.3	6.5	8.1	10.6	15.5	42.0	26.8
2009	1.6	2.7	3.6	4.4	5.3	6.4	8.0	10.3	14.9	42.7	27.1

注：收入分配十分位中，D1 为最贫穷群体，D10 为最富有群体。
资料来源：拉美和加勒比社会经济数据库（SEDLAC）2012 年数据。

下面我们就通过回顾智利的这段历史来探寻导致其收入分配发生上述变化的原因。

1970—1973 年，"人民团结"政府大力实施土地改革，控制物价，并

第三章 20世纪70年代以来影响智利收入分配变化的主要因素

利用财政收入为中下层民众提供高额补贴和福利。这一时期，劳动收入（最低和平均工资）和公共社会支出（养老金、教育、医疗预算和贫困家庭补贴）均大幅提高，因此收入分配得到改善，1972年基尼系数创造了0.44的历史低位。但这种不可持续的财政和社会政策带来了1972—1973年高达600%的通胀率，不仅造成了经济衰退，也使分配状况受到严重影响。

1973年皮诺切特领导的军人政府上台后开始全面推行具有新自由主义性质的经济改革。在直接影响收入分配的社会支出政策方面，按照新自由主义所秉承的"先增长后分配、效率重于公平、弱化政府角色"的原则，政府大幅减少社会支出。从表3—2中可以看出，1973年后，政府实际人均社会支出以及工资、养老金、家庭补贴所代表的劳动者实际收入相对于1970—1972年的水平大幅降低，即使在70年代末随着经济恢复，人均GDP恢复到1970年水平时，上述指标仍未恢复，依然处在非常低的水平。

表3—2　1970—1982年智利部分经济和社会指标（1970年=100.0）

年份	实际收入 工资	实际收入 养老金	实际收入 家庭补贴	实际人均社会支出	失业率（%）	人均GDP
1970	100.0	100.0	100.0	100.0	5.7	100.0
1971	122.7	141.7	135.1	128.1	3.8	105.8
1972	96.1	95.5	105.6	105.6	3.1	104.0
1973	80.4	55.3	49.0	—	4.8	98.6
1974	65.0	59.3	69.5	91.8	9.2	97.9
1975	62.9	52.0	67.1	75.0	16.5	83.8
1976	64.9	56.3	61.8	71.2	20.2	85.3
1977	71.4	60.9	57.6	78.8	18.6	92.1
1978	76.0	67.0	56.0	79.0	17.9	98.0
1979	82.3	75.9	54.2	82.8	17.3	104.4
1980	89.3	82.8	54.4	—	17.2	110.3
1981	97.3	—	54.0		15.6	114.2
1982	97.2	—	53.1		27.0	97.1

资料来源：Rene Cortazar: "Chile: Resultados Distributivos 1973 – 1982", *Desarrollo Económico*, Vol. 23, No. 91 (octubre – diciembre 1983), p. 371.

在宏观经济调整方面,为控制高通胀,政府实行减少社会支出和冻结工资的政策,导致通胀的灾难全部被转嫁到普通民众身上;此外,为控制通胀而实行的控制货币数量的政策导致工业生产下降和经济衰退,因此失业率大幅攀升。这些都加剧了收入分配状况的恶化。此后,从70年代后半期到80年代,虽然经济逐步恢复并取得较快增长,但收入分配差距已经越来越大,难以改善。

在生产结构方面,生产异质性不断加剧。首先,不同部门间的生产率差距逐渐拉大。在重新确立出口导向发展模式之后,为了形成拉动增长的火车头,军政府将新"发展极"的重点放在了传统的具备比较优势的出口产业——以铜矿业为主的矿业之上,在其原先垄断的基础上继续扩大其企业规模,投入资金,提高其生产率。1974年后,矿业生产率开始不断提高。与之同样得到发展的是水、电、气等天然垄断部门和金融部门。相比之下,进口替代时期曾重点发展的制造业却受到冷遇,农业、商业等传统部门更是发展缓慢。

其次,随着上述垄断部门企业规模不断扩大和其他部门企业规模相对萎缩,不同规模企业间的生产率差距逐渐拉大。在改革中,"国有资产私有化的过程伴随着经济衰退和国内利率的急剧升高,因此,私人部门中只有少数拥有更多外部信贷的大型企业能够顺利运转并维持其垄断优势和财富集中"[1]。此外,"经济活动的市场化和跨国公司化以及不同生产部门对于信息和知识经济的不同融入程度加剧了结构异质性。在改革调整和开放过程中,不同经济主体面对游戏规则的变化时所拥有的条件是不平等的,而市场缺陷——尤其是信息不对称——更加剧了这一不平等。面对新的竞争环境,各生产部门在技术、贷款能力、进入外部市场的能力、工人熟练程度等方面都处于不平等的地位,这些都在新的现代化阶段加剧了异质性和社会排斥"[2]。另外,政府的扶持也促进了垄断性大企业的发展和生产率的提高。军政府认为,之所以"智利1930—1970年的年平均增长率只

---

[1] Ricardo Ffrench‑Davis: "Distribución del Ingreso y Pobreza en Chile", capítulo IX de *Entre el Neoliberalismo y el Crecimiento con Equidad: Tres Décadas de Política Económica en Chile*, J. C. Sáez Editor, 3ª edición, Santiago, 2003, p. 17.

[2] José Luis Machinea y Martín Hopenhayn: *La Esquiva Equidad en el Desarrollo Latinoamericano, una Visión Estructural, una Aproximación Multifacética*, CEPAL, Serie Informes y estudios especiales, Santiago de Chile, 2005, p. 8.

有 3.5%，人均收入年均增长率仅为 1.5%"，是因为在旧的发展模式下"企业规模小，生产成本高，产品没有国际竞争力……因此经济的新活力因素是生产、贸易、金融结构以及与垄断资本相联系的大型企业的现代化进程，经济增长应建立在既与国内外金融资本相联系，又与出口相联系的垄断性工业发展的基础上"①。因此，在市场自发因素和政府因素的双重作用下，大型企业在资金、技术、出口、市场等方面都逐渐确立垄断地位，与中小微企业间的生产率差距不断拉大。

由于生产率直接决定着工资收入的水平，因此部门间和不同规模企业间的生产异质性在初次分配环节直接造成收入差距的拉大。在此基础上，生产异质性还加剧了因非正规就业而造成的就业异质性：不同规模和生产率部门劳动者的收入、劳动条件和社会保障程度差距加大。

在劳动立法和就业政策方面，改革也是不利于劳动者的："最低工资标准被降低，覆盖面缩减；撤销劳动仲裁机构，同时雇主解雇员工所受的约束减少；工会于 1973 年被取缔，虽于 1979 年恢复，但各企业工会联合进行集体谈判的权利以及工会领导人的权利受到严格限制等。"② 这些政策导致劳动者工资水平降低，劳动条件和社会保障程度降低，劳动权益难以得到保护，从而使得社会整体的劳动非正规性增加。同时，70 年代中期到 80 年代中期的失业率始终居高不下。正如有学者指出的："在就业政策方面，政府提出的目标是'合理就业'而不是'充分就业'，把保持一支产业后备军作为建立自由的劳工市场的前提条件。1973 年以来，大批职工在企业私有化和精简机构的过程中被裁减，为数众多的中小企业倒闭，国内生产投资不振，企业主有权自由解雇工人，凡此种种，使失业问题日趋严重。"③ 劳动非正规性增加和失业率上升都加剧了收入分配的恶化。

在财税政策方面，为了"提高经济效率"，1975 年实施的税收改革取

---

① 苏振兴、徐文渊主编：《拉丁美洲国家经济发展战略研究》，经济管理出版社 2007 年版，第 136—137 页。

② Ricardo Ffrench - Davis："Distribución del Ingreso y Pobreza en Chile"，capítulo IX de *Entre el Neoliberalismo y el Crecimiento con Equidad：Tres Décadas de Política Económica en Chile*，J. C. Sáez Editor，3ª edición，Santiago，2003，p. 18.

③ 苏振兴、徐文渊主编：《拉丁美洲国家经济发展战略研究》，经济管理出版社 2007 年版，第 147—148 页。

消了财产税和资本所得税，并大幅削减利润税。这有利于企业减轻税负，提高效率，但同时拉大了资本所有者和劳动者之间的收入差距。另外，税改采取"中性"原则，不再对基本消费品免税，并且开征增值税。作为间接税的增值税逐渐成为智利第一大税种，到90年代初时已占到税收收入的一半左右。这虽然有利于扩大税基，增加财政收入，但不利于税收对收入分配的累进性调节。

在社会保障政策方面，1979年开始的医保制度改革引入私营医保体系，到80年代基本形成了公共和私营管理共存的医保体系。改革促进了竞争，提高了效率，扩大了保障覆盖面，但使得不同收入和风险群体之间产生了分割状态，对收入分配的改善产生了不利影响。1981年开始的养老金制度改革将现收现付制改为完全的个人积累制，并由私营公司负责管理。改革使国家卸掉了一部分财政负担，提高了经济效率，但是由于缴费负担加重，使得很多低收入群体被排除在体系之外，覆盖面减小，同时加剧了就业的非正规性。此外，不同性别、收入和劳动关系群体所得到的养老保障程度之间的差别也加大了。

从以上分析可以看出，皮诺切特军政府在两个任期（1974—1981年和1982—1989年）内所实施的政策对于收入分配而言基本都是累退性的，从而大大加剧了财富集中和收入不平等。1990年恢复民主后，文人政府在经济领域基本延续了军政府时期的自由主义路线和出口导向发展模式，但是修正了以往过分强调增长和经济效率、忽视收入分配和公平的观念，而是更加注重将"宏观经济平衡"和"宏观社会平衡"放在同等重要的地位来看待，开始重新审视"增长与分配、效率与公平"的关系，从而提出了"平等性增长"和"对改革进行再改革"的重要方针。90年代，减少贫困和改善收入分配重新被当作改革的重要目标，因此国家在民生领域实施了一系列积极的社会政策，首先表现为加大公共社会支出。从表3—3中可以看出，到军政府执政末期，人均公共社会支出水平仅为1970年的81.7%。而新政府执政以来，仅三年即恢复到1970年水平，并且逐年大幅提高，而家庭收入和最低收入水平也随之大幅提高，但家庭补贴增长较慢。

表 3—3　　1970—2002 年智利部分经济和社会指标（1970 年 = 100.0）

年份	家庭收入	最低收入水平	家庭补贴	人均 GDP	人均公共社会支出 教育	人均公共社会支出 医疗	人均公共社会支出 全部
1970	100.0	100.0	100.0	100.0	100.0	100.0	100.0
1980	89.0	130.0	81.6	106.3	88.6	82.3	90.1
1985	83.2	86.1	54.6	97.2	76.0	64.0	90.5
1990	93.3	98.0	33.7	123.9	59.4	65.4	81.7
1991	97.8	107.2	41.4	131.6	65.7	75.8	87.8
1992	102.2	112.2	42.4	145.3	74.3	87.1	95.4
1993	105.9	117.7	43.2	153.5	79.6	96.5	103.3
1994	110.7	122.1	43.9	160.2	85.8	105.0	108.3
1995	118.3	127.5	45.3	175.1	94.6	108.1	114.7
1996	123.2	133.0	47.2	185.7	105.5	116.0	124.2
1997	126.1	137.8	49.7	195.6	114.8	121.4	129.6
1998	129.5	149.2	51.9	199.4	126.3	129.7	137.7
1999	132.6	159.6	53.3	195.6	133.4	132.0	146.6
2000	134.4	170.9	53.7	201.0	143.2	141.3	153.7
2001	136.6	177.4	54.3	204.6	153.3	151.1	161.4
2002	139.4	182.6	55.3	206.5	163.1	156.7	164.5

资料来源：Ricardo Ffrench – Davis："Distribución del Ingreso y Pobreza en Chile", capítulo IX de *Entre el Neoliberalismo y el Crecimiento con Equidad: Tres Décadas de Política Económica en Chile*, J. C. Sáez Editor, 3ª edición, Santiago, 2003, p. 34.

除社会支出以外，对收入分配产生影响的改革的其他方面还有：90年代以来智利成功的宏观经济政策保证了宏观经济平衡稳定，不仅避免了由经济脆弱性导致的经济危机，而且使得经济在 20 年间基本保持稳定增长，促进了就业的稳定性和人均收入的增长；在生产同质性政策方面，国家给予中小微企业较大力度的扶持以帮助其提高生产率和竞争力；劳动力制度方面，重新加强工会组织力量和提高最低工资水平等政策保护了劳动者的权益；税收制度方面，1990 年以来的税制改革（主要为提高企业所得税率：由 1989 年的 10% 升至 2012 年的 20%）增加了财政收入从而有利于增加公共社会支出；社会保障政策方面，国家在延续之前私有化社保制度的基础上推出一系列有利于低收入群体的公共政策，尤其是加强了有条件现金转移支付计划（关于1990年以来上述这些领域的改革措施和成效，第四章和第五章将做详细分析）。

随着经济持续较快增长所带来的人均收入水平的不断提高以及积极社会政策的实施，1990年以来智利贫困人口比例急剧下降（表3—4），目前在拉美国家中基本处于最低水平。而此时收入分配也改变了70年代以来不断恶化的趋势，开始出现缓慢改善的迹象。

表3—4　1987—2011年智利贫困（包含赤贫）人口与赤贫人口比例变化　单位：%

年份	1987	1990	1994	1996	1998	2000	2003	2006	2009	2011
贫困	45.1	38.6	27.6	23.2	21.7	20.2	18.7	13.7	11.5	11.0
赤贫	17.4	13.0	7.6	5.7	5.6	5.6	4.7	3.2	3.6	3.1

资料来源：CEPAL: *Panorama social de América Latina* 2012, Anexo estadístico, Cuadro 4, Santiago de Chile, 2013.

通过以上对40年来智利历史的梳理我们可以看出，军政府和文人政府不同的政策主张和对增长与分配、效率与公平、国家与市场三对关系的不同处理方式直接导致了收入分配状况的变化。此外，我们从历史中还可以总结出，影响智利收入分配变化的主要因素有：宏观经济稳定和经济持续增长及其带来的稳定就业和人均收入增加、生产和就业同质性、税收、社会保障等。这些因素同时也是改善收入分配的主要路径。另外，还有一个要素就是教育机会的均等性，它虽然在短期内对一国的收入分配影响不大，但能够在很大程度上决定代际收入的流动，从而在长期内影响收入分配。下面我们就考察40年来智利在上述几个方面的变化及其与收入分配变化的关系，进而分析它们对收入分配影响的相对重要性。

第二节　影响智利收入分配变化的各项因素与收入分配的相关性

上一节通过历史分析总结出20世纪70年代以来影响智利收入分配变

化的主要因素，这些因素也是未来收入分配改革的主要路径。本节将分别每一项因素40年来的变化趋势与收入分配的变化趋势进行对比，考察其相关性，分析哪些因素与收入分配变化有着更为紧密的联系，对其有着更大的决定作用，从而应成为未来改革的重点。

一 宏观经济形势、经济增长与收入分配

在初次分配环节，国民收入进行合理分配的前提是国民收入的增加。因为只有国民经济保持一定幅度的高增长，才能创造足够多的财富用于分配，才能使各个收入水平人群的财富获得不同程度的增加。否则，如果经济增长乏力或出现衰退，就会造成失业率和贫困率上升，此时即使再公平的分配政策也会显得力不从心。此外，只有经济保持一定幅度的增长，才能保证国家可以拿出足够多的财政支出用于改善收入分配等民生建设。因此，经济增长对于改善收入分配来说是十分重要的前提条件。而宏观经济保持稳定是经济实现平稳增长的重要保证。下面我们就通过数据来考察一下20世纪70年代以来智利经济增长和宏观经济的情况及其与收入分配的关系。

从图3—2中可以看出，20世纪70年代至今，智利的经济增长经历了以下几个阶段：20世纪70年代初由于"人民团结"政府所实施的大规模国有化和土地改革以及较为过激的社会改革打乱了经济秩序，因此1972年和1973年经济出现衰退。1973年军人政府上台后由于反通胀政策和货币政策不力而导致1975年出现13%的负增长，之后虽然出现了1977—1980年年均增长8.6%的"智利奇迹"，但1978年的经济产值才刚刚与1970年持平，说明这一"奇迹"是在连续衰退后的反弹式恢复。1982年拉美债务危机再次导致衰退，但由于智利经济改革起步较早，无须经历在危机面前被动改革的窘境，因此1984年即率先恢复增长，1984—1990年年均增长率为5.9%，好于拉美大部分主要国家。1991—2000年，智利年均增长率为6.5%，远高于拉美3.3%的整体平均水平。2003—2007年拉美增长周期中，智利年均增长率为5%，与拉美4.8%的水平相当。

58 "包容性发展"与收入分配：智利案例研究

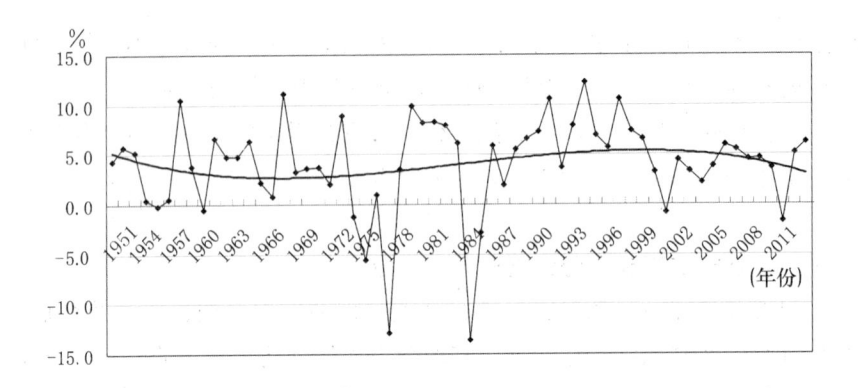

图3—2 1951—2011年智利GDP年增长率变化

资料来源：作者根据联合国拉美经委会（http://www.cepal.org/）数据绘制。

将以上数据和图3—1中基尼系数变化进行对比：70年代前半期经济衰退后，1976年分配状况显著恶化；1977—1980年高增长，分配有轻微改善；80年代增长较快，但基尼系数始终在高于0.55的位置徘徊；90年代增长更快，基尼系数有所降低，但仍处于0.55左右；2003—2007年增长慢于90年代，但分配却出现较为明显的改善。可见，70年代，经济增长速度与基尼系数有着较为明显的负相关，而80年代至今两者之间的关系不甚明显。

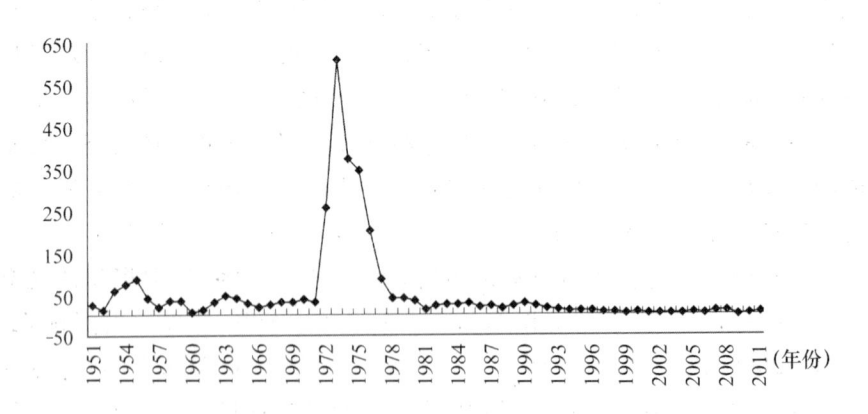

图3—3 1951—2011年智利消费者价格指数变化

资料来源：作者根据联合国拉美经委会（http://www.cepal.org/）数据及以下文献数据绘制：Juan Braun-Llona, et. al.: *Economía Chilena 1810-1995. Estadísticas Históricas*, documento de trabajo, Instituto de Economía, Santiago de Chile, enero de 2000。

第三章 20世纪70年代以来影响智利收入分配变化的主要因素 59

另外，图3—3中显示了1951年以来智利通货膨胀状况的变化。如上文所述，1972—1973年由于政府经济政策激化阶级矛盾从而导致经济混乱，加上政府社会支出巨大，使得1973年通胀率高达600%。之后的军政府通过压缩财政开支、控制货币数量和冻结工资来控制通胀，但同时又取消物价管制，由市场决定价格，因此通胀难以减轻。1976年调整汇率后通胀才开始大幅回落。这期间由于政府减少社会支出以及冻结工资，导致收入分配状况恶化加剧。80年代至今，智利始终保持着低通胀的局面，即使在数次席卷拉美的严重经济危机发生时都没有出现波动，这种稳定的宏观经济形势为经济保持较快增长创造了有利条件。这也与墨西哥、巴西、阿根廷等国形成了鲜明的对比。

图3—4显示了1975年以来智利失业状况的变化。1975年失业率达到14.7%。此后的1977—1980年虽然经济高速增长，但由于政府在市场化和私有化的改革方针下实施了不利于劳动者的劳工政策，导致失业率难以降低。高失业率必然对收入分配不利。1982年债务危机时失业率达到近20%，此后即很快降低，整个90年代均维持在一个较低水平。21世纪以来增长率略低于90年代，因此失业率略高于90年代。

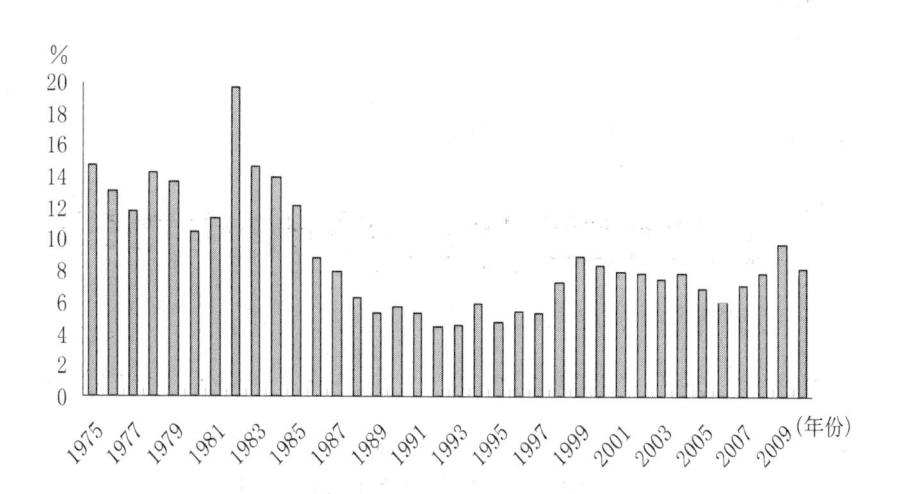

图3—4 1975—2010年智利失业率变化

资料来源：作者根据国际劳工组织（http://www.ilo.org/）数据绘制。

综上所述，20世纪70年代以来智利经济增长与收入分配之间有着一定的相关性，但关系不明显。但有一点是肯定的，必须在通货膨胀和就业等方面保持宏观经济稳定，促进经济保持一定速度的增长。因为实践证明，虽然经济形势良好时分配状况不一定会改善，但经济状况恶化时分配状况则一定会随之恶化。

二　生产和就业异质性与收入分配

从第一节的历史分析中我们可以看出，生产和就业异质性是20世纪70年代以来影响智利收入分配变化的重要因素。生产异质性即生产率差距和就业异质性即劳动者在劳动收入、就业稳定性、劳动条件、社会保障等方面的差距直接决定着初次分配环节劳动者收入的差距，从而也决定了收入分配的基本格局。下面就通过数据来比较生产和就业异质性变化趋势与收入分配变化趋势之间的关系。

（一）部门间生产异质性与收入分配

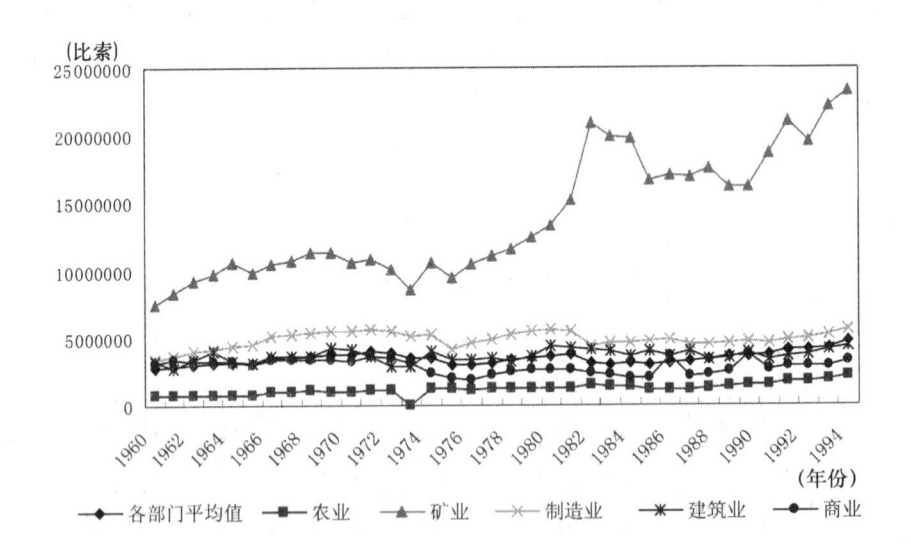

图3—5　1960—1995年智利各经济部门生产率变化
（劳均GDP，按1995年比索价格计算）

资料来源：作者根据以下文献数据绘制：Juan Braun - Llona, et. al.：*Economía Chilena 1810 - 1995. Estadísticas Históricas*, documento de trabajo, Instituto de Economía, Santiago de Chile, enero de 2000, pp. 28 - 29。

第三章　20世纪70年代以来影响智利收入分配变化的主要因素　61

生产异质性指的是生产部门间以及企业间在生产率方面的差异性。首先是部门间的生产异质性。20世纪60年代，智利各生产部门生产率差距不大。1974年后，在政府的扶持下，矿业生产率开始不断提高。相比之下，进口替代时期曾重点发展的制造业却受到冷遇，农业、商业等传统部门更是发展缓慢（图3—5）。

1996年以来，智利矿业和电力、天然气、自来水等天然垄断行业生产率继续不断提高，其中2004年矿业生产率达到其1996年水平的2.1倍。虽然在2004年后出现下降，但到2008年仍远高于1996年水平。另外，智利其他部门生产率在这一时期也有所提高，但增幅远小于矿业等垄断部门（表3—5和图3—6）。按照生产率水平，智利各经济部门可以划分为三个组别：第一组为高生产率部门，包括矿业、电力、天然气、自来水和金融部门。第二组为中等生产率部门，包括制造业、交通、通信和建筑业部门。第三组为低生产率部门，包括农业、传统服务业和商业部门。其中，第二组和第三组部门的生产率始终较为接近，而第一组部门的生产率与其他两组差距较大。

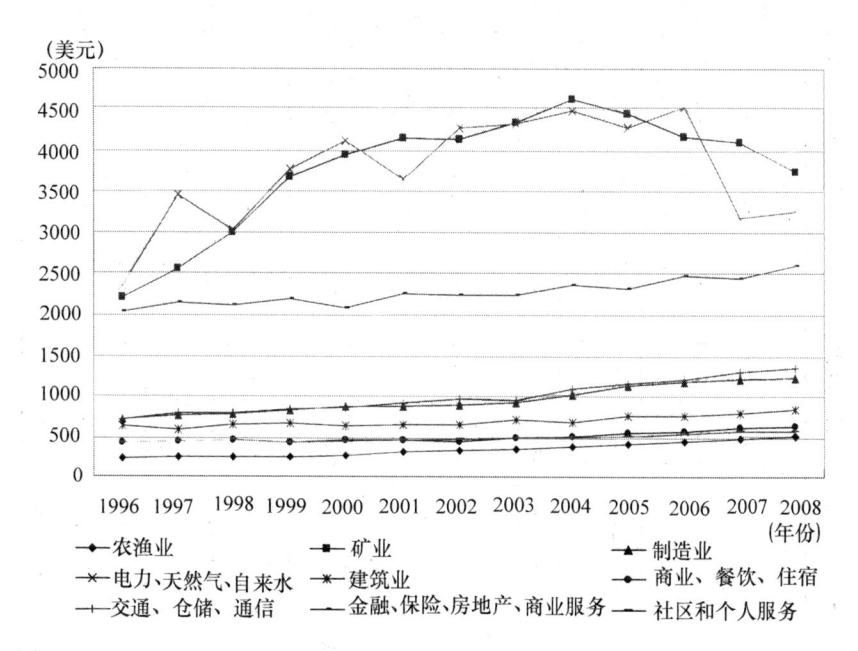

图3—6　1996—2008年智利各经济部门生产率变化
（劳均GDP，按2000年美元价格计算）

表 3-5　1996—2008 年智利各经济部门生产率（劳均 GDP，按 2000 年美元价格计算）和就业比例变化

单位：美元，%

		1996年	1997年	1998年	1999年	2000年	2001年	2002年	2003年	2004年	2005年	2006年	2007年	2008年
农渔业	生产率	215.4	238.0	243.3	245.3	261.4	298.3	321.2	327.2	369.8	401.6	427.9	453.9	486.9
	就业比例	15.4	14.4	14.4	14.4	14.4	13.6	13.5	13.6	13.4	13.2	12.8	12.3	11.7
矿业	生产率	2205.2	2554.5	2999.5	3683.3	3946.2	4163.6	4135.1	4345.7	4640.9	4462.0	4165.1	4115.5	3747.2
	就业比例	1.7	1.6	1.5	1.4	1.3	1.3	1.3	1.3	1.3	1.3	1.4	1.4	1.5
制造业	生产率	700.1	743.5	771.3	805.8	865.6	855.4	881.5	914.4	1000.7	1109.4	1157.9	1195.2	1215.1
	就业比例	16.2	16.0	15.1	14.3	14.0	14.3	14.1	14.0	13.7	13.1	13.1	13.1	12.8
电力、天然气、自来水	生产率	2345.6	3453.3	3018.3	3774.8	4130.5	3647.2	4279.5	4331.2	4497.5	4278.3	4539.1	3163.4	3271.6
	就业比例	0.8	0.6	0.7	0.5	0.5	0.6	0.5	0.5	0.5	0.6	0.6	0.6	0.6
建筑业	生产率	617.1	568.1	636.8	658.9	623.5	632.6	631.3	695.5	670.3	746.1	748.8	786.5	827.4
	就业比例	7.9	9.1	8.3	7.2	7.5	7.7	8.0	7.5	8.1	8.0	8.3	8.3	8.7
商业、餐饮、住宿	生产率	418.9	436.8	443.2	412.5	442.4	447.3	436.9	472.8	496.0	548.1	559.9	599.4	616.6
	就业比例	17.6	18.1	18.5	19.0	18.5	18.8	19.4	18.8	19.2	18.9	19.8	19.6	19.7
交通、仓储、通信	生产率	700.9	775.1	773.4	832.1	843.5	903.9	948.6	947.4	1082.2	1139.6	1201.0	1282.1	1344.2
	就业比例	7.4	7.5	8.0	7.5	8.0	8.0	8.0	8.5	7.9	8.0	8.1	8.2	8.3
金融、保险、房地产、商业服务	生产率	2026.7	2137.2	2103.4	2185.1	2074.6	2237.3	2230.8	2235.2	2357.4	2304.3	2463.1	2428.6	2597.1
	就业比例	7.0	7.0	7.5	7.2	7.9	7.6	7.8	8.0	8.1	8.8	8.6	9.4	9.3
社区和个人服务	生产率	410.5	435.5	440.5	411.3	434.0	440.6	463.5	470.3	481.7	492.7	525.5	554.5	561.6
	就业比例	26.0	25.7	26.1	28.5	27.8	28.1	27.4	27.7	27.9	28.2	27.4	27.1	27.4

第三章　20世纪70年代以来影响智利收入分配变化的主要因素　63

总的来看，20世纪70年代至21世纪初，智利各经济部门间的生产率差距不断拉大，生产异质性加剧，而近年来有所缓和。就业方面，1975年，农业在总就业人口中的比例为21.6%，传统服务业为28.9%，商业为14.6%，制造业为16.8%，矿业为3%。到2008年，这组数值变为11.7%，27.4%，19.7%，12.8%和1.5%。其中，农业就业人口的减少与城市化进程有关，制造业和矿业就业人口的减少则与发展模式转变以及企业垄断有关。1996年以来，除农业和制造业的就业比例下降较为明显外，其他部门变化不大（图3—7）。2008年，第一组高生产率部门的总就业比例仅为11.4%，这说明绝大部分人口处于中低生产率部门，仅有一成的人口享受着高生产率带来的高收入，这无疑进一步加剧了生产异质性。

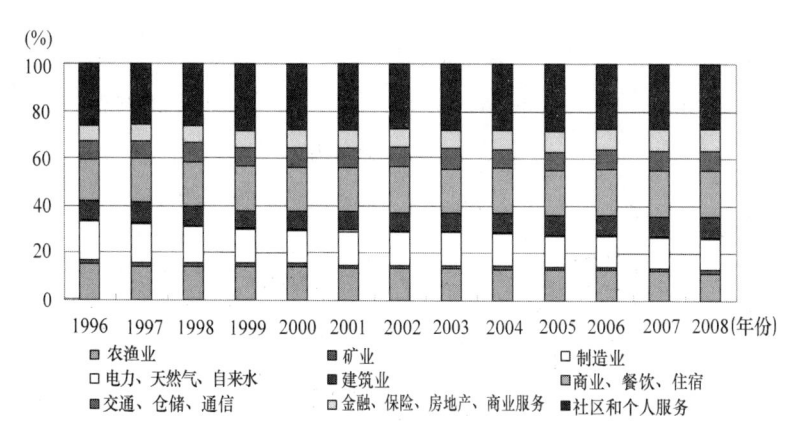

图 3—7　1996—2008年智利各经济部门就业比例变化

资料来源：作者根据联合国拉美经委会（http://www.cepal.org/）和国际劳工组织（http://www.ilo.org/）数据计算绘制。

对比图3—1、图3—5和图3—6，我们可以看出生产异质性与收入分配在军政府和文人政府两个时期的关系变化趋势。军政府实施新经济政策后，1974年左右，智利生产异质性开始明显增强，而此时其基尼系数也开始陡然上升，这两股趋势并行发展到20世纪80年代末。1990年开始的文人政府时期又可以分为两个阶段：90年代至21世纪初，生产异质性继续大幅增强，而基尼系数开始出现轻微下降趋势，但大部分年份仍然处在0.55左右的高位，与80年代类似；2004年左右生产异质性开始有所减弱，而此时基尼系数也出现较为明显的下降。可见，智利的生产异质性与其收入分配发展状况有着较强的相关性，前者在很大程度上影响着后者的走势。

图3—8给出了2007年拉美各主要国家生产异质性与收入分配状况的关系，可以看出两者之间是正相关的。智利与巴拿马、尼加拉瓜、厄瓜多尔、巴拉圭等国基本位于趋势线附近，说明这些国家的生产异质性与收入分配有着更紧密的关系。相对而言，对巴西和洪都拉斯来说，造成贫富差距悬殊的主要原因或许是生产异质性之外的其他因素。而委内瑞拉之所以一方面生产异质性较强而另一方面拥有较低的贫富差距，则应归功于其强有力的再分配政策。

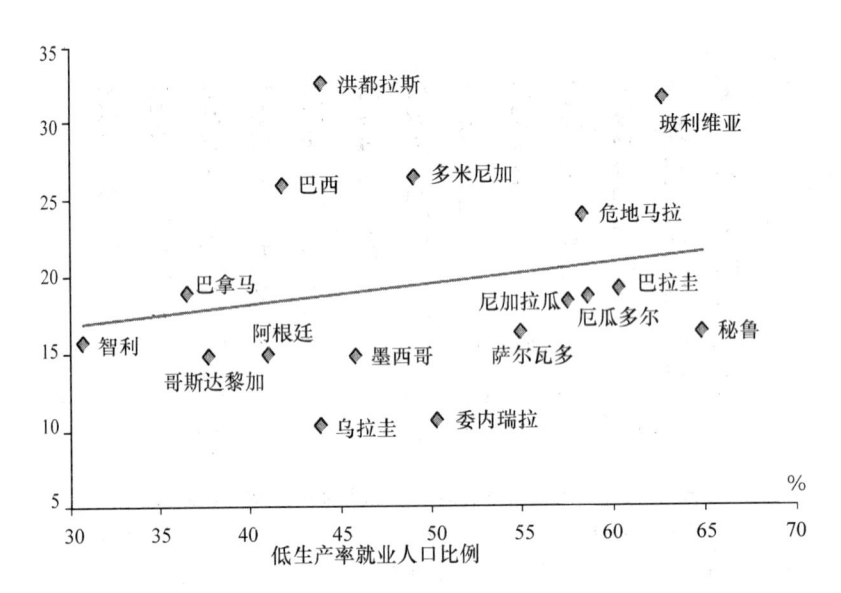

图3—8 2007年拉美各国收入分配状况（收入五分位中第五分位与第一分位之比）（纵轴）与生产异质性（横轴）的关系

注：低生产率就业者指的是微型企业的雇主和雇员，家庭就业者以及工业、建筑业、商业和服务业中未分类的个体劳动者。这类人群的就业比例与生产异质性成正比。

资料来源：Ricardo Infante：*El desarrollo inclusivo en América Latina y el Caribe*：*ensayos sobre políticas de convergencia productiva para la igualdad*，CEPAL，Santiago de Chile，2011，p. 84.

（二）部门内生产异质性状况与部门间异质性的关系

除了在各生产部门之间存在生产异质性外，智利各部门内部不同规模的企业间也存在生产异质性。表3—6显示,2003年,农业部门内部大企业的生产率是微型企业的7倍,建筑业中这一数字为12倍,制造业为24倍,而矿业中的数字则上升为近40倍。此外,各部门的中小企业和微型企业的生产率都比较接近,而大企业则遥遥领先于中小微企业。相比之下,部门间的情况是:建筑业的整体生产率是农业的2倍,制造业是农业的4倍,矿业是农业的15倍。可见,智利各部门内部大型企业和中小微企业之间的生产异质性要比部门间的异质性还要严重。因此,解决部门内的生产异质性要比解决部门间的生产异质性显得更为重要,换句话说,提高各部门中小微企业生产率要比提高农业等部门整体生产率更为重要。

从就业比例来看,中低生产率部门中,中小微企业解决了大部分就业,而高生产率部门中,就业则集中在大型企业。这一方面说明,从全国来看,中小微企业主要集中在中低生产率部门,高生产率部门则以大型企业为主(电力、天然气、自来水等天然垄断部门全部为大型企业),那么高生产率和中低生产率部门之间的矛盾在很大程度上就可以体现为大型企业和中小微企业之间的矛盾。因此,提高中小微企业生产率,即改善部门内部的生产异质性,可以有效改善部门之间的生产异质性。另一方面,各部门内部生产异质性的矛盾严重程度并不一样。矿业内部虽然存在着极高的生产异质性,但由于其中小微企业就业人数少,因此这一矛盾并不凸显;传统服务业等部门虽然中小微企业人数众多,但部门内异质性相对较小,因此矛盾也不很突出;而制造业和交通运输业等部门内部中小微企业就业比例大,同时异质性又非常明显,因此问题就比较严重。对这些部门而言,提高中小微企业生产率,对改善大多数人初次分配收入有着非常重要的意义。

表3—6 2003年智利各部门内部不同规模企业的生产率和就业比例

		生产率指数(微型企业、农业部门=100)				就业比例(%)			
		微型企业	中小企业	大企业	整体水平	微型企业	中小企业	大企业	整体
低生产率部门	农业	100.0	114.8	718.2	100.0	51.8	34.3	13.9	100.0
	传统服务业	100.0	146.6	408.4	103.5	46.7	25.7	27.6	100.0
	商业	100.0	102.5	914.8	139.7	59.1	21.2	19.7	100.0

续表

		生产率指数（微型企业、农业部门=100)				就业比例（%）			
		微型企业	中小企业	大企业	整体水平	微型企业	中小企业	大企业	整体
中等生产率部门	建筑业	100.0	246.7	1270.5	217.7	46.8	36.4	16.8	100.0
	交通运输业	100.0	435.0	1761.1	356.8	45.4	30.7	24.1	100.0
	制造业	100.0	262.1	2458.9	426.2	40.5	34.0	25.5	100.0
高生产率部门	金融业	—	—	—	636.0	—	69.5	30.5	100.0
	电、气、水	—	—	—	1503.3	—	—	100.0	100.0
	矿业	100.0	427.4	3976.3	1509.7	10.6	19.6	69.8	100.0
	整体/平均	100.0	189.2	1383.8	238.5	45.1	31.0	23.9	100.0

资料来源：Ricardo Infante B. y Osvaldo Sunkel：“Chile: hacia un Desarrollo Inclusivo”, *Revista de la CEPAL* 97, abr. de 2009, p.139, 140.

综上所述，可以得出两个结论。首先，智利的生产异质性在很大程度上影响着收入分配状况。其次，提高中小微企业生产率（尤其是提高制造业等部门中小微企业的生产率），即改善各经济部门内部生产异质性，是改善智利整体生产异质性，从而改善收入分配状况的主要途径。

（三）就业异质性与收入分配

智利企业之间的异质性不仅体现在生产率方面，还体现在就业方面。就业异质性主要指的是各企业劳动者之间在劳动收入、劳动权利和劳动保障方面存在的差异性。我们仅选择几个有代表性的方面来考察这一方面的演化过程。首先来看各生产部门在工资上的差异。从图3—9中可以看出，智利各部门平均工资水平在20世纪80年代初是较为接近的，之后开始逐步拉开差距，90年代中期后，第一组高生产率部门（矿业、电力、天然气、自来水和金融部门）工资水平陡然上升，增幅远高于其他部门。这一变化趋势虽然略滞后于上文所显示的部门间生产率变化情况，但两者的总体发展趋势是一致的。

部门内不同规模企业间的工资差异缺乏1990年之前的数据。从图3—10中可以看出，1990—2011年，代表正规就业的5人以上企业（虽然5—200人的中小企业就业正规程度参差不齐且整体水平并不特别高）雇员的平均收入和代表非正规就业的5人以下企业雇员以及家庭型就业人员的平均收入增长幅度相似，其差距已经基本固化。

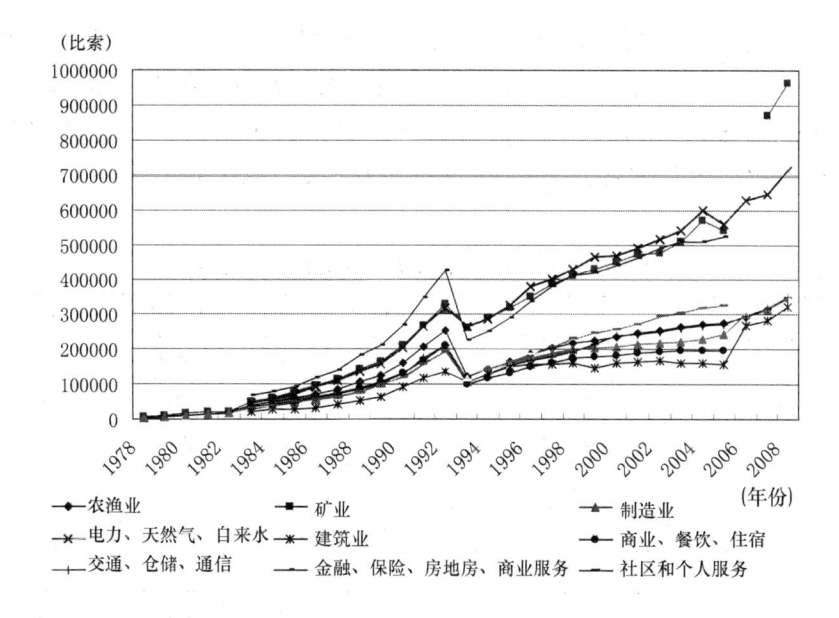

图 3—9　1978—2008 年智利各经济部门平均工资水平变化

资料来源：作者根据国际劳工组织（http://www.ilo.org/）数据绘制。

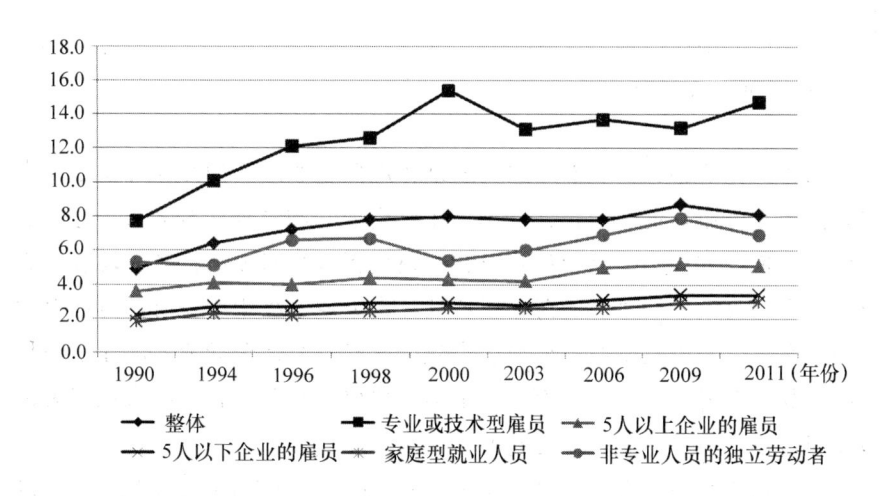

图 3—10　1990—2011 年智利部分经济自立人口平均收入变化
（贫困线收入的倍数）

资料来源：作者根据以下文献数据绘制：CEPAL：*Panorama social de América Latina* 2012，Anexo estadístico，Cuadro 22.1，Santiago de Chile，2013。

从就业条件的另一方面——所受社会保障的程度来看,1990年,非正规劳动者中未缴纳社会保险的人员比例分别是大型企业的10倍和平均值的1.8倍;到2003年分别为8.2倍和2倍(表3—7)。可见,10多年来各规模企业劳动者在这一方面的差距也基本处于固化的状态。

表3—7　　　　智利各就业群体中未缴纳社会保险的人员比例　　　　单位:%

		1990年	1994年	1998年	2003年
高生产率	200人及以上企业的劳动者	6.0	6.7	8.7	8.7
	5人以上企业的雇主	41.0	42.4	35.2	31.1
	自我就业者(专业人员)	65.3	58.0	57.6	63.8
中等生产率	50—199人企业的劳动者	9.1	10.3	11.4	12.9
	10—49人企业的劳动者	14.8	15.0	18.2	19.3
低生产率	6—9人企业的劳动者	28.6	26.6	29.4	31.2
	非正规劳动者*	60.2	65.9	68.2	71.2
平均		33.7	34.8	35.8	36.3

注：*表示包括5人及以下的微型企业雇主和劳动者,非专业人员的自我就业者和家庭帮工。

资料来源：Osvaldo Sunkel y Ricardo Infante：*Hacia un desarrollo inclusivo：el caso de Chile*, CEPAL y OIT, Santiago de Chile, 2009, p. 81.

总之,无论是各生产部门之间还是各规模企业之间的就业异质性几十年来都未改善而且逐步固化,这也意味着企业间的就业正规程度[①]进一步分化：高生产率部门、大中型企业就业正规程度相对较高,其劳动者在就业过程中的收入、所享有的劳动权利以及在失业过程中所享有的劳动保障都较为充分;而中低生产率部门、小微企业以及个体劳动者等就业正规程度低,其劳动者在上述几方面都处于不利地位。因此,就业异质性就突出地表现为正规与非正规就业之间的异质性。

然而从表3—8中可以看出,1990—2011年,智利低生产率部门即非正规就业人口比例下降了33%,这有助于改善正规与非正规就业之间的异质性。

---

① 就业正规程度主要以收入水平、就业稳定性、社会保障程度等因素来衡量。非正规就业一般包括：雇用很少工人的微型企业(一般为5人以下),家庭型的生产和服务单位,独立的个体劳动者。

因此，在上述两方面的共同作用下，1990年以来的就业异质性的总特点是基本固化但有改善趋势，这与图3—1所表现的基尼系数发展趋势是基本一致的。

表3—8　　　1990—2011年智利低生产率部门就业人口比例　　单位:%

年份	整体	微型企业[a]				家庭型就业	独立的个体劳动者[b]		
		雇主	雇员				整体[c]	工业和建筑业	商业和服务业
			整体	专业和技术人员	非专业和技术人员				
1990	47.6	0.6	9.5	1.3	8.2	19.3	18.2	4.6	13.3
1994	42.5	1.5	8.6	0.9	7.7	16.8	15.6	4.0	11.4
1996	41.4	1.5	9.2	1.0	8.2	16.3	14.3	3.1	10.7
1998	41.4	2.1	11.2	1.4	9.7	15.2	13.0	2.8	10.0
2000	39.1	1.6	8.1	0.8	7.2	16.2	13.2	2.9	10.2
2003	38.0	1.9	7.3	0.9	6.4	16.3	12.2	3.0	9.2
2006	38.2	1.4	7.1	0.9	6.2	14.3	15.3	3.5	11.2
2009	36.5	1.0	6.9	0.9	6.0	12.0	16.6	2.6	13.6
2011	32.1	1.0	5.6	1.0	4.5	12.7	12.9	7.5	3.8

注：a. 雇员在5人以下的企业。b. 指非专业人员的自我就业者和家庭帮工。c. 包括农、牧、渔业就业者。
资料来源：CEPAL: *Panorama social de América Latina* 2012, Anexo estadístico, Cuadro 19, Santiago de Chile, 2013.

三　教育与收入分配

从图3—11中可以看出，军政府从1980年左右开始逐年降低公共教育支出占GDP的比重，到其执政末期的1990年，该比重降至2.3%的低点。文人政府执政以来，公共教育支出连年增加，到2000年恢复到1970年的水平，到2008年达到4.3%。公共教育支出一般主要用于扩大教育覆盖率，尤其会重点用于资助低收入家庭子女接受教育或增加教育年限，比如2006年，在智利收入五分位中，20%的最低收入群体获得的公共教育支出比例为27.4%，而20%的最高收入群体获得的比例为12.5%。因此，公共教育支出的增加意味着低收入家庭子女教育水平的改善和教育机会均等化程度提高。图3—12就可以证明这一点：1987年，收入五分位中最低收入群体的受教育年限只有最高收入群体的一半，而到2009年，其差距已经缩小了很多。据拉美和加勒比社会经济数据库（SEDLAC）统计，智利 25—65 岁人群的教育年限基尼系数在 1987 年为 0.303，而到 2009 年则降为 0.195，低于巴西（0.349）、墨西哥（0.315）和阿根廷（0.205）等拉美主要国家的水平。

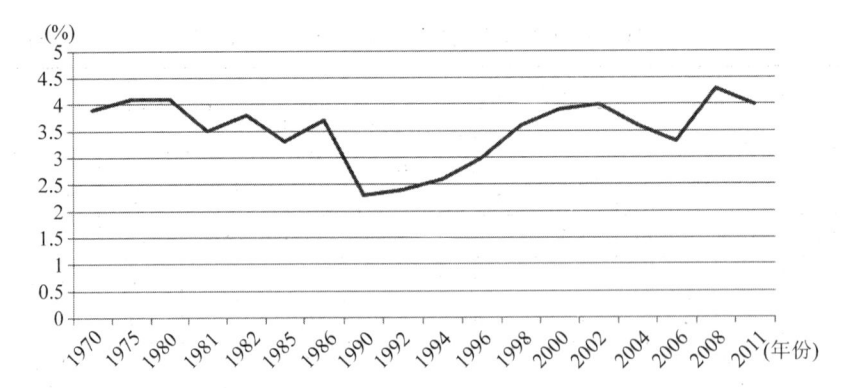

图 3—11 1970—2011 年智利公共教育支出占 GDP 的比重

资料来源：作者根据以下文献数据绘制：CEPAL：*Anuario Estadístico de América Latina y el Caribe*, Chile, 1991, p.64；CEPAL：*Panorama social de América Latina* 2010, Santiago de Chile, mar. 2011, p.168；CEPAL：*Panorama social de América Latina* 2012, Anexo estadístico, Cuadro 42, Santiago de Chile, mar. 2013。

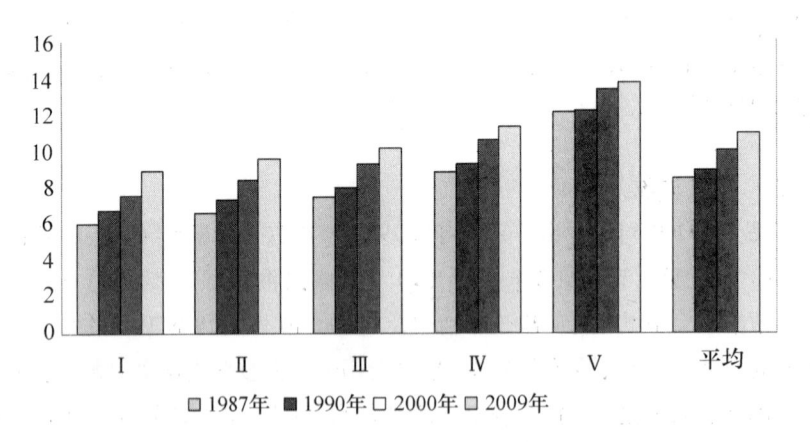

图 3—12 1987—2009 年智利收入五分位教育年限变化

注：收入五分位中，I 为最贫穷群体，V 为最富有群体。

资料来源：作者根据拉美和加勒比社会经济数据库（SEDLAC）2012 年数据绘制。

上述趋势——20世纪80年代公共教育支出减少和90年代以来公共教育支出大幅增加以及教育机会均等程度提高——与图3—1显示的基尼系数发展趋势刚好相反，说明教育机会均等程度与收入分配之间存在一定的关系。这主要是因为公共教育支出的变化对于低收入家庭而言意味着教育支出占家庭总支出比例的变化，因此对于代内收入分配会产生一定的影响。

然而我们可以看到，虽然1990年以来公共教育支出增加的幅度以及教育机会均等化改善程度都较为明显，但1990年以来基尼系数改善的幅度并不大。这一方面说明1990年以来教育公平并不是影响收入分配的主要因素，另一方面是因为教育公平对于代际收入分配的改善作用有一定滞后性——教育回报率要等到一个人上完学后才能体现出来。另外，还有一个重要的问题是，虽然五分位的教育年限差距在缩小，但目前该差距依然较大：低、中、高收入家庭子女的教育水平基本对应小学、中学、大学教育水平。而90年代以来，智利初、中等教育和高等教育的回报率差距迅速拉大（图3—13），这说明中低收入家庭子女在走上工作岗位后与高收入家庭子女的收入差距越来越大。这一点弱化了90年代以来教育机会均等程度提高带来的积极影响，不利于收入分配的改善。

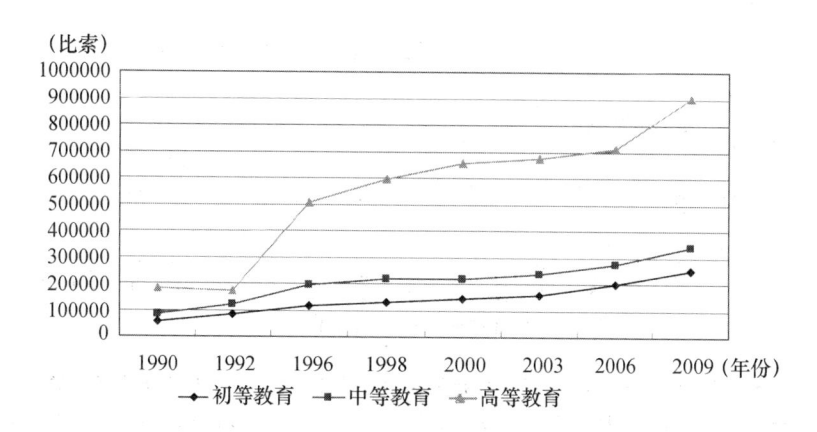

图3—13　1990—2009年智利各教育水平下的月平均劳动收入变化
（名义货币）

资料来源：作者根据拉美和加勒比社会经济数据库（SEDLAC）2012年数据绘制。

四　税收与收入分配

一国国内的税收一般主要分为直接税和间接税两种。直接税主要包括所得税、财产税等，对收入分配具有累进性效应；间接税主要包括以增值税为代表的商品和服务税，对收入分配具有累退性效应。1975年智利军政府实施的税收改革取消了财产税和资本所得税，并大幅削减利润税；税改采取"中性"原则，不再对基本消费品实行免税，并且开征增值税。从图3—14可以看出，1970—1990年，智利直接税收入基本保持不变，在经济不断发展的背景下，这意味着其GDP占比不断降低；而同期间接税收入开始快速增加。1990年文人政府执政后，直接税收入开始增加（主要得益于企业所得税税率的提高：由1989年的10%提高到2012年的20%，但仍低于OECD国家25.4%的平均水平），但增幅远小于间接税增幅。表3—9显示，1993年以来，所得税在总税收收入中的比重增幅并不

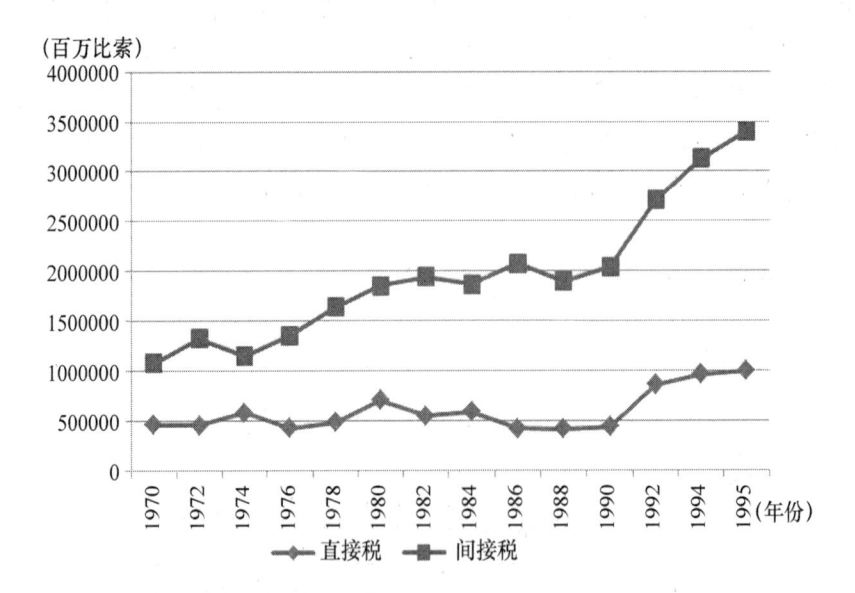

图3—14 1970—1995年智利直接税和间接税收入变化（1995年百万比索）

资料来源：作者根据以下文献数据绘制：Juan Braun‑Llona, et. al. ：*Economía Chilena 1810‑1995. Estadísticas Históricas*, documento de trabajo, Instituto de Economía, Santiago de Chile, enero de 2000, pp. 84‑85.

明显，而增值税经过之前多年的发展已稳居第一大税种地位，加上特殊商品税，间接税占到总税收收入的近六成。这一比例与OECD国家平均水平形成鲜明对比：2011年后者所得税和增值税收入GDP占比分别为

11.3%和6.9%。智利的这种累进性小于累退性效应的税收结构带来的负的"净效应"在军政府时期开始增加，90年代进一步增加并固化，进入21世纪后有所减少。这与图3—1所显示的基尼系数变化趋势是基本一致的。

表3—9　　1993—2010年智利主要税种占总税收收入比重变化　　单位：%

年份	1993	1996	1999	2002	2005	2008	2009	2010
所得税	23.4	23.6	22.6	27.8	30.8	29.5	27.3	28.4
增值税	49.2	48.5	50.1	49.5	47.8	48.0	52.4	47.2
特殊商品税	9.6	9.8	12.3	12.4	10.0	7.3	9.8	9.2
税收总收入+非税收收入	100.0	100.0	100.0	100.0	100.0	100.0	100.0	100.0

资料来源：Servicio de Impuestos Internos de Chile (SII)：http://home.sii.cl/.

五　社会保障与收入分配

在社会保障领域，智利分别于1979年和1981年开始医疗保险和养老保险的私有化改革，到目前为止基本形成了以公共体系为主、私营体系为辅的医疗保险制度和基本完全由私营体系管理的养老保险制度。另外，国家还利用公共财政对低收入群体等特定人群进行社会救助。30多年来，这样的社会保障制度对收入分配的影响效果是较为复杂的，本书第五章将详细分析。这里仅通过分析公共社保支出的发展趋势来简单考察社会保障对收入分配的影响程度，因为这一支出的再分配效应是非常重要而明显的：在医疗保险领域，由于智利公共医疗体系覆盖绝大部分人口（2010年为74.1%，主要为中低收入人口），因此公共医疗支出可以有效提高中低收入者和高风险群体（如老人和儿童）所接受的保险赔付水平和医疗服务水平；在养老保险领域，公共养老金支出分别为最低缴费密度（20年）的人和缴费不足20年的人提供最低养老金和救济性养老金，这可以有效弥补完全私有化的养老保险制度造成的收入差距拉大；在社会救助领域，公共支出可以向特定群体转移支付，可以有效减少贫困，改善收入分配。从表3—2和表3—3可以看出，智利公共社会支出虽然在20世纪80年代前半期较70年代后半期有所增加，但之后再次减少；从图3—15中可以看出，1991—2000年，教育和医疗支出不断增加，使得公共社会总支出增加，而同期，作为公共社会支出主要项目的社会保险和社会救助支出却并未增加，这使得社保的再分配效应受到影响；2003—2007年经济繁荣期，社保支出反而大幅下降；2009年全球经济危机时，各项支出则明显增加。这种变化和智利长期实行的严格财政纪律、维持公共财政平衡以及逆周期宏观经济政策是有关系的。上述趋势与图3—1中的收入分配发展趋势相比：70—90年代，两者相关性较强，而2002年后两者发展趋势相关性不强。

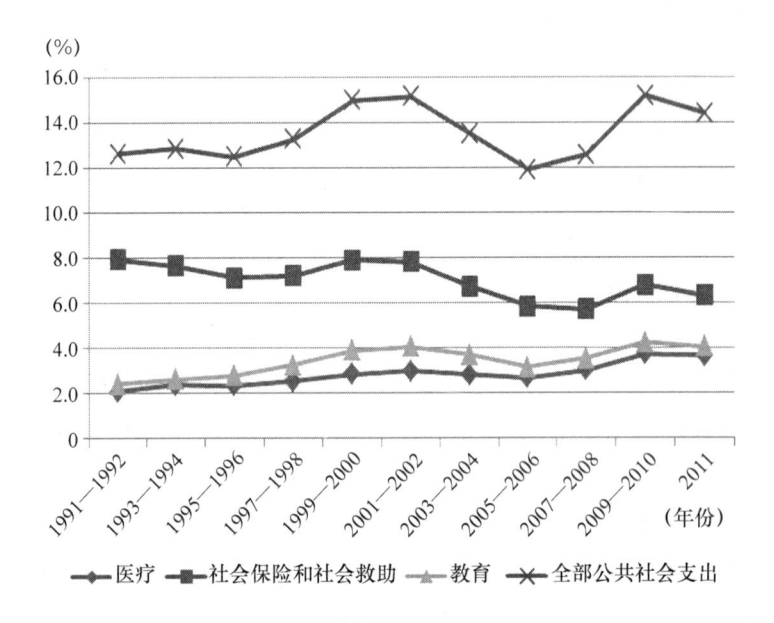

图3—15 1991—2011年智利主要公共社会支出占GDP的比重

资料来源：作者根据以下文献数据绘制：CEPAL: *Panorama social de América Latina* 2012, Anexo estadístico, Cuadro 39, 42, 43, 44, Santiago de Chile, 2013。

综合以上分析可以看出，影响智利收入分配变化的各项因素与收入分配变化趋势的相关性是不同的：70年代末到80年代，智利经济快速增长，但生产和就业异质性显著增强，税收累退性增强，教育、社保支出减少，因此收入分配严重恶化；90年代经济增长更快，教育、医疗公共支出快速增加，但生产和就业异质性继续增强且逐渐固化，税收累退性未减弱，社会保险和救助公共支出未增加，因此收入分配难以改善；2003年后，经济稳定增长，生产和就业异质性有所改善，税收累退性有所减弱，教育支出继续增加,因此虽然医疗、社保支出减少,但收入分配开始改善。

可见,初次分配环节中的生产和就业异质性是影响智利收入分配的关键性因素,对其产生的影响最大,因此也是未来改革的重中之重。

第三节 结论

首先,通过第一节的历史分析我们可以看出,正确处理增长与分配、效率与公平、国家与市场这三对关系对于改善智利收入分配有着根本性意义。

1973—1990 年,在"高增长会自动带来分配公平"理论的指导下,智利军政府片面强调经济增长、效率的优先性和市场机制的主导性,忽视分配和公平,弱化政府在调节分配方面的作用。然而,虽然在 70 年代后半期以及 80 年代后半期智利经历了高增长的"经济奇迹",但高增长并未自动改善收入分配状况,相反,这一时期智利收入分配状况急剧恶化,基尼系数居高不下。1990 年以来,文人政府重视增长与分配、效率与公平之间的平衡,积极采取一系列政策促进收入分配的改善,使得基尼系数停止了上升的势头,开始出现轻微改善的迹象。这也正是"包容性发展"理念形成的实践基础,说明包容增长和分配、效率和公平才是未来的可持续性发展模式。另外,正确处理国家和市场的关系也很重要。在市场经济体制下,市场机制必须对资源配置起主导作用,但国家一定要扮演好自己的重要角色,尤其是在社会领域。1990 年以来,智利文人政府较好地处理了这一关系。图 3—16 显示了一般政府支出占 GDP 的比重(基本可以反映国家在经济社会中作用的大小)与人均 GDP 之间的正向关系:大部分高收入的发达国家政府的作用较为明显,而大部分中低收入发展中国家政府的作用相对较为薄弱。可见,在当今成熟的市场经济国家,政府并不是一味地在所有方面弱化其作用,而是更多地在社会领域积极发挥其调节作用。智利自 1990 年以来在这方面有了一定进步。

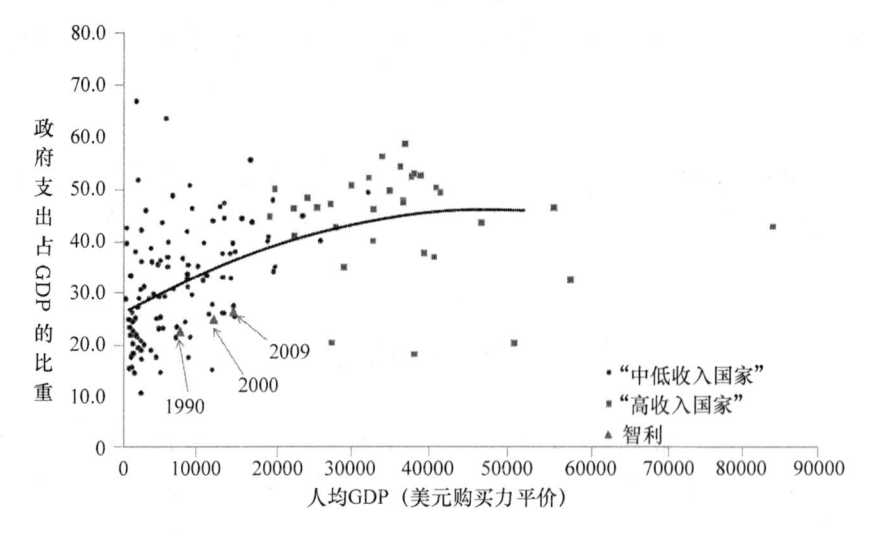

76 "包容性发展"与收入分配：智利案例研究

图 3—16　2008 年前后一般政府支出占 GDP 的比重与人均 GDP 的关系

资料来源：Klaus Schmidt‑Hebbel："The Political Economy of Distribution and Growth in Chile", documento de trabajo No. 417, Instituto de Economía, Pontificia Universidad Católica de Chile, Santiago de Chile, mayo 2012, p. 26.

另外，我们从历史中还可以总结出，影响智利收入分配变化的主要因素即未来改善收入分配的主要路径有：宏观经济稳定和经济持续增长、生产同质性、就业同质性、教育、税收、社会保障等。

其次，第二节分析了 20 世纪 70 年代以来这些影响智利收入分配变化的因素与收入分配变化趋势的相关性。总体来看，初次分配环节中的生产和就业异质性是关键性因素，对智利收入分配产生的影响最大，因此也是未来改革的重中之重。

虽然生产和就业异质性是关键因素，但必须和其他各项因素统筹兼顾、综合发展，才能促进收入分配改善。我们可以将上述六项因素（路径）归纳到初次和再分配两个环节中进行分析：宏观经济和经济增长、生产同质性、就业同质性与生产环节相联系，因此属于初次分配环节。教育决定着机会公平，因此也可以纳入初次分配环节。税收和社会保障属于再分配环节。1990 年以来，智利文人政府在上述因素和路径上已经做了许多积极的努力。未来，智利在"包容性发展"战略下，应当继续包容增长和分配，在初次分配和再分配环节都兼顾效率和公平，尤其要充分重视初次分配环节对促进收入分配改善的决定性意义。在这两个环节中，国家都要利用其公共政策积极参与对收入分配各项因素的调节：在初次分配环节，国家应维护宏观经济稳定和经济增长，促进生产同质性并进行劳动力市场改革以维护市场竞争过程和规则的公平，促进教育机会公平，目的是在保证经济效率和市场机制作用有效发挥的前提下，形成一个差距合理的初次分配格局。在再分配环节，在高效利用市场化社会保险制度的同时，国家应充分利用国家的财政补贴和转移支付等社会政策以及税收政策来确保分配结果公平。

可见，改善收入分配的各项路径是和增长与分配、效率与公平、国家与市场这三对关系结合起来的。这可以在图3—17中得到体现。

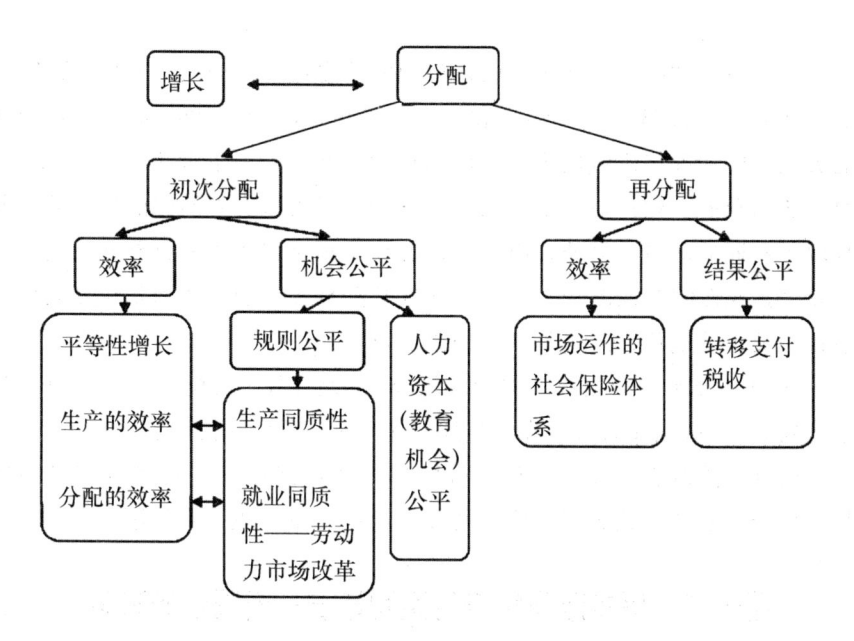

图3—17　"包容性发展"战略中的收入分配

资料来源：作者绘制。

接下来的第四章、第五章将分析1990年以来智利政府在初次分配和再分配环节促进"包容性发展"各项路径中的政策和成效，并重点分析目前存在的问题和面临的挑战，进而说明1990年以来智利的收入分配状况为什么没有得到明显改善。

第四章 智利"包容性发展"的成效和问题

——初次分配环节

第三章对20世纪70年代以来智利的历史进行了回顾，发现导致军政府执政时期（1973—1990年）和文人政府执政时期（1990年至今）智利的收入分配状况出现截然不同发展趋势的主要原因在于军政府和文人政府对增长与分配、效率与公平、国家与市场三对关系有着不同的处理方式并采取了不同的政策。另外，第三章还总结出影响智利收入分配变化的若干主要因素也改善其的路径，其中，初次分配环节中的生产和就业异质性问题处于关键性地位，应当是未来的改革重点。

1990年以来，为促进"平等性增长"，改善收入分配，从而实现"包容性发展"，智利文人政府在上述路径上进行了积极的尝试和努力。本章将分析这一阶段文人政府在初次分配环节各项路径（宏观经济与经济增长、生产同质性、就业同质性、教育）上的政策、成效及问题。

第一节 保持宏观经济稳定和增长：宏观经济政策、成效及当前的挑战

通过第三章的分析我们可以看出，20世纪70年代以来智利的经济增长情况与其收入分配状况只在一定程度上具有相关性：70年代，经济增长速度与基尼系数之间有着较为明显的负相关关系；而80年代至今，两者之间的关系不是很明显。但是总体而言，经济增长对于收入分配状况是非常重要的，因为70年代以来的实践证明，经济形势良好时分配状况不一定会改善，但经济形势恶化时分配状况则一定会随之恶化。因此，要改

善收入分配，减少社会排斥，促进社会凝聚和包容性发展，就要首先保证经济持续、健康、稳定地增长，不断增加社会财富，同时营造出稳定的社会经济环境，从而为实现公正的分配创造前提条件。

促进经济持续、健康、稳定增长的因素非常多，包括宏观经济稳定、投资、贸易、消费以及人力资本、科技创新、自然资源、环境等。在这些因素中，宏观经济稳定是重要的前提条件。从20世纪90年代到21世纪初，拉美三个大国：墨西哥、巴西和阿根廷由于宏观经济政策失误等因素而先后爆发金融和经济危机，经济增长受到严重影响。相比之下，智利由于始终坚持实施具有逆周期作用的、谨慎稳妥的宏观经济政策，因此经济形势得以保持稳定，并未发生类似大的危机，而且受上述危机影响的程度也不大。在这样的环境下，1991—2000年，智利年均增长6.5%，远高于拉美3.3%的整体平均水平。2003—2007年拉美增长周期中，智利继续保持5%的年均增长率。可见，相对于墨西哥、巴西、阿根廷三国，90年代至今，智利取得经济稳定增长的关键原因在于其所实施的宏观经济政策。本节就从财政和货币政策两个方面分析智利20多年来宏观经济政策的特点、成效及当前面临的挑战。

一 1990年以来宏观经济政策的特点及成效

与其他一些拉美国家顺周期、财政长期赤字、固定汇率、放松金融管控的做法不同，1990年（甚至更早）以来智利宏观经济政策具有逆周期的特点，财政保持平衡且管理高效，利率、汇率灵活自由，通胀幅度和金融资本流动受到制度控制。这有利于稳定市场预期、价格和国际收支，促进宏观经济稳定和经济增长。

（一）财政政策

财政政策是宏观经济政策的重要方面，一国在中长期内所采取的财政政策是否得当、合理直接决定了其财政体系是否健康。按照目前普遍的观点，一个健康的财政体系应当收支相对平衡，不大起大落，不存在大的系统性风险。这样的体系首先可以使财政收入和支出保持较长期的稳定，公共产品供给稳步增加，民生得到改善；其次可以减少公共债务，降低外部脆弱性等风险，同时有利于将通货膨胀控制在一定幅度内，从而促进宏观经济稳定和经济增长；最后可以使国家在经济危机出现时有条件采取逆周期的财政政策以减弱危机的危害程度，从而促进经济尽快恢复。1990年以来智利财政政策的特点就在于促成了一个这样健康的财政体系，并通过制度的形式对其进行稳固加强。这在 20 世纪 90 年代至 21 世纪初的拉美国家中是尤为难得的，因为这一时期墨西哥、巴西、阿根廷几个大国的财政体系存在不同程度的风险，而这成为其经济危机爆发的主要原因之一。

1994 年，巴西实施雷亚尔计划后，通胀大幅下降，使得政府所实际支出的公务员工资以及医疗、农业改革计划和银行体系重组费用大幅增加，财政支出增幅远大于财政收入，因此财政赤字加大，公共债务庞大。同时，由于国内利率过高，加大了政府内、外部债务的偿还负担，这方面的支出在 1998 年成为政府支出中增长最快的一部分。过高的公共债务成为导致 1999 年巴西金融动荡的原因之一。而引发 2001 年阿根廷经济危机的最重要的原因就是其长期居高不下的财政赤字和公共债务。从 1994 年始，阿根廷将大量政府资金用于养老金和退休金等社保支出，同时实行减税以提高因货币高估而受影响的生产竞争力，财政赤字增加，主要通过举借外债来弥补。同时，阿根廷地方政府的国内外债务也相当惊人。在这样的高风险下，投资者开始缺乏信心，导致外资流入受到影响。在 1997—1999 年亚洲、俄罗斯、巴西金融危机的冲击下，借新债还旧债的链条断裂，导致债务危机爆发。可见，过高的公共债务会增加对外资的依赖性和外部脆弱性，破坏宏观经济稳定。2003 年以来，由于对财政政策进行了调整，拉美大部分国家的财政状况得以明显改善。

相比之下，20 多年来智利的财政状况基本处于健康状态，几乎没有出现过大的波动。1998 年智利公共债务占 GDP 比重由 1990 年的 45%（因受 1982 年债务危机影响）下降到 13%，到 2009 年其公共债务总额在所有 OECD 成员国中处于最低水平；1987—2004 年其总财政盈余占 GDP 比重平均为 1%[1]，而在 OECD 各成员国中，其财政盈余年平均水平（近 40 年）位于第二位，仅次于挪威。从图 4—1 中可以看出 20 多年来智利财政状况明显好于拉美其他三个大国。而这一切与智利长期以来尤其是 1990 年以来在财政制度建设上所做的努力是分不开的。

---

[1] José Pablo Arellano: "Del Déficit al Superávit Fiscal: Razones para una Transformación Estructural en Chile", *Estudios Públicos*, 101（verano 2006）, p.166.

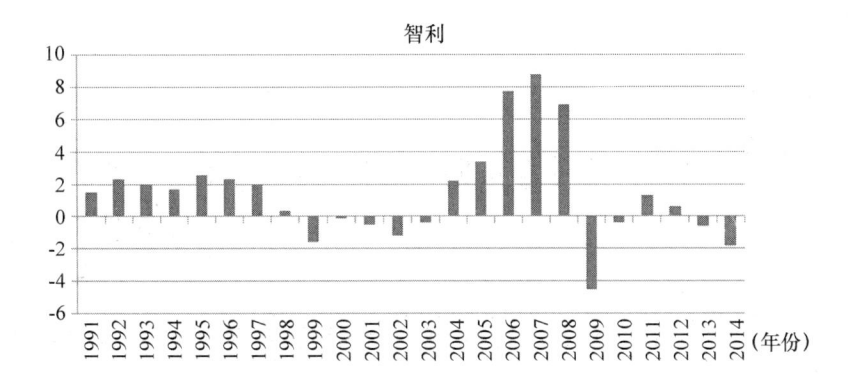

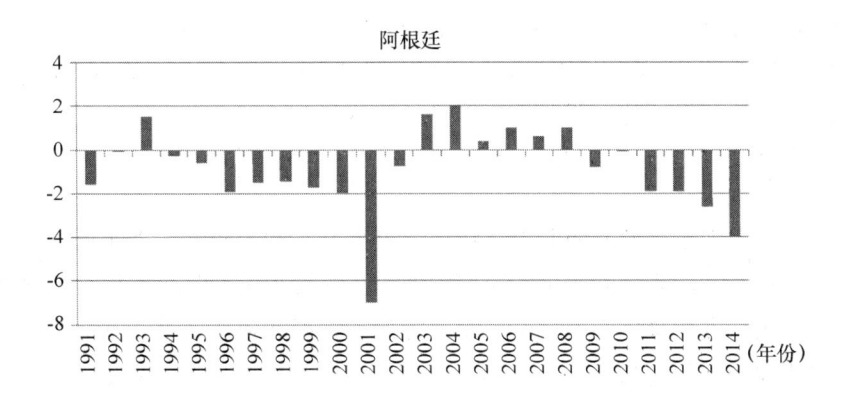

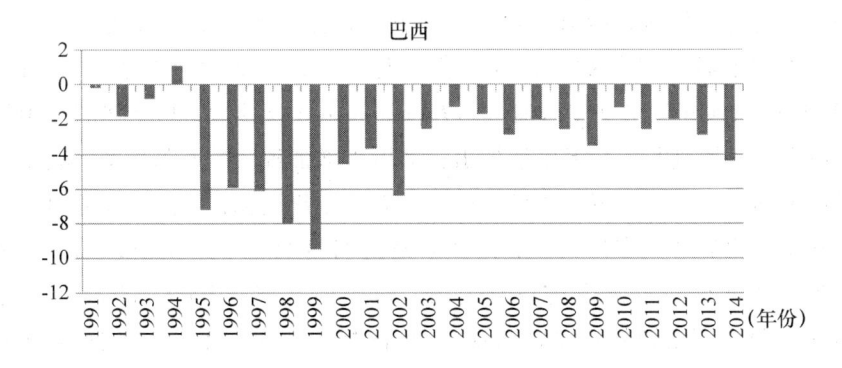

第四章 智利"包容性发展"的成效和问题 81

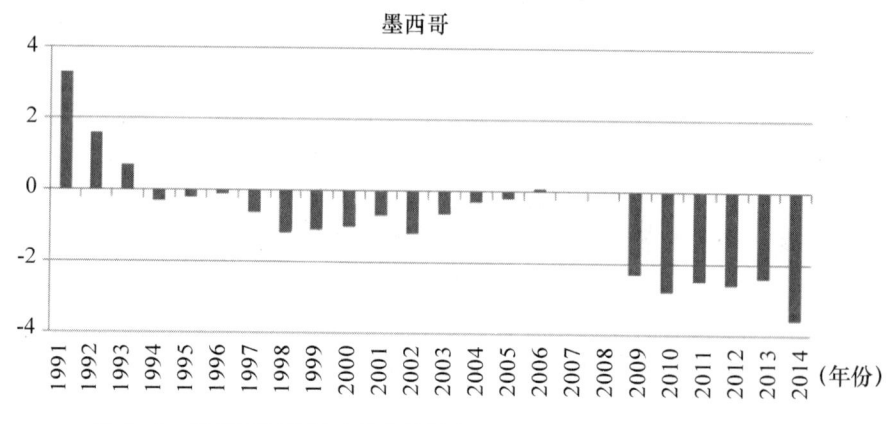

82 "包容性发展"与收入分配：智利案例研究

墨西哥

图4—1 拉美四国总财政收支结果占GDP比重（%，1991—2014年）

注：1991—2000年数据中，阿根廷、巴西、墨西哥为非金融公共部门数据，智利为中央政府数据；2001—2005年数据中，阿根廷为非金融公共部门数据，墨西哥为公共部门数据，巴西、智利为中央政府数据；2006—2014年，各国为中央政府数据。

资料来源：作者根据联合国拉美经委会（http://www.cepal.org/）数据绘制。

第一，促进财政平衡和财政纪律的制度化。智利财政曾多年处于赤字状态，1950—1986年财政赤字占GDP比重平均为1.9%，只有五年存在盈余。这一方面源于当时许多国家通行的赤字财政模式，另一方面源于财政纪律和制度的缺失。1973年军人政府上台后信奉新自由主义理论，大幅削减公共支出，并开始明确财政纪律的重要性。其实施的税制和预算管理改革规定，任何时候都必须有一部预算法来对财政收入和支出进行管理，即财政收支必须拥有法律依据。随后，由文人执掌的艾尔文政府（1990—1994年）和弗雷政府（1994—2000年）延续了80年代的谨慎财政政策，其原则是，如果不能推出新的可供增加税收的改革方案，就绝不承诺增加公共支出。因此尽管90年代智利经济高速增长，且各部门工会强烈要求增加公共支出，但支出并未随之明显增加。21世纪以来，智利财政体系继续通过制度化得到巩固。拉戈斯政府（2000—2006年）于2001年设立《财政结构盈余法规》。该法规的意图在于，在测算GDP长期变化趋势的基础上衡量中长期（而不是当年或短期）税收收入的能力，以此来决定财政支出水平。法规还设定了财政结构盈余占GDP比重为1%的具体目标。由于将长期结构平衡而不是将短期经济表现作为执行预算的标准，因此尽管2003—2007年智利经济处于繁荣期，尤其在2004年后因国际铜价上涨而表现良好，但财政支出也不为所动。在此基础上，巴切莱特政府（2006—2010年）进而促成了《财政责任法》的通过，将结构平衡的原则用法律形式确定下来，规定由总统负责财政政策的制定，并公布财政状况及其对宏观经济的影响。之后执政的皮涅拉政府（2010—2013年）专门筹划成立了顾问委员会来对财政结构平衡情况的测量方法进行完善。智利促进财政平衡的另一举措是对公共部门和地方政府举债的限制。根据现行法律，中央政府各部门及国有企业举债需通过财政部批准，地方政府虽拥有预算自主权（但投资需按中央政府统一部署），但完全不被允许举债。这一举措可以有效控制各级公共部门支出，从而控制整体财政风险。

第二，建立相应机制以促进财政政策可持续发展及其逆周期作用。铜业是智利传统支柱产业，其对国家税收的贡献率为5%—17%，其价格周期波动对财政收入有直接而决定性的影响。而政府曾经的做法是财政支出随铜价上涨而膨胀，又因铜价下跌而捉襟见肘。为了降低这一影响，也为了改变曾经的顺周期做法，智利于1987年建立国家铜业价格稳定基金，意在当铜价高于常年平均价格时进行财富储备，以用于铜价下跌时所需。这首先有利于财政收支在较长时期内保持平衡，完成法律规定的财政盈余占GDP比重的目标，实现财政政策的可持续发展。其次使国家在经济减速时有条件拿出较为充足的资金进行逆周期干预，进行公共投资刺激经济增长和就业，同时增加公共支出以改善民生。最后有利于降低债务风险对市场信心和经济增长的负面影响：由于在铜价高涨期（往往也是经济繁荣期）对财政支出和举债进行了控制，因此在铜价低迷期（往往是经济增长放缓期）可减轻偿付债务的压力，从而可以增强市场和投资者对公共财政和经济可持续发展的信心，避免经济继续下滑。正是借助国家铜业基金等机制，智利逐渐成为世界上数量不多的能够游刃有余地运用财政政策对经济进行逆周期干预的国家之一。

第三，提高财政管理效率。这其中第一个方面是财政权力的集中。20世纪70年代之前智利总统没有管理公共预算的权力，财政权力分散，效率低下，收支长期失衡。军人政府上台后将管理财政收支的权力集中于财政部。1980年的新宪法规定总统在预算和税收方面拥有特别动议权，对预算进行总负责，而国会仅扮演协作者的角色，负责审议和通过总统的提案，无动议权，不得耽搁。这一制度沿用下来，有利于国家在制定财政政策时管理集中，目标明确，而不是像过去那样受一系列相互独立的利益主体所左右。这使得财政体系得到加强，而且也为智利此后能够建立起世界上最严格的财政分级决策体系打下了坚实的基础。提高财政管理效率的第二个方面是全口径预算。政府收支碎片化首先会导致效率低下，其次会导致国家预算统计不精确，财政平衡总目标难以实现。全口径预算使政府所有收入和支出（国有企业收支除外）全部纳入国家预算，且各类预算项目（公共服务、转移支付等）分门别类，不仅解决了上述问题，还可以使预算更加公开透明，减少腐败。

第四，加强税收体制。20 世纪 60 年代，智利开始实施税收体制指数化以避免通胀对税收收入的侵蚀，1975 年至今全面实施指数化，即按照前一个月 CPI 水平进行逐日修正。这一做法既可以将通胀造成的影响降到最低，也可以使税收立法保持长期稳定，不必随每一次预算情况频繁调整。另外，税收体系还从立法和技术上加强了对偷漏税的监控。

除以上所述的财政体系内部的改革外，货币政策也起到了有益的补充作用。1989 年智利中央银行取得独立地位，因而货币政策的制定可以独立于财政政策的制定，央行可以评估财政政策的宏观效果，在认为其过于膨胀而影响价格稳定时可以适当调高利率以对其产生遏制作用，这在客观上也促进了财政结构的平衡。

可见，智利在 20 世纪 70—80 年代就已通过加强财政纪律确立了一个清晰的"事前"框架，1990 年之后的财政政策基本是在该框架下实施的，并反过来加固了该框架体系。"这一框架建立了一种政治承诺，减少了各个利益集团围绕预算余额水平在各环节进行谈判的必要。而这种机动应变的政策为政府赢得了信誉，提高了政策效率，降低了调整的成本。经济当局拥有更强的能力，从而使市场相信，从宏观的角度看这是理想的政策。"[1] 保持财政收支平衡对于稳定宏观经济有着重要意义："在国际经济危机时政府有条件实施逆周期政策，刺激经济和就业；保证公共政策的持久性，特别是社会支出和公共投资；维持竞争性汇率，保护出口部门；减少外部融资的必要，保护公共财政免受国际金融风险的影响。"[2]

---

[1] José Pablo Arellano：" Del Déficit al Superávit Fiscal：Razones para una Transformación Estructural en Chile"，*Estudios Públicos*, 101（verano 2006），pp. 180 – 181.

[2] Eric Parrado, Jorge Rodríguez y Andrés Velasco：" Responsabilidad Fiscal en Chile：Propuestas para Seguir Avanzando"，*Estudios Públicos*, 127（invierno 2012），http：//www.cepchile.cl.，p. 90.

（二）货币政策

货币政策是宏观经济政策的另一个重要方面，其作用在于稳定市场价格，调节经济周期，促进国际收支平衡，保持金融市场稳定，从而促进宏观经济平稳运行。1990年以来智利货币政策的主要特点在于有效而适度干预，逆周期而动，谨慎而为。这种意识不仅早于拉美主要国家，也早于世界上其他许多国家。

第一，央行加强责任，货币政策发挥有效而适度的干预作用。20世纪70—80年代智利新自由主义经济改革过于信任市场的力量和自我修正能力，在某种程度上忽略了价格稳定和金融稳定的重要性。针对这一问题，1989年智利央行取得独立地位后，开始加强在货币和金融方面的责任，使用货币政策对经济进行干预。"其调控职能涉及金融体系中各个主体：商业银行、储蓄和信贷机构、养老基金、结算委员会以及各种支付服务提供机构。对于商业银行，央行制定规则，对其资金流动情况和市场风险进行管理；对于养老基金，央行则规定其对海外进行投资的最高比例。"① 智利央行的宏观调控职能包括：确定银行准备金比例，制定汇率制度，对资本流动进行必要限制，干预外汇市场和积累国际储备。央行拥有独立地位，实行内部管理，逐步提高对金融稳定和系统性风险的研究能力，以确保宏观稳定政策的实施。而货币政策的有效干预仍然是建立在市场对资源配置起主导作用基础上的，因此是适度调节而非凌驾于市场之上。另外货币政策与财政政策相互独立，两者形成平衡，相辅相成。

第二，发挥利率的逆周期调节作用。20世纪90年代以来，智利央行根据国际通行的做法，逐步放弃将货币量作为货币政策干预目标的做法，而主要通过调节利率来实施货币政策。在实行灵活的利率并利用各种金融创新的情况下，尽管在世纪之交时智利的货币供应量不断膨胀，但通胀并未恶化。2002年后，央行调低利率以刺激经济增长和增加就业。在这一目标基本实现后，为避免与国际利率相差过多，又小幅提高利率，但仍维持在历史相对较低水平。2008年全球金融危机中，智利央行降低参考利率，开放信贷特别额度以增加本国金融体系中的本国货币和美元流动性。2009年，在国内通胀压力明显减轻的局面下，央行得以有能力继续实施

---

① Enrique Marshall: "Implementación de Políticas Macroprudenciales en Chile", *Documentos de Política Económica del Banco Central de Chile*, N.° 44 – mayo 2012, p. 6.

扩张性的货币政策,调整银行准备金,大幅增加国有银行的贷款额度。2010年第一季度后,随着国内经济的恢复,央行开始重新提高利率,目的是将通胀预期稳定在央行所设定的目标范围内。

第三,建立通货膨胀目标制度,稳定价格和市场预期。货币政策经常面临的一个问题是,在增长和通胀间存在两难,政策的时机和程度较难把握;针对具体目标的货币政策往往因传导性强而导致较严重的不良后果。因此有必要建立一套事前的、明确的、针对通胀目标的机制。另外,"由于货币政策并不享有充分信用(因此无法完全依靠传导机制稳定价格),市场预期过程复杂而捉摸不定"[1],因此也应当建立一套系统而透明的机制来方便价格和市场预期的确定。近几十年来,许多国家的央行逐渐将通胀目标制作为货币政策的指导机制,事实证明,实施该机制的国家在面临经济危机时宏观经济更加稳定。智利于20世纪90年代初开始实施通胀目标制,货币政策盯住通胀幅度3%的上限。90年代,虽然智利经历数次外部冲击,但其通胀率不断下降,到1999年后基本保持在目标范围内(图4—2)。另外,由于实施通胀目标制,因此虽然汇率随经济走势不断调整,但汇率传递系数(货币贬值影响通胀的系数,数字越高则影响越大)处于下降趋势(图4—3),说明汇率对通胀的传递并不必然是固有的结构现象,而是可以因货币政策影响市场预期使结果发生变化。

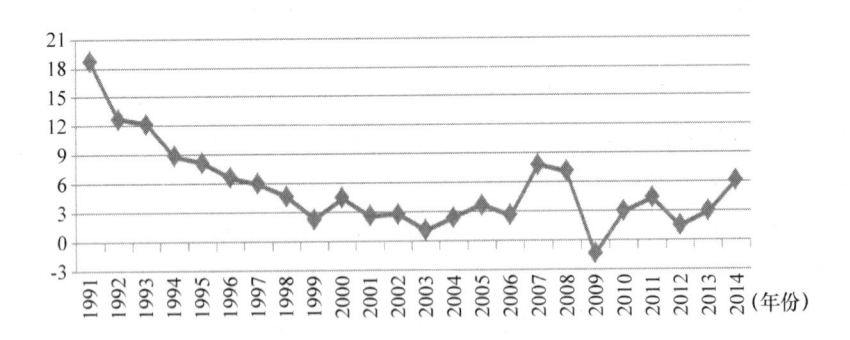

图4—2 智利消费者价格指数变化(%,1991—2014年)

资料来源:作者根据联合国拉美经委会(http://www.cepal.org/)数据绘制。

---

[1] Pablo García Silva: "A Quince Años de las Metas de Inflación en Chile", *Documentos de Política Económica del Banco Central de Chile*, N. °48 Mayo 2014, p. 3.

图 4—3　1988—2014 年智利汇率对消费者价格指数（CPI）的传递系数

资料来源：Pablo García Silva："A Quince Años de las Metas de Inflación en Chile"，*Documentos de Política Económica del Banco Central de Chile*，N.°48 Mayo 2014，p. 14.

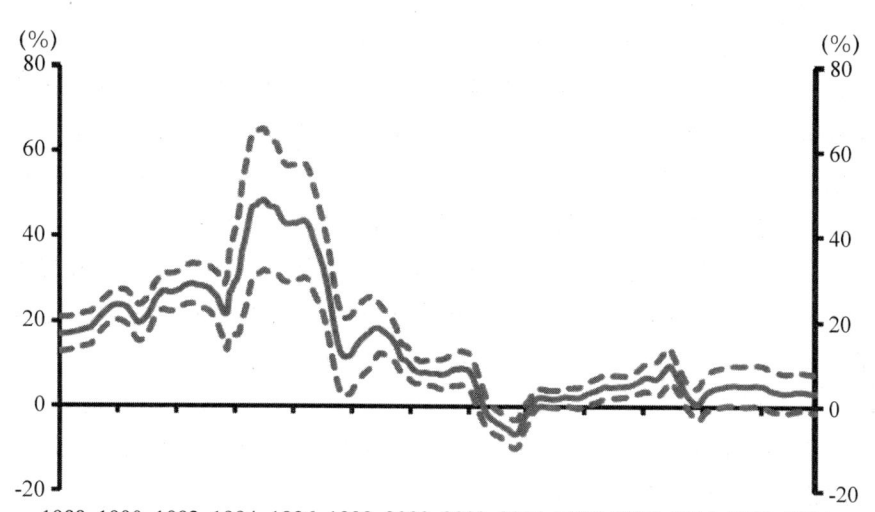

第四，实行浮动汇率制，平衡国际收支，发挥逆周期作用。由于20世纪80年代智利经济表现相对较好，通胀压力始终很低，因此在90年代有条件实施浮动汇率制（而同时期墨西哥、巴西、阿根廷三国为防止通胀而实行固定或半固定汇率制，给国际收支不平衡带来隐患），汇率随经济走势而变，基本反映货币实际价格，未出现明显的汇率高估，这有利于发挥汇率制度的逆周期作用，平衡国际收支，进而减轻对外资的依赖程度和外部脆弱性。另外，如上文所述，在通胀目标制和灵活的利率制度的配合下，浮动汇率制并未对价格稳定造成很大影响。

第五，对资本账户进行谨慎调控。20世纪90年代智利经济快速增长，外资流入增加。1990—1997年，智利私人实际支出占到国内总需求的75%，年均增长10%，超过了公共支出和经济增长的速度。面对这样不可持续的局面，央行一方面提高利率以控制投资和消费膨胀，另一方面为防止利率升高导致外资进一步流入和货币升值而采取对资本账户进行直接管控的政策。这种政策不仅可以有效地管理资本市场，而且对于稳定外汇市场和汇率也起到了有益的补充作用。有拉美学者指出："浮动汇率制下，资本流动的随意性会使名义和实际汇率变得非常不确定。因此就有必要实施直接管控来稳定汇市，控制资本流入，同时还能改变流入资本的特点，抑制短期资本投机。此外，还可以使资本流入更稳定、后果更可预见。"[1] 在这样的指导思想下，1991年，智利央行即设立外资流入准备金制度，规定将每笔流入外资的30%强制存入央行一年，以限制外资规模，并调节外资构成（增加长期稳定资本在外资中的比例）。这一制度对控制短期投机资本流入、防控国际金融风险起到了关键作用。在外资流入压力逐渐减轻后，1998年，外资准备金率被降至零，到2001年，该制度连同其他一些外资管控措施一并被取消。21世纪以来，智利在证券等金融资本方面基本处于净流出状态，因此外资准备金等制度并未继续实施。

综上所述，1990年以来智利货币政策调控作用较为高效，灵活的利率政策、通胀目标制、浮动汇率制相互配合，发挥组合效应，因而有利于稳定价格，平衡国际收支，对宏观经济进行逆周期调节；而对资本账户进行谨慎调控有利于防范国际金融风险，保持资本市场稳定。因此，这一时期智利自身并未出现金融危机，受外部危机的影响也不是很大。

（三）宏观经济政策的成效

1990年以来智利宏观经济政策为经济快速、平稳增长创造了良好条件。90年代智利GDP年均增长率为6.5%，遥遥领先于拉美平均水平（3.3%）和主要大国水平，虽受1998年亚洲、俄罗斯金融危机和2001年阿根廷金融危机影响而在1999年和2002年出现下滑，但并不严重；2003—2007年年均增长率为5%，2009年受全球经济危机影响出现1%的衰退但次年迅速恢复。相比之下，阿根廷和墨西哥受自身及外部经济危机影响都很明显，而巴西虽相对比较稳定，但20多年来平均增速有限（图4—4）。在投资方面，2001年以来智利总固定资本形成占GDP比重较为稳定（图4—5）。

---

[1] Roberto Frenkel: "Globalización y crisis financieras en América Latina", *Revista de la CEPAL* 80, ago. de 2003, p. 51.

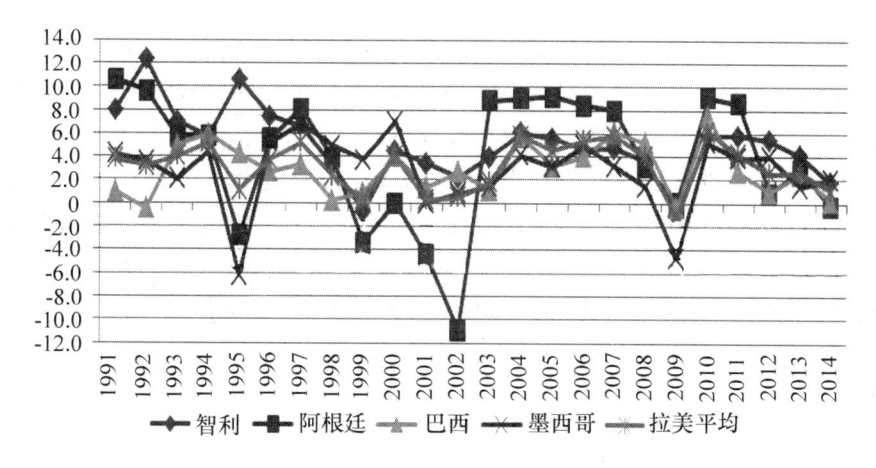

图 4—4 1991—2014 年拉美四国 GDP 年增长率变化（%）

资料来源：作者根据联合国拉美经委会（http://www.cepal.org/）数据绘制。

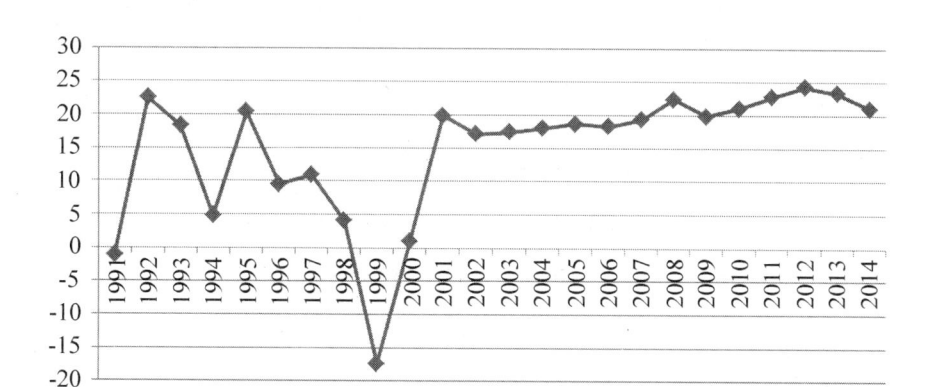

图 4—5 1991—2014 年智利总固定资本形成占 GDP 的比重（%）

资料来源：作者根据联合国拉美经委会（http://www.cepal.org/）数据绘制。

在高效的货币政策干预下，1990 年以来智利国际收支基本保持平衡。20 世纪 90 年代智利进口增速大于出口，但依靠灵活的汇率制度，贸易赤字虽不断增加但并不严重，经常项目相对较为平衡。2004 年后随国际铜价上涨，贸易盈余上升。总体而言，20 多年来智利国际收支较为平衡，大部分年份处于顺差局面，国际储备较为充足（图 4—6）。具体到资本账户，从 2000 年开始，净外国直接投资开始下降，2003 年降到 15 亿美元，远低于 90 年代的平均水平。这一下降趋势一方面是源于 2001—2002 年南共市国家不稳定的经济局势，另一方面是源于到 2002 年私有化进程的结束以及一些跨国公司扩张战略的减速导致外国居民对智利资产购买的减少。随着经济形势的好转，外国直接投资开始增加；同时随着以智利矿业为代表的公司的扩张，智利对海外直接投资也在迅速增加，因此净外国直接投资保持在一个稳定的水平。总之，智利外国直接投资状况反映了该国相对稳定的宏观经济和较好的投资环境。资本市场方面，由于智利实施直接管控政策，因此 20 世纪 90 年代金融资本流入量有限。21 世纪以来的大部分年份，智利在证券等资产方面处于净流出状态（图 4—7）。

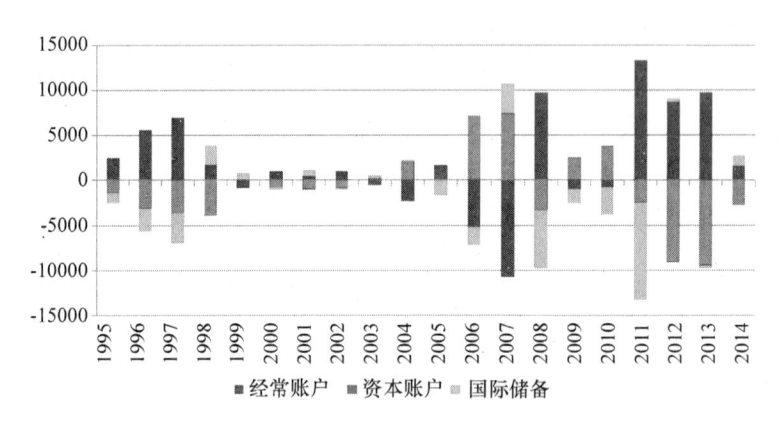

图 4—6　1995—2014 年智利国际收支（百万美元）

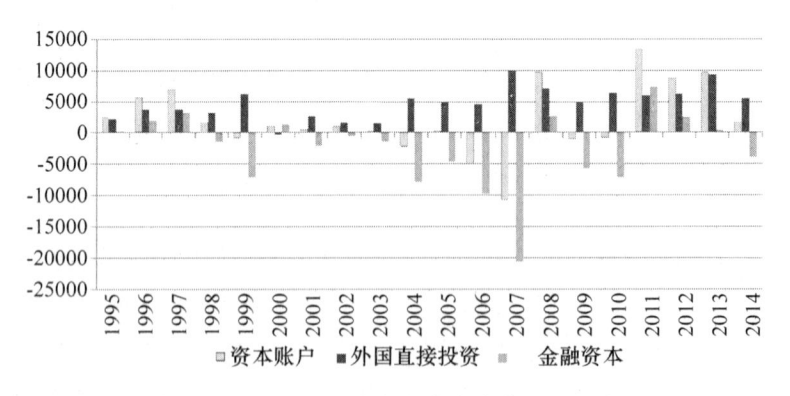

图 4—7　1995—2014 年智利资本账户（百万美元）

注：资本账户包括误差和遗漏；国际储备为负表示储备增加；金融资本指的是资本账户中除去净外国直接投资以外的部分。

资料来源：作者根据联合国拉美经委会（http://www.cepal.org/）数据绘制。

二 宏观经济政策面临的挑战

当前,智利宏观经济政策一方面面临制度完善的必要,另一方面因经济结构和国际经济环境的影响而面临一系列挑战。

第一,财政政策和制度有待于进一步完善。1990年以来智利已经基本形成了一套健康的财政体系,但相关制度还需进一步健全。2012年智利政府提出未来加强财政制度性的几个重点:(1)完善财政结构平衡评估方法;(2)明确财政目标的"事前"和"事后"特点;(3)促进财政政策的制度化,建立正式制度来督促财政法规的实施;(4)建立长期财政规划;(5)完善对财政资产和负债的管理,完善对"经济和社会稳定基金"(FEES)的运用;(6)扩大财政责任标准的应用范围,正式将《铜业保留法》(或其他可以用来替代的法律)的内容引入财政结构平衡的总体框架内;(7)加强财政政策的信息通畅和透明度。这些制度完善举措能否切实按照计划实现取决于现任政府的努力。

第二,产业结构矛盾再次凸显,铜价下跌给财政收入带来压力。智利经济增长长期依赖初级产品出口,而财政收支通过税收体系与国际收支高度相关(CEPAL称其为"系统性风险")。1990—2008年智利出口总体较为稳定,对财政影响不大。然而,2009年全球经济危机造成外部需求大幅下降,因此当年智利经济衰退和财政赤字较1999年和2002年更为严重。而2009年至今发达国家经济复苏乏力继续对全球贸易增长形成阻碍,另外,近年来中国经济减速更是对智利出口造成严重影响。2011年至2014年智利经常账户连续四年出现逆差,2013年达到94.8亿美元,远比90年代后半期严重(图4—6)。这导致智利外债激增,2014年累计达1374亿美元(是2009年的近两倍,2005年的三倍),外部脆弱性增加。具体到出口结构,智利依赖铜等矿产品出口,其出口份额因2004年国际铜价上涨而大幅上升,2007年达到64.8%,而同期制造业产品出口比例只占12.4%(图4—8)。与出口结构相对多样化的阿根廷、巴西、墨西哥相比,近年来智利的贸易比价因国际铜价涨跌和国际需求增减而出现大起大落的趋势(图4—9)。2014年以来国际大宗商品价格持续低迷,铜价在未来两年预计将比2011年下降35%左右。这使得智利税收收入受到持续影响,财政赤字增加,2014年占GDP比重达到1.8%。可见,智利固有的产业结构问题因近年来国际经济环境影响而凸显,而一向以收支平

92　"包容性发展"与收入分配：智利案例研究

衡为原则的财政体系也因此面临着 20 多年来较大的一次压力。

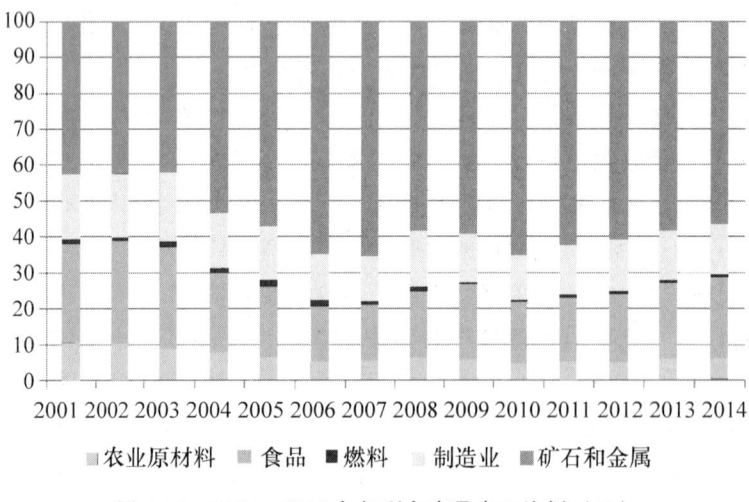

图 4—8　2001—2014 年智利各商品出口比例（%）

资料来源：作者根据世界银行（http://www.worldbank.org/）数据绘制。

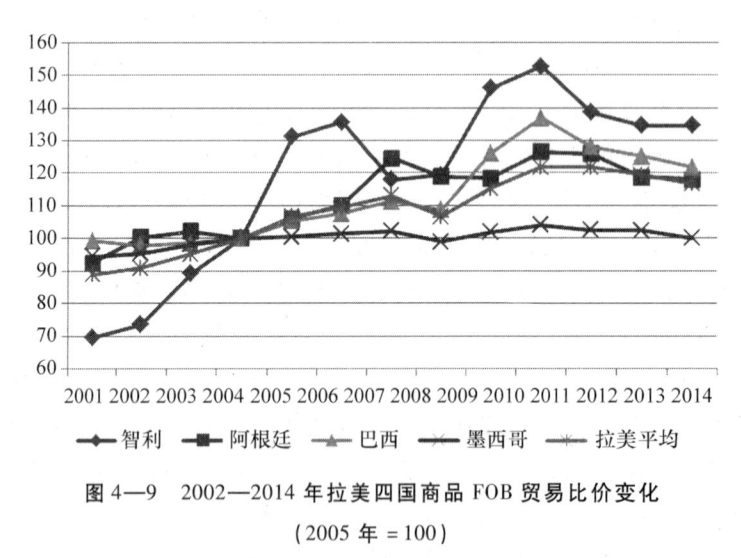

图 4—9　2002—2014 年拉美四国商品 FOB 贸易比价变化

（2005 年 = 100）

资料来源：作者根据联合国拉美经委会（http://www.cepal.org/）数据绘制。

第三，刺激经济和改善民生的需求给财政支出带来压力。在财政收入受到持续挤压的情况下，财政支出又面临需要不断增加的压力。一方面，经济下行迫使财政支出增加。智利将长期结构平衡与预算挂钩，加上1990—2008年智利经济繁荣期长于低迷期，因此财政收支能够长期保持平衡。然而自2009年经济衰退后，从2010年开始的此轮经济下行周期持续时间较长，增长率不断下降，2014年仅为1.8%，且未来走势并不明朗。这使得财政支出面临不断增加、资源不断紧张的压力。另一方面，改善民生的需求迫使财政支出增加。智利过去作为中等收入国家，财富积累和效率提升必然处于优先地位，国家用于改善民生和收入分配的支出有限，有利于财政经常保持盈余。然而随着经济不断增长，尤其是2010年其人均GDP达到发达国家水平并加入OECD，经济增长与社会发展（尤其是收入分配）的矛盾越来越明显，公共社会支出须不断增加以适应社会发展需求。这也对追求收支平衡的财政体系提出了挑战。如何在经济继续下行、财政收入不断减少的情况下，在未来一个较长时期内处理好维持财政平衡与改善民生的矛盾是摆在现任政府面前的一个问题。

第四，国内经济状况和国际经济环境给货币政策带来压力。2010年以来智利经济下行要求政府实施较为宽松的货币政策来刺激经济增长。2014年基准利率为3.8%，比2013年下调110个基点，降幅远高于墨西哥、秘鲁、哥伦比亚等国家。汇率方面，智利在2004年后曾因铜价上涨带来贸易比价上升和经济快速增长而出现货币强劲升值。而2014年以来随着美国经济缓慢复苏和美联储退出量化宽松政策，美元不断走强，新兴国家货币相对走弱。智利在这一趋势下主动调高汇率以避免币值高估并促进因铜价下跌而下降的出口。2014年比索较2013年贬值12%，幅度远大于其他拉美国家。利率和汇率变化都给通胀带来非常大的压力：智利消费者价格指数（CPI）由2012年的1.5%上升到2014年的6.1%，超过通胀目标制设定的3%上限的两倍。通胀上升缩小了当前货币政策的空间，给其造成了两难的局面。未来须在三者之间寻求新的平衡，在利率和汇率政策基本达到其目的的前提下控制其短期变化幅度，争取使通胀在中期回落。

第五，金融管控制度的实施有待于进一步调整。在资本市场上应选择怎样的金融政策和制度取决于各种因素，如"外部融资供应条件，经济和金融体系对资本流动不稳定性的适应能力，为政策机制运行提供环境的法律法规健全程度，国际条约带来的限制等等"①。20世纪90年代智利由于实施了外资准备金等直接管控制度，因此使得流入外资的规模和资本构成得到控制。2001年，随着外资流入压力的减轻，上述制度被取消。2001—2010年智利在证券等金融资本方面处于净流出状态，因此没有必要继续实施直接管控制度。当前，美国退出量化宽松政策而欧洲央行及日本继续放宽货币政策导致国际金融资本无序流动，影响新兴经济体金融市场稳定。2011年和2012年智利出现金融资本大量流入，2014年又出现金融资本流出，未来走势如何以及是否有必要重新实施金融管控制度还有待观察。

三 结论

1990年以来智利实施的宏观经济政策总体而言颇为成功，对宏观经济稳定和经济增长做出了重要贡献，被视作拉美国家的样板。首先是在20世纪70—80年代制度的基础上建立和完善了收支平衡的财政体系并通过一系列法律对其进行巩固。这对国家实施逆周期财政政策、改善民生、控制通胀、降低外部脆弱性、稳定市场预期等有重要意义。其次是实施了灵活而谨慎的货币政策。中央银行发挥独立作用，灵活的利率政策和浮动汇率制反映市场价格并起到逆周期作用，通胀目标制稳定价格和市场预期，金融管控制度有效控制金融风险。这些政策相互配合，促进了价格稳定和国际收支基本平衡。

而当前其宏观经济政策因国际经济环境恶化而面临一系列挑战。首先是财政平衡受到严重影响。外部需求降低和铜价下跌减少财政收入，而刺激经济和改善民生要求不断增加财政支出。虽然平衡是指长期结构平衡，此时的赤字有望通过下一增长周期的盈余补回，但短期内智利经济回暖似乎并不乐观，财政体系重新实现平衡较为困难。其次是利率降低和货币贬值推高通胀，给货币政策带来两难局面，而国际金融资本无序流动给金融市场带来新的风险。

科学高效的财政和货币政策有利于熨平经济周期波动，在宏观政策层面降低经济危机发生的可能性，这正是1990年以来智利的成功经验所在。

---

① Guillermo Le Fort V. y Sergio Lehmann: "El Encaje y la Entrada Neta de Capitales: Chile en el Decenio de 1990", *Revista de la CEPAL* 81, dic. de 2003, p. 35.

但如果经济周期波动过大则会给宏观经济政策带来压力，减弱其效果。当前智利因外部需求下降影响出口而面临经济下行的挑战，其根源在于产业结构和增长模式存在问题。要缓解当前的困局当然有赖于国际经济环境的改善，但更重要的还在于改善其国内经济结构。智利应当逐步改变依赖铜等初级产品出口的局面，继续开发新的出口产品（目前其葡萄酒、渔业产品等已在国际市场拥有较高份额）并开拓新的国际市场，另外应当通过技术创新、人力资本提升等途径增加内生发展动力。否则未来宏观经济还会因外部因素而受到严重影响，设计得再科学高效的宏观经济政策在实施时成效也会大打折扣。

第二节 生产同质性政策、成效及问题

从第三章的分析中可以看出，20世纪70年代以来，智利各经济部门之间的生产异质性（生产率差异）与收入分配状况之间有着非常紧密的相关性：1973年军政府实施新自由主义市场经济改革并实施出口导向发展模式以来，矿业、电力、自来水、天然气和金融等垄断部门的生产率与制造业、建筑业、传统服务业和农业等部门的生产率之间的差距不断拉大，而同期，智利的基尼系数则迅速升高；2004年以来，部门间生产异质性有所改善，而基尼系数也在此时出现较为明显的下降。可见，智利的生产异质性在很大程度上影响着收入分配状况。生产率水平直接决定着劳动者劳动收入的高低，生产率差距直接决定着初次分配状况。因此，改善生产异质性是改善收入分配的关键因素。

通过分析我们还可以看出，智利各部门内部大型企业和中小微企业之间的生产异质性比部门间的异质性还要严重。因此，解决部门内的生产异质性比解决部门间的生产异质性显得更为重要，换句话说，提高各部门中小微企业生产率比提高农业等部门整体生产率更为重要。另外，由于智利的中小微企业主要集中在中低生产率部门，高生产率部门则以大型企业为主，那么，高生产率和中低生产率部门之间的矛盾在很大程度上就可以体现为大型企业和中小微企业之间的矛盾。因此，提高中小微企业生产率（尤其是提高制造业等部门中小微企业的生产率），即改善各经济部门内部生产异质性，是改善智利整体生产异质性，从而改善收入分配状况的主要途径。

本节即分析自1990年以来智利在提高中小微企业生产率方面的生产同质性政策和措施、成效以及存在的问题。

一 促进生产同质性：提高中小微企业生产率的政策

在智利，中小微企业（MIPYME）又被称为小规模企业（EMT），指的是年销售额低于379万美元、雇工人数低于200人的企业（表4—1）。按照这一标准，2003年智利中小微企业占到企业总数的99%，但销售额仅占总数的21.7%，且其生产率与大企业之间存在着巨大差距（表4—2）。因此，虽然中小微企业比大型企业拥有更高的创造就业的能力（据智利经济部统计，2012年其创造了近90%的就业），但这部分劳动者的收入水平与大企业之间差距较大。

表4—1 智利对中小微企业规模的界定（根据智利"小企业担保基金"设定的标准）

	微型企业	小型企业	中型企业
雇工人数	1—9	10—49	50—199
年销售额（千美元）	<91	91—947.4	947.4—3789.7

资料来源：GTZ, CEPAL y CENPROMYPE: *Manual de la Micro, Pequeña y Mediana Empresa*, San Salvador, dic. de 2009, p. 27.

表4—2 智利各规模企业数量比例、销售额比例和生产率指数

规模	数量（%）			年销售额（%）			生产率指数（微型企业=100）
	1997年	2000年	2003年	1997年	2000年	2003年	2003年
微型企业	82.0	84.0	81.8	3.7	3.4	3.4	100.0
中小企业	17.0	15.1	17.2	20.7	20.8	18.3	189.2
大企业	1.0	0.9	1.0	75.6	75.8	78.3	1383.8

资料来源：CEPAL: *Políticas de Apoyo a las Pymes en América Latina: entre Avances Innovadores y Desafíos Institucionales*, Santiago de Chile, julio de 2010, p. 170; Ricardo Infante B. y Osvaldo Sunkel: "Chile: hacia un Desarrollo Inclusivo", *Revista de la CEPAL* 97, abr. de 2009, p. 139.

因此，提高中小微企业生产率和竞争力对于改善收入分配、减少贫困人口有着重要意义，此外，还"有助于提高国家的整体生产率，促进大

企业的规模经济，推动特定部门生产集群的建立"①。然而在20世纪七八十年代新自由主义改革初期，智利大量的中小微企业在改革带来的挑战和危机中蒙受了巨大损失。当时的军政府认为，开放经济模式的好处可以对称而平等地惠及不同规模的企业，因此无须对其实施不同的政策。然而，由于存在信息不对称、外部性、规模经济的限制等市场缺陷，中小微企业在进入要素和服务市场时面临种种限制。它们不仅要面对大型企业、垄断财团的兼并和排挤，还必须在开放的市场经济体制下和政府作用不断削弱的环境下努力适应新的游戏规则，争得一分生存的空间。大企业的膨胀和中小微企业的衰落也是导致这一时期智利收入分配恶化的主要原因之一。

1990年文人政府执政以来，宏观经济逐渐稳定，经济增长较快，使得政府有精力、有财力实施一系列措施来解决改革初期遗留下来的问题，尤其是生产结构失衡和生产异质性问题。1991年智利开始实施"扶持中小企业计划"，其目的是消除市场缺陷，减少市场对中小企业的限制，提高其效率、生产率和国际参与能力。该计划由智利经济部负责设计，由国有的"生产开发集团"（CORFO）等机构具体负责实施。20年来，智利已将发展中小微企业作为生产促进政策的首要目标，其中，中小型企业是扶持的重点：相对于微型企业和自我雇佣劳动者而言，中小企业遍及各个生产部门，有着更多的资金和技术，从而更有能力参与到各种产业链中并推动规模经济发展。此外，中小企业在收入和稳定性上有着更大的优势，因此促进其发展有利于中产阶级的壮大。

下文所述各项政策中，前四项为提高中小企业生产率的政策，第五项为针对微型企业的政策。

（一）提高中小企业融资能力

由于信息不对称以及中小企业规模、实力和担保能力有限，中小企业在向银行申请贷款时往往受到歧视和限制，而资金对于中小企业扩大投资、提高生产能力来说至关重要。因此，提高中小企业的融资能力和金融服务的可获性，是提高其生产率的关键因素。拉丁美洲开发银行（CAF）在其《2011年经济和发展报告》中对众多学者所做的国家间横截面和时间序列数据研究以及使用一般均衡模型和微观信息所做的研究进行了总结，得出的结论为："贷款可获性及其他金融服务程度的提高会导致产出

---

① OECD, CEPAL: *Perspectivas Económicas de América Latina* 2013, editions 2012, p. 45.

和收入的增加。……这种积极影响在一定程度上是源于经济生产率的提高，而生产率的改善是因为将资本重新配置到了那些拥有好项目却存在金融服务可获性制约的企业和经济活动（如小规模企业的情况）。"[1]

20世纪90年代，智利政府就已经认识到，融资难是中小企业面临的首要困难。因此政府的责任就是帮助它们更好地进入信贷市场，减少商品和要素市场对它们的严重歧视。"扶持中小企业计划"实施之前，由CORFO负责直接向企业提供优惠贷款，后来为避免给国家财政带来损失，改为由该机构监管协调，而由银行和其他金融中介机构向终端客户提供融资服务。服务主要通过信贷、准资本和补贴三项计划提供。

"信贷计划"分为三种。第一种是为各种中小企业投资提供贷款，具体目标为机器设备、厂房、国内工程、工程装配服务及其他配套运营资本，贷款额最高可以占到全部投资所需资金的30%或500万美元，偿还期为2—10年。第二种专门由德国政府资助提供，特别针对制造业小型企业的投资和运营资本，最高贷款额可达45万美元，偿还期为3—10年。第三种是为出口型中小企业的生产投入和海外销售提供贷款，贷款额最高为300万美元，偿还期为2—8年。21世纪以来，CORFO还开发出"中小企业再融资信贷"和"智利生产开发集团投资信贷"两种信贷模式，并通过"投资担保基金"（FOGAIN）的担保进一步为中小企业与投资有关的运营资本提供融资。

"准资本计划"分为两种。第一种计划的内容是由CORFO购买银行的债券，条件是该银行向年销售额低于75万美元的小企业发放贷款。第二种计划的内容是由CORFO向"企业发展投资基金"（FIDES）提供贷款，条件是这笔资金要用于为那些高技术或生产高附加值产品的中小企业提供资助。

最后是"补贴计划"。由于中小企业在申请贷款时难以提供足够的担保，因此容易遭到金融机构的歧视。该计划邀请金融机构与担保公司签署信贷保险合同以规避企业无法偿还信贷的风险，该保险费用的72%由政府通过"信贷保险补贴基金"（CUBOS）支付。这一计划面向的是年销售额75万美元以下的小企业。如果企业处于生产恢复期或愿意去遭受经济

---

[1] CAF—拉丁美洲开发银行：《2011年经济和发展报告——面向发展：推动拉丁美洲金融服务的可获性》，当代世界出版社2012年版，第19页。

危机的地区发展业务，则上述比例提高到 80% 且中型企业也可享受。1999 年，智利政府对 1980 年成立的国有担保基金——"小企业担保基金"（FOGAPE）进行了改革，由智利国家银行（BancoEstado）对其进行管理。该基金可以有效地为大量小型企业提供信用担保，从而在很大程度上减少了企业的道德风险问题。

进入 21 世纪以来，经 CORFO 协调管理而流向企业的扶持资金呈逐渐减少的趋势，但是受益企业的数量却在不断增加（表 4—3）。这说明 CORFO 是将优势力量集中起来用于资助小规模企业。2006 年，CORFO 通过各金融机构共投放资金 7247 万比索用于企业贷款。其中，83% 用于中小微企业，远高于 2005 年 58% 的比例。这其中，12.3% 用于微型企业，51.2% 用于小型企业，19.1% 用于中型企业。2009—2012 年，CORFO 对企业的补贴、贷款和担保金额中，给予中小微企业的比例由 65% 上升到 94%。可见小规模企业是智利政府扶持的重点。

表 4—3　2000—2006 年智利"生产开发集团"（CORFO）对企业的金融扶持情况

年份	2000	2003	2005	2006
扶持资金（百万比索）	85326	74365	65293	72470
受益企业数量	8343	12426	12892	22815

资料来源：CORFO 管理报告。转引自：CEPAL：*Políticas de Apoyo a las Pymes en América Latina：entre Avances Innovadores y Desafíos Institucionales*, Santiago de Chile, julio de 2010, p. 197.

2008—2009 年全球金融危机爆发后，智利政府为了保护相对较为脆弱的中小企业，实施了积极的反周期政策：通过 CORFO 筹措 5 亿美元用于支持中小企业的投资和运营；通过议会议案来增加智利国家银行和"小企业担保基金"两部门的资本，从而扩大向中小企业的贷款规模，保证其尽快走出金融危机的阴影。

（二）提高中小企业技术水平和技术创新能力

科技是第一生产力。提高企业技术水平是促使其生产率提高的直接途径。由于中小企业规模、实力、资金和人力资本有限，因此技术水平无法与大型企业相比，这必然限制其生产率的提高。20 世纪 90 年代以来，智利推出了一系列旨在提高中小企业技术水平的资助计划和项目。

1991 年，智利成立"国家技术和生产发展基金"（FONTEC），目的是推动和资助企业在技术研究和发展、建立技术基础设施等方面的项目的实施。该基金虽然面向所有规模和类型的企业，并非专为中小企业设立，但在1991—1994年，75.8%的项目和72%的资金是用于中小企业的。该基金的资助内容分为五个方面：①技术创新。主要资助产品、流程和服务方面的技术研究，包括产品模型、样品和市场投放试验等内容。资助金额最高可占到项目成本的50%。②技术基础设施。主要资助科技设施和设备以及项目中人力资本的技术培训等方面。资助金额为项目成本的20%—30%。③联合技术学习。资助由同一部门或相关部门中五家或更多家企业组成的技术考察团赴海外学习的项目。资助金额最高可达成本的45%。④技术转移机构。资助建立技术转移机构，为企业的技术考察、推广、转移、掌握并最终实现技术现代化服务。资助金额最高可达成本的50%。⑤预投资研究。通过资助预投资研究来促进创新性投资。资助金额最高为研究成本的50%。这五个领域中最重要的是技术创新，1998年该领域占到FONTEC总投入的83.8%。而从部门分布来看，1998年FONTEC资助金额最高的几个部门为：制造业（38.9%）、农业（32.8%）、信息产业（8.9%）、服务业（8.1%）和矿业（5.2%）。

1993年，智利成立"技术援助基金"（FAT），目的是通过资助中小企业聘请专业顾问以改善其管理水平和解决生产中出现的各类问题，如市场分析、产品设计、生产过程再设计、污染控制和信息系统等，最终提高中小企业的管理水平和使用新技术的能力。1994年，由FAT出资的技术项目为349项，1999年则猛增到6632项。FAT由CORFO主管，具体由特别委托的中间机构负责管理。其资金来源为CORFO和企业共同负担，前者负担绝大部分，后者负担次要部分。

CORFO还在20世纪90年代初推出了一系列企业技术资助计划，主要为企业技术项目的筹备（1年）和发展（3年到4年）提供补贴。该计划有效地改善了中小企业的组织和管理水平，促进了人力资本积累，并有利于企业在其基础上使用FAT和FONTEC等其他政策工具。1995年，智利推出"供货商发展计划"（PDP），主要针对为大企业供货的中小企业，目的是促进技术由大企业向中小企业转移，从而提高其技术水平。

成立于1952年的私人机构——智利"技术合作服务协会"（SER-

COTEC）旨在促进中小企业提高生产率，增加就业以及发展地区经济和减少贫困。1991年以来，其资金除来自于私人资本外，还来自公共预算和CORFO资金，充足的资金每年可使约1.8万家中小企业受益。2006年以来，SERCOTEC从四个方面改进了其服务内容，包括促进企业的生产专业化、市场推广、生产集聚和信息技术更新。此外，还帮助小微企业获得小额贷款。

（三）提高中小企业出口能力

20世纪50年代，"中心—外围"论阐明了处于"外围"地位的拉美国家经济所具有的异质性或二元性："与中心国家紧密相连的初级产品出口部门生产专业化，能够吸收来自中心国家的技术进步成果，因此生产率高，而其他内向型部门则生产率低下。这也是拉美贫富差距的根源。"[1] 80—90年代拉美重回出口导向发展模式，因此进口替代之前的生产结构在很大程度上得到了"复制"："参与到全球化进程中的现代化出口导向部门、大型企业技术进步快、生产率高、竞争力强、发展有活力，它们是发展的受益者；而处于全球化边缘位置的部门、中小企业生产率低、发展缓慢而缺乏活力。"[2] 可见，企业出口能力与技术水平和生产率有着紧密联系，加强中小企业出口能力是提高其生产率的重要途径。

1974年智利重新确立出口导向发展模式后，出口量不断增加。1974—1996年，智利货物和服务出口额增长6.5倍，年均增长8.9%。然而这一成就主要是由大型企业完成的，中小型企业的出口能力非常有限：一方面，从事出口的中小企业比例非常低——1997年智利出口型中小企业为2748家，仅占到中小企业总数的3%，而大型企业的这一比例为49%；另一方面，相对于大型企业，中小企业出口能力非常低——1997年智利全部出口企业中，中小企业占到54%，但其出口额仅占到总额的3.1%。

90年代以来，智利实施了一系列旨在促进企业出口能力的政策。虽然很多政策是面向所有规模企业的，但对于中小企业的意义显得更

---

[1] Raúl Prebisch: *El Mercado Común Latinoamericano*, México, DF, CEPAL, 1959, p. 11.
[2] Ricardo Infante B. y Osvaldo Sunkel: "Chile: hacia un Desarrollo Inclusivo", *Revista de la CEPAL* 97, abr. de 2009, p. 137.

为巨大。政策分为直接促进出口政策和间接促进出口政策。直接促进出口政策包括四类。首先是税收优惠政策，其中最重要的是"中小企业出口退税简化制度"。曾经的出口退税（退还企业为生产出口产品而在进口原材料时所付关税的一部分）政策手续烦琐，只有大型企业才有能力应付。而新的"简化制度"吸引了大批中小企业和不经常出口的企业投入到出口业务中来。该制度规定非传统产品出口企业可享受出口产品离岸价格的3.5%—10%金额的退还。为避免有关反补贴方面的诉讼，出口量越大，比例越低。第二类是资金鼓励政策，主要为企业的外贸出口及与出口相关的活动，如为购买资本货和修建厂房提供融资便利。第三类是国际贸易开放政策，旨在改善企业进入第三方市场的条件并帮助企业获得进口原材料和设备。第四类政策是为出口商提供各种支持服务，如由公共和私人部门向企业提供咨询、技术和信息支持等服务。

间接促进出口政策主要把目光放在生产环节。这类政策中较为突出的是面向中小企业（年出口额在20万美元以下、年销售额在1千万美元以下）的"出口企业管理改善计划"（PREMEX）。该计划资助（主要由CORFO出资）制造业和信息技术企业聘请专家顾问来改善企业的管理水平、提高生产流程效率和自动化程度、提高产品质量，最终实现提高企业出口能力的目的。这一政策主要针对生产过程，因此可以避免与WTO相关条款产生冲突。CORFO也实施了一系列针对生产环节的计划，如"生产促进计划"（PROFO）、"区域整合计划"（PTI）、"供货商发展计划"（PDP）等。其中最后一项计划较为突出，旨在通过建立和巩固长期转包关系来提高产业链的整体竞争力。

除以上政策之外，一些之前设立的机构仍发挥着积极作用。智利外交部出口促进局（PROCHILE）着力促进非传统产品出口，并促进出口种类和市场多样化。制造业出口协会（ASEXMA）为其会员企业提供有关关税、出口手续和鼓励措施的信息，帮助企业进行市场分析并参与国际商品交易会，此外还与德国进行技术合作，实施"中小企业促进计划"（PRO-PYME），以提高中小企业出口能力。

（四）促进中小企业参与生产联合和全球价值链

推动中小企业之间的生产联合，有助于弥补其规模小、竞争力弱的劣势，而推动其与相关产业的大企业联合还可以提高产业链的整体竞争力。经合组织（OECD）的《2013年拉丁美洲经济展望》研究指出："扩大企业联合的空间可以创造竞争优势和外部性，有利于巩固和促进企业的现代化进程。此外，在目前公共政策因资金短缺而受到限制的情况下，在中小企业促进政策中强化生产联合政策有助于降低政策成本，因为固定成本可以使更多的企业受益，从而提高了政策的效率和覆盖率。"[1]

从1991年起，智利政府即开始着手通过生产促进计划（PROFO）促进位于同一地区的、同类型或互补性企业进行生产联合，并引导生产资源流向这些企业联合实体。一个这样的实体至少由五家企业组成，其中70%以上为中小型企业（有必要指出的是，这种联合实体并非全部由中小企业组成，而是保留了一定的规模差异性：一到两家大型企业，特别是出口型大企业的参与能够为其他企业起到较好的示范作用）。各企业共同指派经理人对该实体进行管理，经理人工资、技术转移、培训、咨询、会议等费用由国家（CORFO）和企业共同担负（第一年由CORFO担负70%，企业担负30%，随后企业的负担比例逐年上升，直至第三年升为100%）。这些生产联合计划由CORFO总协调，由SERCOTEC、ASEXMA等机构或一些行会组织具体实施。这些机构和行会组织不仅在CORFO和各参与企业之间起到了良好的中介沟通作用，还有力地促进了各企业间的技术和贸易合作。

据1997年智利大学所做的调查，参与生产联合的中小企业普遍认为这一措施使其在三个方面取得了显著进步："①提高了规划和管理能力以及规模经济生产能力，引入了现代商业化战略。②积累了人力资源。③能够更便利地获得FONTEC、FAT等机构的资金支持，并获得技术部门的指导。"[2] 许多企业在生产过程中实现了重大变革，有效地提高了生产率和工资水平。然而调查也显示，这些计划在弥补市场缺陷方面仍存在不足，如中小企业仍无法在投资和创新领域融资方面以及获得高质量人力资源方面具备与大企业同等的条件。此外，计划对企业改进生产流程和提高创新能力的作用不甚明显（表4—4）。

---

[1] OECD, CEPAL: *Perspectivas Económicas de América Latina* 2013, editions 2012, p. 171.

[2] Cecilia Alarcón y Giovanni Stumpo: "Políticas para Pequeñas y Medianas Empresas en Chile", *Revista de la CEPAL* 74, ago. de 2001, p. 186.

表 4—4　　1997 年智利大学所做的关于生产联合计划的调查结果

（受调查企业主的百分比）　　　　　　单位：%

中小企业认为生产联合措施为他们带来的好处		中小企业仍面临的障碍	
1. 更好地了解市场	48	1. 融资难	42
2. 创造新的生意机会	42	2. 缺少高质量的人才	31
3. 提高技术水平	39	3. 客户集中	31
4. 提高竞争地位	37	4. 经济政策的限制	27
5. 通过增加销量提高利润	27	5. 机器设备陈旧	25

资料来源：Cecilia Alarcón y Giovanni Stumpo，"Políticas para Pequeñas y Medianas Empresas en Chile"，*Revista de la CEPAL* 74，ago. de 2001，p. 186.

生产集群（cluster）是生产联合的主要方式之一。近年来智利在中小企业生产集群方面较为成功的案例是其葡萄酒制造业和南方地区的鲑鱼捕捞业，其"集群效率水平"分别为中级和高级，"产品升级程度"和"生产过程升级程度"均达到最高的三级。而鲑鱼业生产效率的提高更得益于私人部门和公共部门的合作。

21 世纪以来，在全球化的大背景下，智利还积极促进中小企业参与全球价值链，增加中间产品和服务的供给，这样可以"使出口多样化，创造新的就业，提高技术水平，促进生产过程升级、产品升级、功能升级、扩大生产集群范围，从而提高生产率"[①]。这方面较为突出的代表案例是由矿业跨国公司 BHP 和智利国家铜业公司（CODELCO）发起的、促进智利矿业生产集群参与全球价值链的计划，它一方面有利于集群中大型的铜矿开采企业，另一方面更加有利于集群中为大型企业提供机械和工程、运输服务的中小型企业通过生产国际化来提高生产率。该计划提出，到 2020 年使矿业部门中 250 家中小型供货商达到国际质量标准，提高竞争力和国际化水平。

[①]　OECD, CEPAL：*Perspectivas Económicas de América Latina* 2013，editions 2012，p. 181. 然而报告中也指出，有学者认为，由于中小企业内部存在较大的异质性，因此它们从全球价值链中获得的好处有多有少。生产国际化对产品质量、精密度都要求很高，竞争激烈。因此不论个别企业还是企业集群参与国际化都不意味着生产率必然提高。

（五）提高微型企业的融资能力和竞争力

相对于中小型企业来说，微型企业最大的特点是它的非正规性：雇员很少（9人以下）或者没有雇员，很少使用正式会计账目，也很少参与社保。因此，虽然微型企业的数量和就业群体庞大，但在融资方面往往比中小企业更易受到正规金融机构的排斥，多数情况下它们只能以更高的利息从非正规渠道——如民间借贷人那里——获得资金。从20世纪60年代起，巴西开始进行"小额信贷"试验，此后，拉美各国的商业银行、非银行金融机构、合作社、非政府组织均开始尝试小额信贷业务，甚至出现了专门的小额信贷银行，目标定位为数量庞大的微型企业。而政府则通过制定相关法律、创造条件和进行协调来进行公共干预。智利在这一领域也进行了积极的尝试。2006年，新上任的巴切莱特政府兑现竞选时的承诺，实施"小额贷款计划"，共计发放4万项小额贷款，仍由CORFO协同各金融机构来完成。这一举措对于占企业总数80%左右的微型企业来说有着重要意义。

2007年，继"智利竞争"计划（旨在推动中小微企业创新和技术进步）和"智利投资"计划（旨在促进中小微企业生产性投资）之后，巴切莱特政府又推出"智利和你一起创业"计划，目的是提高小规模企业的竞争力，促进其融资能力并提高贷款质量，提高其打开市场的能力并完善其市场表现，加强对创业、创新和人力资本的支持力度，改善企业主在债务方面的处境。这一计划尤其对提高微型企业的竞争力起到了重要作用。

二 生产同质性现状及存在的问题

以上是1990年以来智利政府为提高中小微企业生产率和竞争力而实施的生产同质性政策和措施。在这些政策的促进下，20年来，智利中小微企业在融资能力、技术水平和创新能力、出口能力等方面都有了一定进步，但依然存在许多问题，因此它们与大企业间的生产率差距依然较大，这对于改善收入分配是不利的。

（一）融资能力

正如上文所述，融资能力在很大程度上决定着中小微企业能否顺利开展业务并提高生产率。经过努力，智利企业中拥有金融机构贷款的企业比例不仅远高于拉美平均水平，而且高于其他主要拉美国家。其中，小型企业的融资能力尤其突出，在各国中一枝独秀（表4—5）。而微型企业的融资能力近年来也得到有效提高：智利经济部开展的《2012年企业纵向调查》显示，2009—2010年从金融机构获得过贷款的智利微型企业比例为22%，接近于小型企业的比例（图4—10），而2004—2007年三年中的这一比例仅为17%。

表4—5　拉美主要国家拥有金融机构贷款的企业占全部企业比例
（按企业规模划分）　　　　　　　　　　单位:%

国家	年份	平均值	小型	中型	大型
阿根廷	2006	39.39	22.98	45.85	74.66
玻利维亚	2006	50.10	38.83	61.63	80.93
巴西	2009	65.34	42.79	67.50	89.57
智利	2006	69.06	64.59	62.29	86.95
哥伦比亚	2006	52.34	41.16	72.86	72.22
厄瓜多尔	2006	55.59	47.34	65.11	73.76
萨尔瓦多	2006	48.93	44.37	53.05	72.19
危地马拉	2006	33.56	28.06	39.55	62.09
洪都拉斯	2006	46.87	39.28	57.30	54.60
墨西哥	2006	11.39	11.66	7.57	22.51
巴拿马	2006	55.59	43.15	74.79	78.43
巴拉圭	2006	45.98	39.87	51.52	59.22
秘鲁	2006	69.90	43.15	76.25	72.79
乌拉圭	2006	44.98	39.81	57.42	81.68
委内瑞拉	2006	21.81	60.72	27.46	36.88
拉美	2006	46.97	38.86	53.58	67.70

资料来源：世界银行（2010年）。转引自CAF—拉丁美洲开发银行：《2011年经济和发展报告——面向发展：推动拉丁美洲金融服务的可获性》，当代世界出版社2012年版，第119页。

然而以上数据也表明，尽管获得金融机构贷款的中小微企业比例不断增大，但仍有相当大比例的企业未拥有贷款。《2012年企业纵向调查》显示，在"企业为何未拥有贷款"的各项原因中，除"暂时不需要"外，最主要的原因是"申请了，但未获批"。而从金融机构的角度看，其不批准贷款的主要原因中，最主要的一项为"企业信用记录不良"，占到49%

（中、小、微企业的这一比例分别为 60%、54% 和 45%，大企业为 17%）。可见，虽然近年来智利中小微企业中拖欠偿还贷款的企业比例显著下降（图 4—11），但信用问题仍是金融机构在发放贷款时对其的主要顾虑。

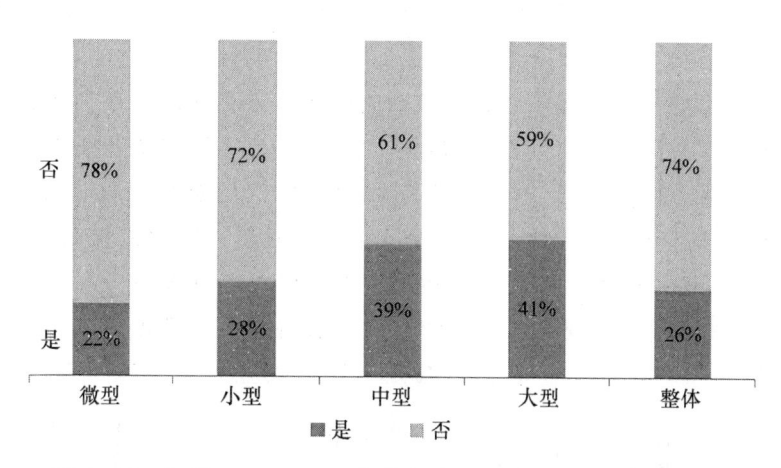

图 4—10　智利：2009—2010 年从金融机构获得过贷款的企业比例

资料来源：Ministerio de Economía, Fomento y Turismo de Chile: *Segunda Encuesta Longitudinal de Empresas*, junio de 2012, p. 42.

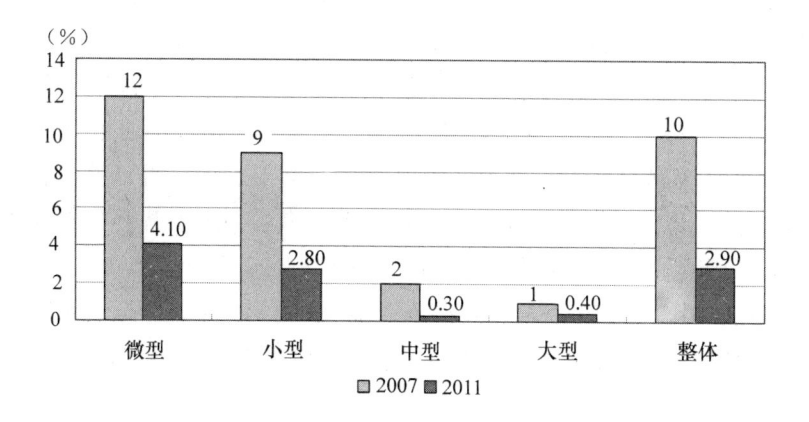

图 4—11　智利：2007 年和 2011 年出现拖欠偿还贷款现象的企业比例

资料来源：根据以下文献数据绘制：Ministerio de Economía, Fomento y Turismo de Chile: *Segunda Encuesta Longitudinal de Empresas*, junio de 2012, p. 42.

在 CORFO 统一协调下，智利各金融机构对中小微企业信贷的担保力度不断加大,在很大程度上改善了上述信用问题。据《2013年CORFO信用担保报告》称,2013年1月,通过各金融机构对企业共实施8535项"CORFO担保",同比增加67%;担保贷款金额4.2亿美元,同比增加95%。其中,99%的担保给了中、小、微企业(分别为17.39%、37.95%和43.83%),对他们特别是对小、微企业的扶持力度很大。

然而上述报告也显示,目前智利的企业信贷担保政策还存在着一定的结构不平衡问题:上述所有担保项目中91.25%用在了企业投资和运营资本所需贷款上,而用于企业外贸和出口的信贷担保仅占2.05%,这不利于中小微企业开展外贸和出口业务并通过国际化来提高生产率。智利央行2012年的工作报告也指出:"至少在出口方面,人们所持的'金融发展有利于小规模企业'的观点无法得到经验数据的支持,因此我们近期内难以指望金融发展将为小规模企业的出口表现带来显著改观。"[1]

(二)技术水平和创新能力

智利统计局2006年所做的《中小企业调查》显示,2004—2006年,智利中小企业引入技术创新所使用的资金主要来源于自筹,从公共机构获取的资金比例很小(表4—6)。另外,2006年中小企业中使用政府的生产促进工具的企业比例仅为2.4%,而不使用生产促进工具的三项主要原因则是"未获得足够信息、不了解生产促进工具和认为手续时间长而烦琐"(表4—7)。中小企业中实施某一项技术标准认证的企业比例仅为4.5%,而不实施认证的三项主要原因为"不需要、未获得足够信息和不知道如何操作"。从利用现代通信技术的程度来看,虽然智利积极促进中小微企业利用信息和通信技术(TIC),但《2012年企业纵向调查》显示,2007—2012年,中小微企业接入互联网的比例并未提高,而通过网络进行销售的比例除中型企业外(由3%增加到10%)也均无显著提高(微型企业的这一比例甚至从5%降到4%)。

---

[1] Roberto Álvarez & Ricardo López: *Financial Development, Exporting and Firm Heterogeneity in Chile*, working paper of Central Bank of Chile, N° 666, marzo 2012, p.16.

表4—6　2004—2006年智利中小企业在引入技术创新的资金来源方面的统计比例

单位:%

资金来源	小型企业 (PP)	小型企业 (PG)	中型企业 (MP)	中型企业 (MM)	中型企业 (MG)	整体
自筹资金	81.7	85.2	88.9	85.0	91.6	83.7
从私人机构获取	33.5	36.0	28.0	38.0	24.4	33.4
从公共机构获取	5.0	5.8	9.2	4.8	5.0	5.7

表4—7　2006年智利中小企业在未使用生产促进工具的原因方面的统计比例

单位:%

原因	小型企业 (PP)	小型企业 (PG)	中型企业 (MP)	中型企业 (MM)	中型企业 (MG)	整体
未获得足够信息	66.7	63.4	56.0	63.6	63.3	65.1
不了解生产促进工具	55.0	53.1	49.4	49.2	53.3	54.0
企业不符合某一项相关要求	10.6	9.5	9.2	12.2	15.4	10.4
认为手续时间长而烦琐	25.3	24.8	27.2	29.5	21.1	25.4
所提供服务与企业需求不符	16.4	14.0	16.5	16.7	14.9	16.0
所提供服务与企业需求相符但数量不足	3.6	5.3	7.1	2.8	7.1	4.2
成本（费用、时间、手续）相对较高	13.3	13.4	16.3	16.5	11.5	13.6
工具不能帮助有效地获得贷款	11.9	10.0	11.3	9.3	7.6	11.3
其他原因	5.7	9.4	8.1	10.4	9.9	6.8

注：PP：小型企业中的较小规模企业；PG：小型企业中的较大规模企业；MP：中型企业中的较小规模企业；MM：中型企业中的中等规模企业；MG：中型企业中的较大规模企业。

资料来源：Instituto Nacional de Estadísticas de Chile（INE）：*Primera Encuesta Anual de las Pequeñas y Medianas Empresas*，H31，H26，2006.

可见，虽然智利政府近年来实施了多项旨在提高中小企业技术水平和创新能力的公共政策并投入了大量公共资源，但由于信息不畅、宣传不够和手续烦琐，这些政策并未产生较大实效，对企业及其技术水平的影响不甚明显。因此，只有积极疏通渠道并简化手续才能提高政策效率。此外，按照企业的实际需要来设计和实施政策也是非常重要的，毕竟，"所提供服务与企业需求不符"也是企业未能使用生产促进工具的一项重要原因。正如有学者在谈到中小微企业政策时所指出的："由供给方来安排资源如何在各生产部门和各区域进行分配并不会优化资源分配方式，因为它没有经过市场的有效性检验。"[1]

（三）出口能力

就出口规模而言，根据《2012 年企业纵向调查》，2007—2012 年，智利中、小、微企业中直接从事出口的企业比例分别由 10%、2%、0 提高到 12%、3%、1%；每个规模中直接和间接从事出口的企业出口销量占到该规模企业总销量的比例分别由 13%、9%、2% 变为 12%、12%、4%。可见，中小微企业各自的出口规模虽然仍旧有限，但都取得了一定进步。另据智利出口促进局统计，2007 年，出口型中小企业数量占到出口企业总数量的 59%，其出口额占到全国总出口额的 7%，相比 1997 年（54% 和 3.1%）可以看出，中小企业出口能力的提高幅度远大于其数量增加的幅度。

就出口稳定性而言，1996—2004 年，智利制造业中小企业中长期稳定地从事出口的企业比例相对较高，而微型企业的比例较低（表 4—8）；表 4—9 也反映了这种出口连续性水平。2009 年，智利各行业中、小型企业中长期从事出口的企业比例分别为 46% 和 33%。

表 4—8　拉美三国制造业中长期出口*的企业比例（%，1996—2004 年）

规模	阿根廷	智利	哥伦比亚
大型企业	86.7	84.7	92.3
中型企业	76.6	77.0	63.1
小型企业	52.0	49.6	39.8
微型企业	35.4	25.7	38.1

注：* 将 1996—2004 年的九年等分为 3 个三年的时间段，长期出口企业指的是在这三个时间段内均从事出口的企业。

资料来源：Ricardo Infante：*El Desarrollo Inclusivo en América Latina y el Caribe：Ensayos sobre Políticas de Convergencia Productiva para la Igualdad*，CEPAL，Santiago de Chile，2011，p. 212.

---

[1] CEPAL：*Políticas de Apoyo a las Pymes en América Latina：entre Avances Innovadores y Desafíos Institucionales*，Santiago de Chile，julio de 2010，p. 206.

就出口能力和潜力而言,与拉美其他三国相比,智利中小企业出口打入无关税优惠目的国的能力较为突出,竞争力较强;而出口活力(增长势头)和市场多样化程度一般。因而据此衡量的综合能力也表现平平(表4—9)。另外,智利制造业中小企业的出口技术含量与阿根廷和巴西相比也相差较远,这说明其出口产品附加值较低,因而其长期竞争力和发展潜力不足(表4—10)。

表4—9 拉美四国中小企业出口表现(占所有中小企业的百分比,2001—2004年)

国家	评价中小企业出口表现的因素				出口成绩[a]	
	连续性[b]	活力[c]	市场多样化[d]	进入市场的能力[e]	成功	不成功
阿根廷	77	60	28	32	40	22
智利	60	44	18	64	31	20
哥伦比亚	37	33	10	54	18	50
哥斯达黎加	56	49	14	59	31	21

注:a. 是否属于成功的出口企业取决于本表所列四项因素的综合水平;b. 该时段内每年都出口的企业比例;c. 该时段内出口增长率超过国家平均水平的企业比例;d. 2004年出口目的国超过6国的企业比例;e. 2004年出口中90%以上出口到无关税优惠的国家的企业比例。

资料来源:Ricardo Infante: *El Desarrollo Inclusivo en América Latina y el Caribe: Ensayos sobre Políticas de Convergencia Productiva para la Igualdad*, CEPAL, Santiago de Chile, 2011, p. 223.

表4—10 拉美四国制造业中小企业按出口技术密集度划分的比例　　单位:%

技术密集度	阿根廷(2006)	巴西(2007)	智利(2004)	哥伦比亚(2004)
高	9	5	3	2
中高	32	31	13	9
中低	14	22	28	10
低	45	42	56	79

资料来源:Ricardo Infante: *El Desarrollo Inclusivo en América Latina y el Caribe: Ensayos sobre Políticas de Convergencia Productiva para la Igualdad*, CEPAL, Santiago de Chile, 2011, p. 219.

总之,在公共政策的促进下,近年来智利中小微企业的出口规模有所扩大,稳定性尚可,但长期竞争力和发展潜力不足。智利经济和社会发展基金（FUNDES）研究认为，要增强中小微企业的出口能力，公共政策应继续促进企业深入了解出口市场情况（如市场规模、消费者群体、竞争者情况以及相关法规），经常与现有及潜在客户交流并参与国际性商品交易会。另外，应促进企业增加设备和新技术投资，规范质量标准，使产品适应国际市场要求。为此，企业必须进一步提高技术水平和创新能力。研究还指出，对于出口能力仍然有限的中小微企业，可以促进其为出口商供货，即成为间接出口商，这样不仅可以减少投资，降低风险，还可以因间接地融入外部市场而获得生产率的提高。

就政策效率而言，联合国拉美经委会（CEPAL）在2011年关于生产同质性政策的报告中援引一些专家的观点指出："近年来旨在提高中小企业出口能力的公共政策并未完全实现其预期目标，这或许是因为政策的潜在受益者对政策工具缺乏认识和了解，而且政策也往往不适应企业的实际需求。此外，国家在实施公共政策时，并未要求受益企业承诺增加出口量以作为对其资助的补偿或回报，也并未设立监督和评估机制来督促企业提高出口能力。"[①]

（四）生产率差距

由于上述几方面的具体政策均存在不同程度的问题，因此智利近年来旨在提高中小微企业生产率的公共政策成效并不明显：从图4—12中可以看出，到2010年，智利中小微企业生产率与大型企业之间的差距（生产异质性）依然较大，其中，微型企业的生产率与中小企业、大型企业的差距尤其明显。这种差距不仅远大于OECD主要国家，而且也大于拉美其他主要大国。生产率差距直接导致工资方面的差距：2006年，智利中小企业与大型企业之间的工资差距虽小于拉美主要大国，但还是远大于OECD主要国家（表4—11）。上述异质性中最为明显的是微型企业的生产率极其低下，这说明智利给予微型企业的重视还很不够，专门为其设计和实施的政策较少，力度也较小。而微型企业不仅数量庞大，而且吸纳的劳动力比例很大，如果其生产率在未来还不能得到有效提高，将会严重影响整体收入分配的改善。

---

① Ricardo Infante：*El Desarrollo Inclusivo en América Latina y el Caribe：Ensayos sobre Políticas de Convergencia Productiva para la Igualdad*，CEPAL，Santiago de Chile，2011，p.233.

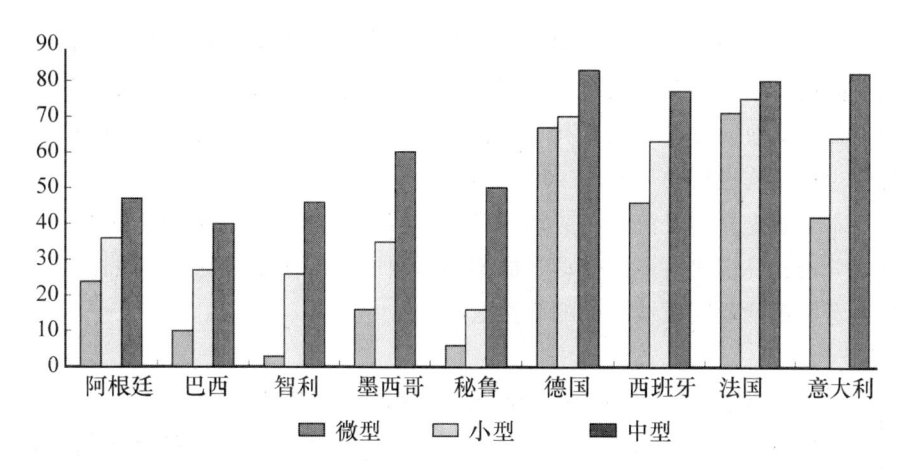

图 4—12　2010 年拉丁美洲和经合组织（OECD）部分国家中小微企业相对
生产率（%，大型企业生产率＝100%）

资料来源：OECD，CEPAL：*Perspectivas Económicas de América Latina* 2013，editions 2012，p. 49.

表 4—11　2006 年拉丁美洲和经合组织（OECD）部分国家中小微企业
与大企业的工资差距

单位：%

	阿根廷	巴西	智利	墨西哥	德国	西班牙	法国	意大利
微型	36	43	—	21	69	63	—	—
小型	44	42	52	56	73	74	88	69
中型	57	64	69	55	81	89	91	79
大型	100	100	100	100	100	100	100	100

资料来源：OECD，CEPAL：*Perspectivas Económicas de América Latina* 2013，editions 2012，p. 49.

第三节　劳动制度改革政策、影响及就业同质性目标

劳动制度改革一方面为促进充分就业，另一方面为协调企业效率与劳动者权利之间的平衡。劳动权利的保护与劳动者的收入直接相关，并进而影响到收入分配状况。而且现在各国政府也意识到，劳动权利的保护与生产率的提高并不矛盾，因为效益要靠创新和质量来获得，而不是靠廉价劳动力。

1990 年智利恢复民主以来，文人政府在劳动制度改革方面致力于保护劳动者权利。然而，由于生产异质性和大量非正规就业的存在，智利劳

动力市场分割和就业异质性仍然较为明显，正规和非正规劳动者在就业和失业阶段所享有的劳动权利差距较大。这也反过来加剧了生产异质性。因此，促进就业同质性不仅有利于改善劳动者之间的收入分配状况，而且对转变生产结构也至关重要。

本节首先介绍目前智利劳动制度中"灵活保障模式"的由来和特点，接着分析这一模式对不同劳动者的不同影响即目前存在的就业异质性，最后思考实现就业同质性目标的政策选择。

一 20世纪70年代以来智利劳动制度改革的演变

1990年以来，智利在劳动力市场上逐渐确立了"灵活保障模式"，即在劳动过程中灵活，而在失业过程中对劳动者的权利进行保障。这一模式对不同的劳动者有着不同的影响。在分析这一模式的特点之前，首先有必要介绍何为劳动力市场的灵活性和保障性，以及20世纪70年代以来智利劳动力市场的灵活性和保障性之间的力量对比及其组合方式的变化。

（一）劳动力市场的灵活性和保障性

家庭的福利取决于就业的数量和质量，而就业条件不仅仅是由经济增长决定的，劳动制度也是一项关键因素。一般认为劳动制度的三要素为：对劳动的个人和集体关系的调控，失业保护，针对劳动力市场的积极政策。而围绕劳动制度的设计原则始终存在着争论：一方认为劳动制度的设计应完全建立在市场机制的基础上，否则会扭曲劳动力市场的运行，降低效率，损害公平；而另一方则认为，由于市场上各主体之间存在结构不平等，因此必须引入对劳动者的保护机制，才能保证劳动力市场公正和可持续运行。

与此争论相关的是劳动制度的两个基本原则：灵活性（flexibilidad）和保障性（seguridad）。劳动关系的灵活性一般包括企业主可以自由雇用和解雇劳动者；取消最低工资、限制工会力量；劳动时间和内容等方面的灵活；劳动者职业流动的灵活等。灵活性有利于企业及时适应内外部变化并作出调整，在开放性市场中提高竞争力，但同时会带来就业市场的不稳定和劳动保障的缺失，不利于社会凝聚，而且也会削弱劳动者和工会对全球化和一体化的支持。劳动关系的保障性则是指国家对上述方面进行干预，对劳动关系进行较为严格的制度规范，从而在劳动过程中为劳动者提供保障。但这会"导致就业创造率低于潜在水平；劳动力市场调整缺乏效率，特别是劳动力在不同职业和部门之间的流动性降低；人力资本培训受限；劳动力市场呈现二元结构，受劳动法保护和以高工资为特征的正规部门与以缺乏保护和低工资为特征的非正规部门并存"①。

为避免以上两个方面的缺陷，一些发达国家尤其是北欧国家（如丹麦、比利时、荷兰、芬兰、爱尔兰）实施了所谓"灵活保障模式"（flexiguridad），由于最早由丹麦在20世纪90年代成功施行，因此也被称为"丹麦模式"。该模式一方面通过劳动立法在劳动过程中提供低程度的保护，另一方面通过公共支出对失业者提供高程度的保障，并为其重新就业提供支持。这种模式避免了仅在劳动过程中对灵活和保障进行争论，而是同时着眼于就业和失业两个阶段，将就业阶段的制度灵活性和失业阶段的制度保障性结合起来，形成了一定的平衡。此外，该模式也符合一般劳动者的主观偏好：如果就业稳定但失业后缺乏保障（救济金额低），那么由于失业时间往往因劳动力市场调整而会相当漫长，因此失业阶段的总收入会低于工作阶段；而如果就业不稳定但失业后保障程度高且政府对再就业提供支持，那么失业阶段的收入较高，失业时间也会相对缩短。

（二）20世纪70年代以来智利劳动制度改革的演变

近50年来，智利劳动力市场的灵活性和保障性之间的力量对比及其组合方式发生过多次变化（表4—12）。1970—1973年，"人民团结"政府在劳动制度方面实施了一系列有利于下层人民和劳动者的法律，为其提供高度的就业保护。这一举措虽得民心，但不利于企业提高效率和增强应对市场变化的能力，同时也给国家财政带来一定负担。1973年上台的军人政府认为，在劳动制度方面应提高就业灵活性，即控制工会权力，降低对劳工和劳动权利的保护程度，才能增强劳动力市场的适应能力。因此"政府于1979年初颁布包括工会组织法、集体谈判法、反垄断法、雇主行会组织法和招工补贴法等的'劳工计划'（Plan Laboral），作出了只准以企业为单位组织工会；只准在企业范围内进行劳工合同谈判；在'公共服务'和'国家安全'部门禁止罢工；罢工期间雇主有权关闭企业或雇工顶替等一系列规定，从而大大削弱了工会的力量，取消了原劳工制度中的许多刚性规定"②。

---

① 张勇：《拉美劳动力流动与就业研究》，当代世界出版社2010年版，第267页。
② 苏振兴主编：《拉丁美洲的经济发展》，经济管理出版社2000年版，第107页。

表 4—12　　智利劳动力市场的调控原则和主要趋势（1973—2007 年）

时期	调控原则	GDP	就业率	失业率	工资水平	生产率
1973 年以前	综合立法以提供高度保护	低	低	低	稳定	低
1974—1978 年	放松管制并压制工会活动	低	低，但在上升	高	上升	低
1979—1989 年	"劳工计划"：管制程度低，工会力量弱	强劲恢复中	高	高，但在下降	下降	下降
1990—1999 年	实施劳动改革并恢复劳动权利	高，末期下降	高，末期下降	低，末期上升	上升，末期下降	上升
2000—2007 年	实施新一代劳动改革和积极政策，保障程度更高	恢复并上升	低，但有上升趋势	保持高位，末期下降	稳定，末期上升	上升

资料来源：Jürgen Weller，*El Nuevo Escenario Laboral Latinoamericano：Regulación，Protección y Políticas Activas en los Mercados de Trabajo*，Siglo Veintiuno Editores，2009，p. 155.

然而事实表明，单一的、以牺牲劳动权利为代价的高灵活性劳动制度并未带来就业的改善和劳动生产率的提高，而且还造成了工资水平的下降，因此它对于促进增长和就业并改善劳动条件而言并非最佳途径，同时还与依靠提高生产率来促进增长的原则相悖。1990 年恢复民主以来，文人政府重新加强了对个人和集体劳动权利的保障，并实施积极的劳动政策，包括重新确定最低工资标准和公共部门薪酬水平，在劳动关系中重视各社会主体间的对话和协商等，这有效地改善了劳动者的条件和福利，同时也使劳动生产率得到提高。

进入 21 世纪以来，智利逐渐确定了与丹麦模式类似的"灵活保障模式"，即在劳动过程中灵活，而在失业过程中对劳动者的权利进行保障（表 4—13）。

表 4—13　　拉美部分国家的就业保护和劳动权利保障程度

| | | 对劳动者权利的保障（公共支出水平，公民对保障的观念和认识水平） ||
		高	低
就业保护（劳动立法的严格程度）	高	巴西、委内瑞拉	墨西哥、巴拿马、巴拉圭、哥伦比亚、厄瓜多尔、秘鲁
	低	乌拉圭、智利、阿根廷、哥斯达黎加	尼加拉瓜、萨尔瓦多、洪都拉斯、玻利维亚、危地马拉、多米尼加

资料来源：Víctor E. Tokman，*Flexiguridad con Informalidad：Opciones y Restricciones*，CEPAL，Serie Macroeconomía del desarrollo，Santiago de Chile，2008，p. 10.

(三)"灵活保障模式"

具体而言,在劳动过程的灵活性方面,智利劳动力市场的灵活程度较高。这一灵活性又可分为外部灵活性和内部灵活性两方面。外部灵活性主要体现在劳动合同上。目前智利未设立任何法规来限制雇用和解雇的具体过程,因此一方面劳动合同形式多样,另一方面雇主一般无须为解雇劳工而付出高额成本。这使得智利的就业周转率达到 26.2%,处于国际平均水平。此外,企业的长期合同有向短期合同转变的趋势,因为这不仅会减少合同附属的相关劳动权利,在就业保护上产生非中性效应,而且会减少雇主在特殊情况下(如企业经营出现问题)因解雇劳工而付出的代价。

内部灵活性主要体现在工资性或非工资性补偿制度及劳动时间和安排等方面。首先,到 2006 年智利已有 55% 的企业实施可变薪酬制,而对于拥有工会的企业,这一比例达到 80.2%;36.4% 的企业(在大型企业中更为普遍,图 4—13)设立了增产奖金(也称生产率奖金),这一激励机

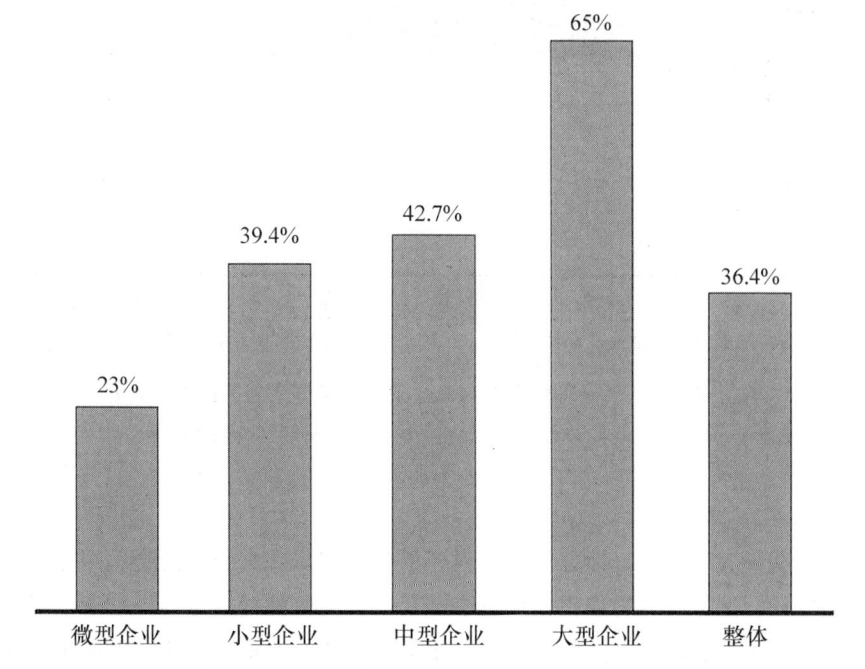

图 4—13 2006 年智利各规模企业设立增产奖金的比例

资料来源:Jürgen Weller, *El Nuevo Escenario Laboral Latinoamericano: Regulación, Protección y Políticas Activas en los Mercados de Trabajo*, Siglo Veintiuno Editores, 2009, p.161.

制与个人工作业绩挂钩，少数情况下也与企业生产状况挂钩；69.2%的企业实施分红制，红利平均占到年薪的25%；在公共部门则普遍推行绩效工资制。其次，在劳动时间和安排方面，随着最高周工作时间由48小时减为45小时，少数中小型企业安排了额外的弹性工作时间；企业可以自由组合工人的劳动和休息时间，随意安排劳动轮换；30%的企业由于其业务特殊性或由于面向公众服务而可以不受周末休息制度的约束。

工会和集体谈判是在劳动过程中为劳动者提供保护的主要途径。军政府时期工会力量被压制，劳工集体谈判的能力也被严重削弱。恢复民主制度后，工会规模和力量以及劳工集体谈判的能力都显著提高，然而随后又很快开始下降，进入21世纪后，被集体谈判覆盖的劳动者比例甚至比20世纪80年代中期还低（图4—14）。这说明目前智利在劳动过程中更重视灵活性。

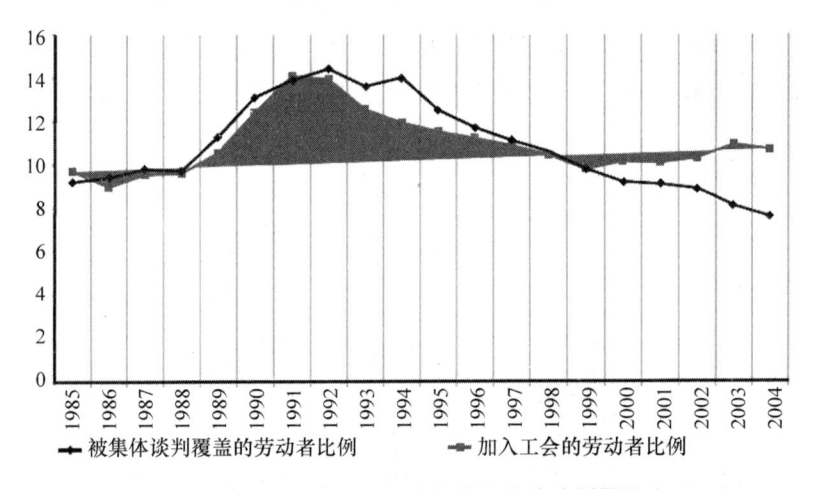

图4—14　1985—2004年智利工会规模和集体谈判覆盖率（%）

资料来源：Jürgen Weller: *El Nuevo Escenario Laboral Latinoamericano: Regulación, Protección y Políticas Activas en los Mercados de Trabajo*, Siglo Veintiuno Editores, 2009, p.163.

在失业过程的保障性方面，智利利用公共支出在失业救助金、医疗和养老金等社会保障领域均取得较大进步。其中，失业救助金是为补偿劳动者因就业灵活政策而缺少保护的最重要的途径。2002年之前，失业救助的主要手段是按照工龄向失业者提供失业金，工龄越长，金额越高。但由于这一制度只面向签订长期合同的劳动者，且失业原因必须是企业主动辞退，因此覆盖面较小。2002年智利开始实施失业保险制度。保险由个人、企业、国家共同筹资，与劳动者个人账户挂钩。失业后，国家参照劳动者失业前一年的平均工资水平向其支付失业金，在一定条件下还可以再由"失业团结基金"（也由个人、企业、国家共同筹资）向其补充支付。这一制度的好处在于：由于将短期合同和计件劳动者包括进来而扩大了保障范围；失业金的支付不受合同关系期限长短的影响；改善了解雇补偿与失业储蓄之间的平衡。

除失业金改革外，近年来智利对医疗制度也进行了改革，建立起全面的大病保险，尤其照顾到失业无收入人员；2008年开始对养老金制度进行改革，为占人口比例60%的中低收入群体提供新的福利和权益。这些制度都有利于劳动者不因失业而被排除在权利和福利之外。

二 就业异质性：劳动制度改革对各种劳动者的不同影响

智利恢复民主后的最初几年，文人政府在就业和失业阶段均加强了对劳动者权利的保护，因此各种劳动者之间在工资、劳动关系、社保等方面的差距不大。随后，尤其是进入21世纪以来，智利在劳动力市场改革方面实施"灵活保障模式"，目的是既推动生产过程的灵活性，保证企业的效率和竞争力，又对所有劳动者的权利进行保障。然而，像其他拉美国家一样，由于智利各规模企业之间存在着较为明显的生产异质性，而且非正规就业程度较高，因此"灵活保障模式"改革对各种劳动者的权利的影响是不同的。

首先，1990年以来，智利各规模企业劳动者的工资收入差距逐渐拉大（表4—14）。这一方面说明企业之间的生产异质性（生产率差距）在增加，另一方面说明在由90年代初的就业保护向之后的就业灵活过渡中，小微企业劳动者在工资收入方面遭受损失更大。另外，企业雇主与劳动者之间的收入差别以及管理层与非管理层劳动者之间的收入差别与企业规模成正比（图4—15）。

表4—14 智利各规模企业劳动者工资收入水平对比
（5人以下企业工资水平＝100）

年份		1990	1994	1998	2003
高生产率（大企业）	200人及以上	221	229	252	240
中等生产率（中小企业）	50—199人	172	177	184	185
	10—49人	143	153	150	156

120　"包容性发展"与收入分配：智利案例研究

续表

年份		1990	1994	1998	2003
低生产率（微型企业）	6—9人	110	115	120	131
	5人及以下	100	100	100	100
平均		150	157	166	170	—

资料来源：Osvaldo Sunkel y Ricardo Infante：*Hacia un desarrollo inclusivo: el caso de Chile*, CEPAL y OIT, Santiago de Chile, 2009, p. 79.

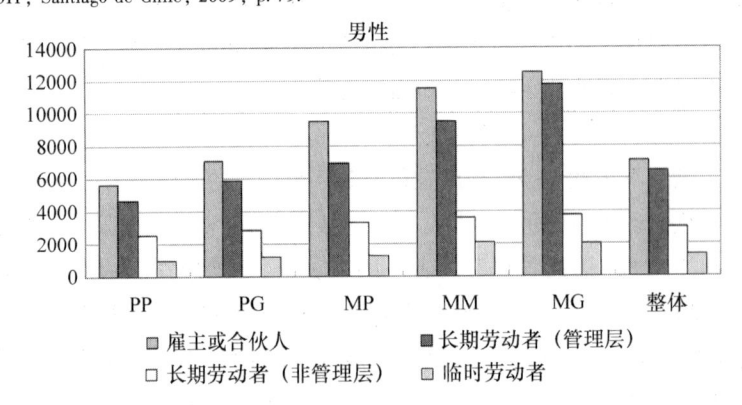

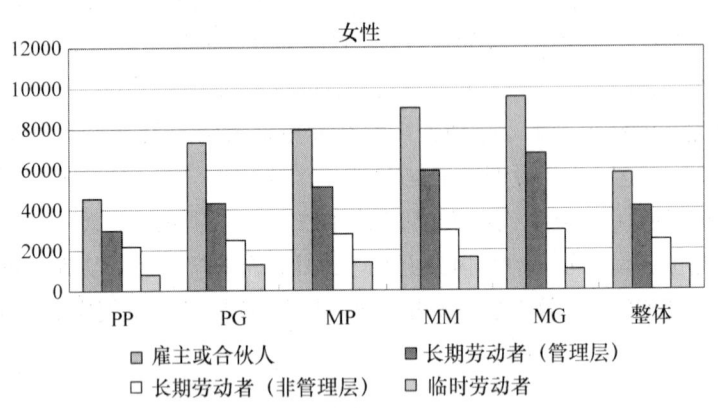

图 4—15　2006 年智利中小企业雇主与各级别劳动者年平均收入（千比索）

注：PP：小型企业中的较小规模企业；PG：小型企业中的较大规模企业；MP：中型企业中的较小规模企业；MM：中型企业中的中等规模企业；MG：中型企业中的较大规模企业。
资料来源：作者根据以下数据绘制：Instituto Nacional de Estadísticas de Chile (INE)：*Primera Encuesta Anual de las Pequeñas y Medianas Empresas*, H 1, H3, 2006.

其次，智利各规模企业劳动关系的正规程度差别很大。从表 4—15 中可以看出，自 1990 年以来各规模企业中未签订劳动合同的劳动者比例均呈上升趋势，它们之间的差距并未缩小。图4—16也显示，越是小规模企业，越倾向于不与劳动者签订劳动合同（令人意外的是，新入职的签订劳动合同的劳动者在小型企业中的比例大于中型企业）。这些都说明，越是大规模企业，劳动关系越正规，在就业过程中对劳动者的保护程度越高；越是小规模企业，就业的非正规性越突出，就业的"灵活性"体现得越明显，劳动者就业越不稳定，越容易失去工作。在这一基础上，大规模企业由于劳动关系正规，劳动组织程度较高，工会力量较强，因此其劳动者受工会保护和利用集体谈判维护自身权利的程度较高；相对而言，小规模企业由于劳动关系不正规，劳动组织松散，因此其劳动者很难利用工会维护自身权利。

表4—15 智利各规模企业中未签订劳动合同的劳动者比例（%）

年份		1990	1994	1998	2003
高生产率（大企业）	200人及以上	5.8	5.8	7.9	7.4
中等生产率（中小企业）	50—199人	7.7	9.3	11.2	12.2
	10—49人	13.0	13.1	19.2	19.4
低生产率（微型企业）	6—9人	22.1	23.7	29.9	31.2
	5人及以下	31.6	42.4	48.9	49.4
平均		15.2	17.0	20.7	19.3	—

资料来源：Osvaldo Sunkel y Ricardo Infante: *Hacia un desarrollo inclusivo: el caso de Chile*, CEPAL y OIT, Santiago de Chile, 2009, p. 80.

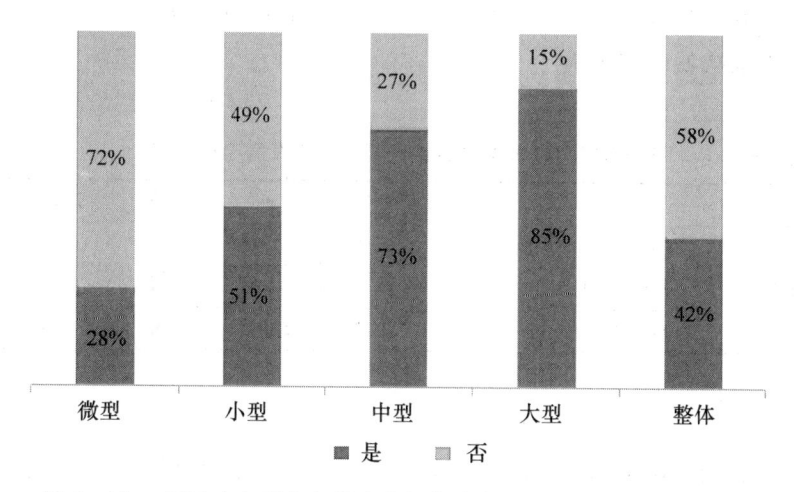

图4—16a 2009年智利各规模企业与劳动者签订劳动合同的企业比例

122 "包容性发展"与收入分配：智利案例研究

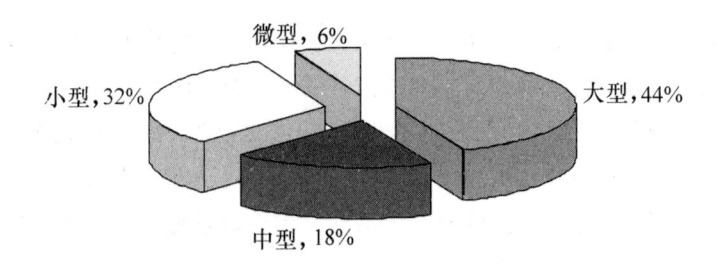

微型，6%
小型，32%
大型，44%
中型，18%

图4—16b 2009年智利签订劳动合同的新入职劳动者在各规模企业中的分配比例

资料来源：Ministerio de Economía, Fomento y Turismo de Chile：*Segunda Encuesta Longitudinal de Empresas*, junio de 2012, p. 69.

最后，智利各规模企业劳动者以及各种就业人员之间在社会保障方面的差距很大。1990年以来，各规模企业劳动者中未缴纳社会保险的人员比例均呈上升趋势，它们之间的差距并未明显缩小，到2003年非正规劳动者的这一比例达到71.2%（表4—16）。"这说明相比高生产率企业而言，中低生产率企业劳动者的脆弱性和不稳定性在不断增加；在90年代以来的经济增长期，劳动者之间的劳动和就业质量的鸿沟不是在缩小，而是在扩大。"① 上述比例与表4—15中所反映的各类群体中未签订劳动合同的人员比例基本相符，这说明了签订劳动合同与缴纳社保之间的相关性。与各级企业劳动者形成鲜明对比的是，较大规模企业的雇主以及具备专业能力的自我就业者中缴纳社保的人越来越多，虽然到2003年仍有30%—60%的人不缴纳，但那时因为他们收入较高，对社保的依赖程度不大。

表4—16 智利各就业群体中未缴纳社会保险的人员比例（%）

年份		1990	1994	1998	2003
高生产率	200人及以上企业的劳动者	6.0	6.7	8.7	8.7
	5人以上企业的雇主	41.0	42.4	35.2	31.1
	自我就业者（专业人员）	65.3	58.0	57.6	63.8

---

① Osvaldo Sunkel y Ricardo Infante：*Hacia un desarrollo inclusivo：el caso de Chile*, CEPAL y OIT, Santiago de Chile, 2009, p. 81.

续表

		1990	1994	1998	2003
中等生产率	50—199人企业的劳动者	9.1	10.3	11.4	12.9
	10—49人企业的劳动者	14.8	15.0	18.2	19.3
低生产率	6—9人企业的劳动者	28.6	26.6	29.4	31.2
	非正规劳动者*	60.2	65.9	68.2	71.2
平均		33.7	34.8	35.8	36.3

注：*包括5人及以下的微型企业雇主和劳动者，非专业人员的自我就业者和家庭帮工。
资料来源：Osvaldo Sunkel y Ricardo Infante：*Hacia un desarrollo inclusivo: el caso de Chile*, CEPAL y OIT, Santiago de Chile, 2009, p. 81.

综上所述，由于非正规就业的大量存在，因此各企业之间的就业异质性程度非常高，即：正规的大企业劳动者不仅在失业阶段得到较好的保障，而且在劳动过程中也能得到一定程度的保护；而倾向于非正规的小规模企业劳动者在就业和失业阶段都得不到很好的保障。

具体而言，由于大规模企业劳动合同关系比较正规，因此其劳动者就业稳定，受保护程度较高，而且其工会组织较为完善，能够通过集体谈判等手段有效地维护劳动者在劳动过程中的包括收入在内的各种劳动权利。另一方面，由于其劳动关系正规，劳动者缴纳社保程度较高，因此他们在失业阶段仍能享受较高的保障。

反观小规模企业，由于其劳动关系倾向于不正规（尤其是微型企业有近50%的劳动者未签订劳动合同），因此其劳动者就业很不稳定，在就业过程中也没有完善的工会组织帮助其维护劳动权利，收入与大规模企业的差距越来越大。另外，由于缴纳社保的比例非常低，这些劳动者在失业后很难享受到足够的生活保障。

因此，如果要进一步完善"灵活保障模式"，就必须将其与非正规就业的现实结合起来，加强对非正规劳动者权利的保护。

三 实现就业同质性目标、保护非正规劳动者的政策选择

非正规劳动者主要集中在中低生产率部门，尤其是微型企业。因此，对非正规劳动者的权利进行保护，主要就是对中低生产率部门劳动者进行保护。保护分为加强就业保护和加强社会保障两个方面。

（一）加强对非正规劳动者的就业保护

目前智利劳动制度的原则是就业阶段"灵活",即减少对劳动者的过分保护,提高企业效率。然而中低生产率部门劳动者在就业过程中难以像高生产率部门那样享受到最基本的权利保护,如工会和集体谈判对其的保护。因此首先应在劳动过程中赋予其最基本的权利。

1. 推动小微企业劳动关系正规化。由于小微企业生产率低下,成本相对较高,因此如果大力推行其劳动关系正规化(即提高签订劳动合同的比例),那么其雇主在现有产出能力下难以消化其带来的成本。面对这样的现实,可以推行一种被称为"预正规化"的模式,即要求在小微企业建立对劳动者的强制性最低保护,包括结社自由,集体谈判,禁止强制劳动、雇用童工和用工歧视,建立最低工资制,固定劳动时间,确立工伤种类等。

2. 工会改革。智利近年来切实降低中低生产率部门劳动者加入工会的资格条件,积极促进工会组织对其进行保护。然而,由于这些劳动者尤其是非正规的微型企业和自谋生路的个体劳动者劳动组织松散,因此为其成立专门的工会组织非常困难。另外,由于这些劳动者主观上长期缺乏对劳动法规的了解,认为劳动立法与自己无关,因此虽然很多人具备入会资格,但他们对加入工会组织并不重视,甚至持排斥态度,因此维权效率极低。

国际劳工组织近年来积极推动拉美各国进行工会改革,其基本原则包括促进不同工会之间(包括垂直的部门之间和水平的地域之间)的整合和联系,加强组织建设,同时建立全国总工会,对各分支机构进行统筹；将失业者、首次找工作者、退休者等都纳入到工会组织中等。而针对低生产率部门,该组织也特别提出了相关政策建议：首先,建立一种企业间的"混合型"工会组织,将正规劳动者和处于边缘地位的非正规劳动者同时吸纳进来。与此相类似,2007年智利矿业建立了部门内的混合型劳工联合会。其次,像墨西哥和委内瑞拉那样尝试为个体和独立劳动者建立其自己的工会。再次,为农业部门的临时劳动者以及乡村的微型企业劳动者建立一种区域性工会,从而将这些劳动关系松散、分布不集中的劳动者以地域为单位组织起来,改善其劳动条件。最后,像委内瑞拉1999年以来所做的那样,专门为组织非正规劳动者建立工会而立法。

3. 集体谈判。集体谈判可以通过在劳资双方之间达成协议来协调其利益冲突,在资本和劳动之间进行收入分配。对于低生产率部门尤其是微型企业，首先，应当从谈判的模式方面进行改革：(1) 以区域为单位进行集体谈判。对于乡村微型企业劳动者和城市自我就业者等没有较大规模企业和强有力工会作为依托的非正规劳动者，以某一农村区域或某一城市为单位组织他们进行集体谈判能提高其谈判能力。(2) 对于城市内为大规模企业供货的自我就业者，为其建立专门的工会并进行谈判，以改善其在供货交易中的不平等地位。

其次，应当把最低工资问题作为集体谈判的重点之一。最低工资标准对于保护低生产率部门劳动者来说非常重要，而且对非正规部门而言尤其是一个重要的参考标准。在全国统一标准的基础上，应建立按产业种类以及地域划分的不同级别的最低工资标准，这样的话，中低生产率水平部门劳动者就有可能享受高于全国最低标准的工资水平。

最后，应促进劳动者参与企业收益分配，这对改善收入分配而言是一项重要因素，还可以激励劳动者提高劳动积极性，从而提高生产率。目前拉美国家的低生产率部门劳动者基本不可能参与本企业收益分配，因此未来应仿照瑞士模式，即高生产率大企业将其营业盈余的一部分转化为社会基金，在其他劳动阶层中再分配，而低生产率部门和非正规劳动者通过社会对话可以优先参与这种再分配。

4. 社会对话。社会对话可以被看作一种民主机制，通过政府、雇主和劳动者三方的沟通和交流反映出各个生产率水平部门的不同需求，在劳动力市场上建立新的"游戏规则"。针对中低生产率部门开展社会对话主要有以下几种途径：首先，建立一种"区域协议"。这种方式由意大利首创，是一种在区域层面的公共政策设计，目的是促进区域内政府和企业之间开展对话。由于各地区的地方企业多为中小微企业，因此区域范围内的这种对话能有效覆盖到中低生产率企业。其次，建立"三方+"模式的对话。所谓"三方+"即除政府、企业及具有正规劳动关系的劳动者之外，再加入非政府组织和"无组织相关人员"。后者主要指妇女和青年劳动者这样的构成中低生产率部门劳动主力，但同时又经常容易失去工作并被排除在正规劳动关系之外的群体。这样的对话有利于听取他们的意见和呼声。再次，在全国范围内建立对话以听取国际劳工组织关于非正规经济部门的建议，目的是消除正规和非正规劳动者之间的差距，全面保护劳动者权利。最后，建立劳动保护信息平台，以促进就劳动条件和民主问题进行讨论和信息交流。按照世界卫生组织建议，参与者除政府和企业外，还应包括工会和学者专家。各方可以在这一平台上探讨有关减少劳动伤害和疾病、改善劳动条件的问题。

(二) 加强对非正规劳动者的社会保障

由于小微企业劳动者劳动关系不正规，在就业过程中缴纳社保（失业、医疗、养老保险）的比例很低，因此他们在失业、生病和退休后难以享受到足够的社会保障。目前智利在失业救助金方面仍然主要采取个人账户制，不缴不得，因此要加强对非正规劳动者的社会保障，将主要通过公共财政从医疗和养老金两个方面对其进行转移支付。

在医疗方面，智利近年来努力实现公共医疗对全民的直接基本覆盖，保证无正规劳动合同的劳动者也能享受基本的大病保险。在养老金方面，智利作为拉美第一个实行养老金私有化改革的国家，近年来也引入了非缴费性养老金制度，保证全国所有65岁以上老人都能领取到养老金。

将社保与劳动关系脱钩有利于为所有劳动者提供保障、增加就业、提高劳动生产率，有利于提高非正规劳动者和低收入群体的收入水平和生活水平，从而改善收入分配，但同时也给公共财政带来了一定压力。

第四节 教育机会公平政策、成效及教育机会的阶层差距

教育是决定机会公平从而影响初次分配的最重要的因素之一。由于不同教育水平和程度的人在劳动力市场上往往有着不同的教育回报率，因此教育水平与劳动收入基本上是成正比的。如果教育机会能够在教育数量（年限）和质量两方面更加均等，那么不同劳动者的劳动能力就会更加均等，劳动力市场的竞争环境就会更加公平，初次分配结果就会更加合理。无疑，教育机会公平对于促进初次分配环节的机会公平从而促进分配的效率起着至关重要的作用。

本节将首先介绍智利的教育投入情况和教育机会公平政策，接着分析教育改革的成效和教育机会在数量、质量方面以及教育回报率的阶层差距现状，最后思考促进阶层之间教育机会公平的政策选择。

一 教育投入和教育机会公平政策

从20世纪60年代开始，智利教育政策的主要目标是提高教育覆盖率。从表4—17中可以看出，1960—1990年，智利文盲率大幅下降，

高等教育和中等教育覆盖率提高幅度非常明显，基础教育（年限由6年增加到8年）基本普及，学前教育也得到了较好推广。这一成绩在很大程度上得益于公共财政对教育的支出。1970年智利公共教育支出占GDP比例已达3.9%，到1980年达到4.1%。然而由于之前投入巨大，公共教育投入的"赤字"开始显现，而且军政府奉行减少国家对公共事业支出的原则，因此进入80年代后公共教育支出逐渐降低，1990年该支出占GDP比例降至2.3%。平均教育补贴也由1982年的13188比索降至1990年的10103比索。教育支出的下降导致教师待遇下降和教育质量下降。

表4—17　　　　　1960—1990年智利教育覆盖率的变化　　　　　单位:%

年份	文盲率（10岁以上）	学前教育	基础教育	中等教育	高等教育（20—24岁）	学生数（千人）
1960	17.6	2	80	14	4	2257
1970	10.2	4	93	50	9	2254
1982	8.3	12	95	65	11	3162
1990	5.4	18	95	78	20	3269

资料来源：José Pablo Arellano Marín："La Reforma Educacional Chilena", *Revista de la CEPAL* 73, abr. de 2001, p.84.

1990年文人政府执政以来，智利逐年加大公共财政对教育的投入，2008年该投入占GDP的比例上升至4.3%，人均教育支出增长近3倍。公共教育投入的增长幅度远大于同时期对医疗、社保和住房的投入增幅（图4—17）。

在全面增加教育投入的同时，1990年以来政府还将促进教育公平作为教育改革的重点。作为调节收入分配的手段，公共教育支出向低收入群体倾斜：2006年在智利收入五分位中，20%的最低收入群体获得的公共教育支出比例为27.4%，20%的最高收入群体获得的比例为12.5%，这一比例在拉美主要国家中处于相对比较进步的水平（图4—18）。

128 "包容性发展"与收入分配：智利案例研究

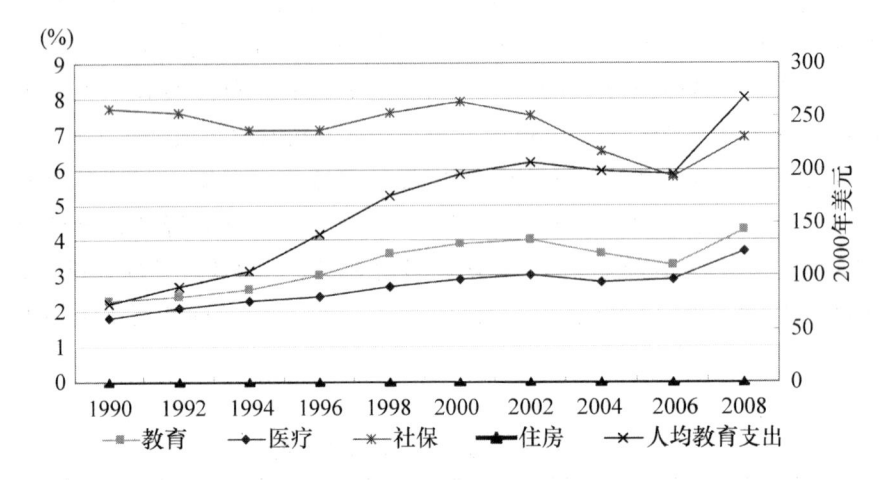

图 4—17 1990—2008 年智利：各项公共社会支出占 GDP 的比重以及人均教育支出（%）

资料来源：作者根据以下数据绘制：CEPAL: *Panorama social de América Latina* 2010, Santiago de Chile, mar. 2011, pp.168-172.

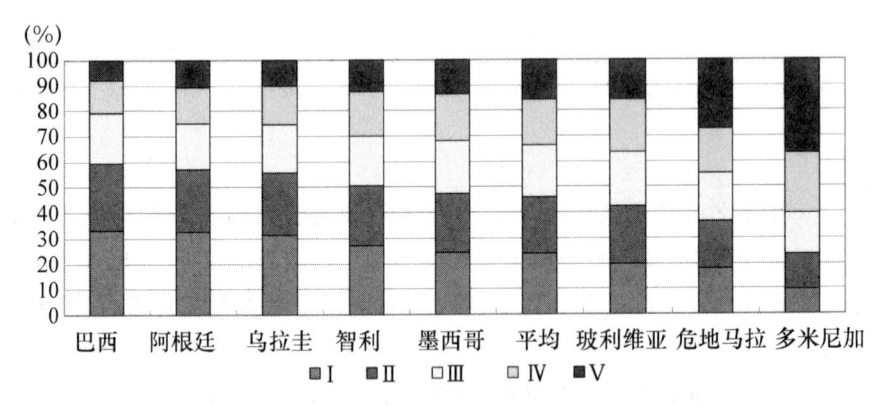

图 4—18 拉美部分国家公共教育支出按照收入五分位的分配
（%，2008 年前后）

注：收入五分位中，I 为最贫穷群体，V 为最富有群体。智利、危地马拉数据来源年份为 2006 年，玻利维亚为 2007 年，阿根廷、巴西、乌拉圭、墨西哥、多米尼加为 2008 年。

资料来源：作者根据以下数据绘制：CEPAL: *Panorama social de América Latina* 2010, Santiago de Chile, mar. 2011, p.176.

除加大对低收入群体的投入外，智利政府还推出若干具体措施以促进教育机会公平，提高教育质量。1990年实施"改善低收入群体基础教育质量计划"（P900），通过投入教学设备、提供技术支持、开展教师培训、增加学生辅导员等手段来提高小学低年级学生尤其是低收入家庭学生的学习成绩。初期计划资助10%的低质量小学，后覆盖到全国所有小学。"改善农村基础教育质量和公平计划"（MECE rural）针对农村小学教学质量差、教师少、各年级学生混合成班的特点，制定专门的方案来提升其教学质量，包括成立教学交流中心，召集相邻学校教师定期交流经验、探讨教学方法；为学生提供专门编写的教材和学习材料等，此外还举行"了解你的孩子"活动，促使家长与学校一同加强对学生的教育。由世界银行资助的"改善基础教育质量和公平计划"（MECE básica）为学前教育和小学提供大量教材和书籍，并建立图书阅览室，以提高学生的阅读兴趣和能力。"链接计划"（Enlaces）最初为边远和农村地区学校提供电脑和互联网接入并建立电脑实验室，后推广到所有学校。"教育改善项目"（PME）旨在通过推动学校的教育自主性和创新性来改善基础和中等教育质量：各校可以自由支配教育经费，同时学校必须根据学生特点和教育目标设计出自己的教学方案和评价模式。

二 教育改革的成效和教育机会的阶层差距现状

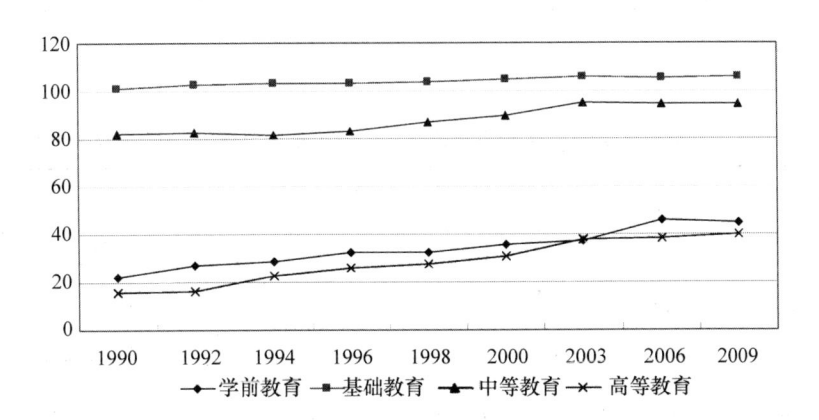

图4—19 1990—2009年智利各级教育毛入学率变化（%）

资料来源：作者根据以下数据绘制：*Encuesta de Caracterización Social*（CASEN 2009），Ministerio de Planificación de Chile, 2009, p. 9, 13, 17, 21.

130　"包容性发展"与收入分配：智利案例研究

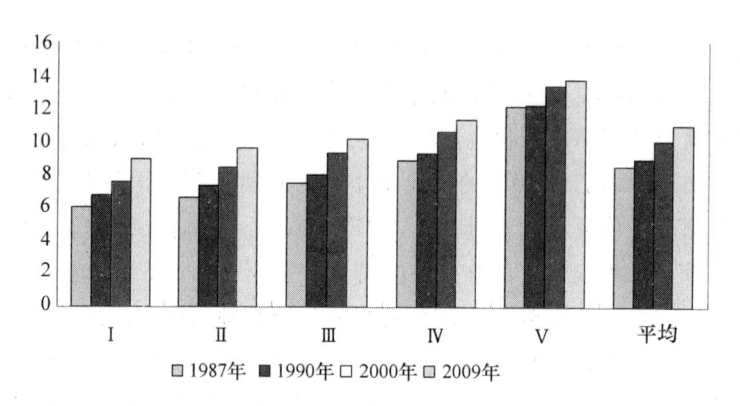

图 4—20　智利收入五分位教育年限变化（1987—2009 年）

注：收入五分位中，I 为最贫穷群体，V 为最富有群体。
资料来源：作者根据拉美和加勒比社会经济数据库（SEDLAC）2012 年数据绘制。

经过 20 年的教育投入和改革，智利在教育覆盖率方面取得了一定的成绩。总体而言，15—24 岁群体的识字率从 1990 年的 98.4% 上升到 2009 年的 99.4%，而 25—65 岁群体的识字率则由 95.1% 上升到 97.4%。各级教育的毛入学率（某一级教育所有入学学生数量占适龄群体数量的比例）都有不同程度的提高，尤其是高等教育和学前教育发展迅速（图 4—19）。1987—2009 年，各收入阶层的受教育年限都有所增加，其中低收入群体的增幅更大（图 4—20）。2008 年义务教育覆盖全部基础和中等教育，在拉美处于领先水平（表 4—18）。[1]

表 4—18　拉美部分国家义务教育年限与初、中等教育年限（2007—2008 年）

	义务教育年限	初等教育年限	中等教育年限	义务教育/初、中等教育
阿根廷	10[a]	6	6	10/12
巴西	8	4	7	8/11
智利	12	8	4	12/12
墨西哥	10	6	6	10/12
乌拉圭	10	6	6	10/12

注：[a] 阿根廷于 2007 年将义务教育年限由 10 年延长至 13 年（OECD，2010 年）。
资料来源：CEPAL：*Panorama social de América Latina* 2010, Santiago de Chile, mar. 2011, p.154.

---

[1]　义务教育的延长首先会使国家相应加大对延长部分的投资，增加其数量和质量，减少家庭的教育支出；其次有利于从制度上保证接近于完成中等教育的家庭子女完成中等教育，增加对家庭的约束力和为子女教育投资的动力。

虽然智利的教育覆盖率在整体上有所增加，但各收入阶层之间依然存在的教育机会差距不容忽视。经合组织（OECD）把人均收入在全国收入中位数的50%—150%之间的家庭定义为"中等家庭部门"，50%线以下的为"贫困家庭部门"，150%线以上的为"富裕家庭部门"。根据该组织2011年的报告，拉美主要国家这三个群体的教育年限存在较大差距，其中巴西、墨西哥、玻利维亚等国的这一差距非常明显，阿根廷、智利、哥斯达黎加等国情况较好（表4—19）。智利贫困和中等家庭部门的教育年限略高于拉美平均水平（6.1年和8.3年），而富裕家庭部门的教育年限略低于拉美平均水平（12年）。最能够真实反映目前教育阶层差距的应当是21—30岁群体的情况（他们有机会完整地接受所有阶段的教育且刚刚完成）。智利这一群体的情况是：贫困家庭部门完成基础教育（智利小学时间为8年）并接受部分中等教育，中等家庭部门接近于完成中等教育（智利中学时间为4年），富裕家庭部门接受部分高等教育。另外，与其他拉美国家相比，智利教育代际相关性较高，即父子两代人的教育年限相似，因此教育代际流动性偏低，从而父辈的教育水平在很大程度上决定了子辈的收入水平（图4—21）。

表4—19　　拉美部分国家各收入群体的教育年限（2010年）

25—65岁	阿根廷	玻利维亚	巴西	智利	哥伦比亚	哥斯达黎加	厄瓜多尔	墨西哥	秘鲁
贫困家庭部门	9.11	4.08	4.65	7.10	4.42	6.21	7.79	4.93	4.51
中等家庭部门	9.73	6.91	6.61	8.58	6.28	6.60	9.46	7.67	8.00
富裕家庭部门	12.64	10.65	11.61	11.70	10.80	10.94	12.52	12.08	12.12
智利	25—65岁	14—20岁	21—30岁	31—40岁	41—50岁	51—60岁	61—65岁		
贫困家庭部门	7.10	9.69	9.69	8.11	7.14	5.29	4.01		
中等家庭部门	8.58	10.17	11.10	9.72	8.54	6.67	5.15		
富裕家庭部门	11.70	10.78	13.39	12.67	11.66	10.32	8.66		

资料来源：经合组织发展中心编：《2011年拉丁美洲经济展望》，当代世界出版社2011年版，第157页。

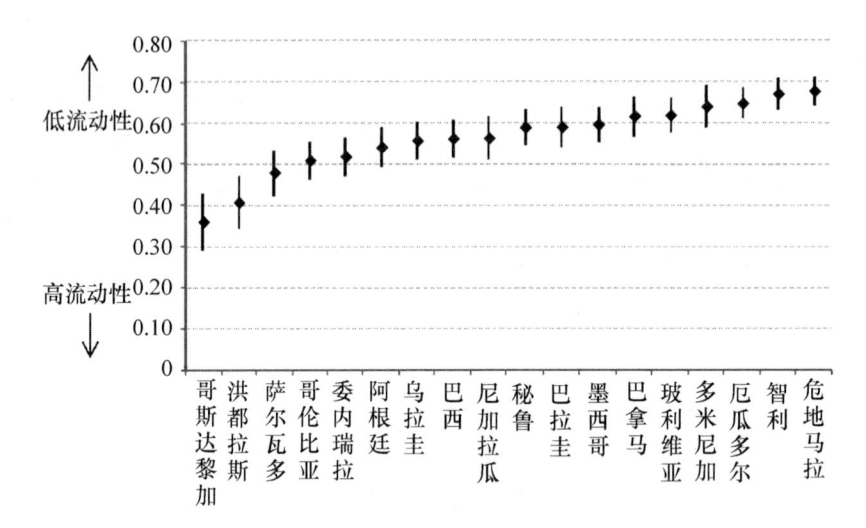

图4—21a 拉美各国教育水平的代际相关性（2008年）

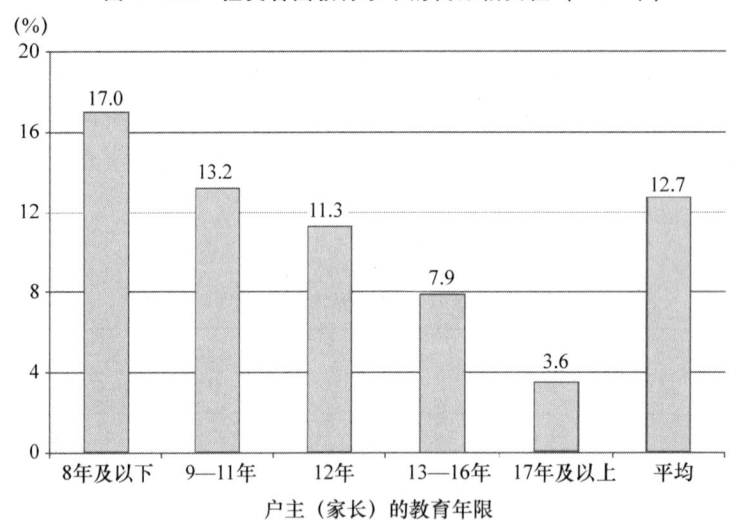

图4—21b 智利：贫困的可能性与家长教育年限的关系（2009年）

图4—21a注：菱形块代表25岁以上男性和女性的相关系数普通最小二乘法评估值。直线代表对应的95%置信区间。教育水平的测量依据教育年限。

资料来源：经合组织发展中心编：《2011年拉丁美洲经济展望》，当代世界出版社2011年版，第160页；*Encuesta de Caracterización Social*（CASEN 2009），Ministerio de Planificación de Chile，2009，p.32.

以上是各收入阶层目前在受教育数量上的差距。就教育质量而言，差距同样很大。目前智利学校共分三类：由政府管理的公立学校，接受国家补贴和资助的私立学校以及完全由私人投资的纯私立学校。由于私立学校收费高,因此中低收入家庭子女在基础和中等教育阶段几乎全部就读于公立学校。虽然在高等教育阶段就读私立学校的比例显著增加,但考虑到中低收入家庭子女能够升入大学的可能性非常小,因此这一现象意义并不大。相比之下,富裕家庭有更大的财力送孩子就读私立学校(图4—22)。私立中小学的教育质量始终明显高于公立学校。据智利 SIMCE(一种用于衡量学生语言、数学和社会科学水平的全国性测试项目)2006 年对全国小学四年级和中学二年级学生的测试结果,第一个群体中,得分最高的十所小学中有九所为纯私立学校,另一所为国家补贴的私立学校;第二个群体中,得分最高的十所中学中有八所为纯私立学校,另外两所为公立学校。由于私立教育质量高,因此"就工资获取能力而言,私立教育带来的回报率显然高于公立教育。而且,私立教育的回报在过去20年里不断增加。这种差异在初等和中等教育层面最为显著,因为阶层团体在这两个层面最为分离。……父母总是在有能力负担费用的情况下把子女送入私立学校"[1]。可见,教育不仅在数量方面,而且还在质量方面对现存的阶层差距进行着代际复制。

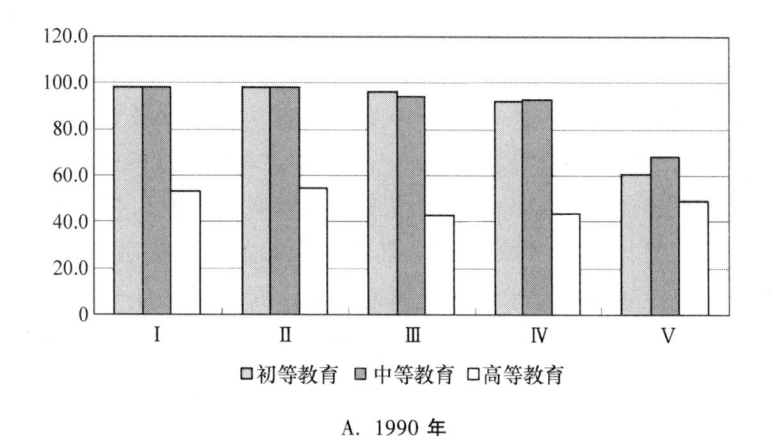

A. 1990 年

---

[1] 经合组织发展中心编:《2011 年拉丁美洲经济展望》,当代世界出版社2011年版,第175、177 页。

B. 2009 年

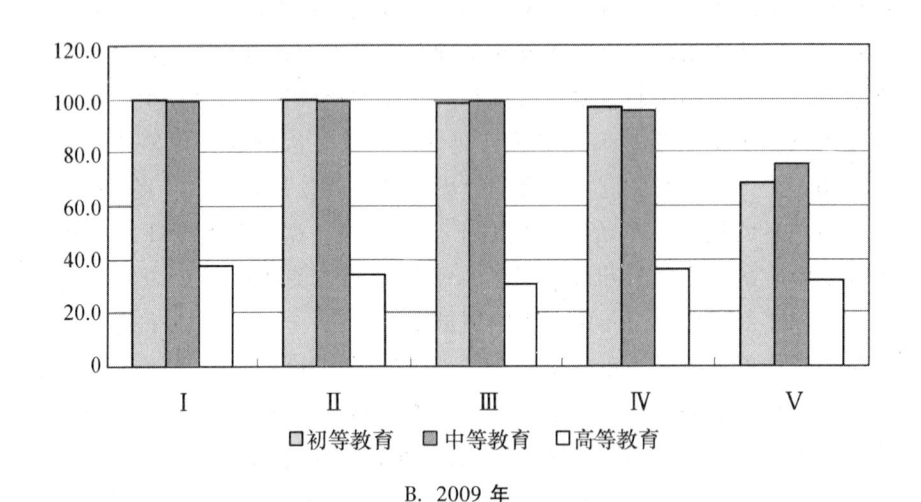

图 4—22　智利收入五分位就读公立学校的学生比例

注：收入五分位中，I 为最贫穷群体，V 为最富有群体。
资料来源：作者根据拉美和加勒比社会经济数据库（SEDLAC）2012 年数据绘制。

教育水平最终在就业阶段体现为教育回报率。首先在收入方面，20世纪 90 年代初智利各级教育的回报率差距很小，之后初、中等教育回报率之间的差距始终变化不大，而高等教育回报率则显著提高，遥遥领先于前两者，到 2009 年差距进一步悬殊（图 4—23）。这说明教育回报率只有在上大学和大学毕业后才能出现大的飞跃，中等教育水平的劳动者虽然比初等教育水平劳动者多付出了近一倍的学习时间，但收入并不比其高多少，因此极容易被社会"抛弃"①。其次在劳动条件和就业稳定性方面，就业的非正规性随着教育水平的提高而降低，同时社保参与率则随之上升；未读完高中、读完中学和未读完大学的劳动者失业率最高，说明中学学历的劳动者就业稳定性最低（图 4—24）。可见，智利具备中学学历的

---

① 面对这一局面，许多中等家庭部门子女可能会选择在初中毕业后辍学，因为多"浪费"几年的时间和金钱去读高中换来的回报并不大，不如尽早开始工作养家。回报率出现这种差距的原因是易于理解的：由于接受高等教育是富裕阶层的"特权"，因此这些极少数的拥有高学历的"精英分子"在市场上供不应求，薪水自然居于高位。因此高等教育的高回报率在很大程度上是由低的教育流动性带来的（OECD，2010 年）。另外，接受过高等教育的人可以胜任现代高技术、高生产率行业工作，而只接受过中等教育的人大多只能从事传统行业工作，这也会拉大收入差距。

人（主要为中等家庭部门）在教育回报率方面处于最不利地位。

由于初、中、高等教育的就业回报率是递增的，私立和公立教育的回报率也存在差距，因此教育的阶层差距在学生毕业并走上工作岗位后被直接复制为就业的阶层差距。对于贫困和中等家庭部门来说，劳动收入仍是其最主要的收入来源，因此就业的阶层差距直接决定了其相对于富裕家庭部门的收入差距。

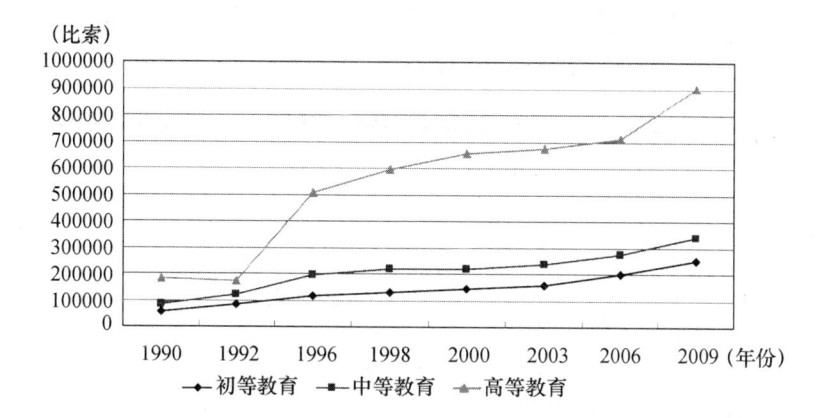

图4—23a 智利各教育水平下的月平均劳动收入变化
（1990—2009年，名义货币）

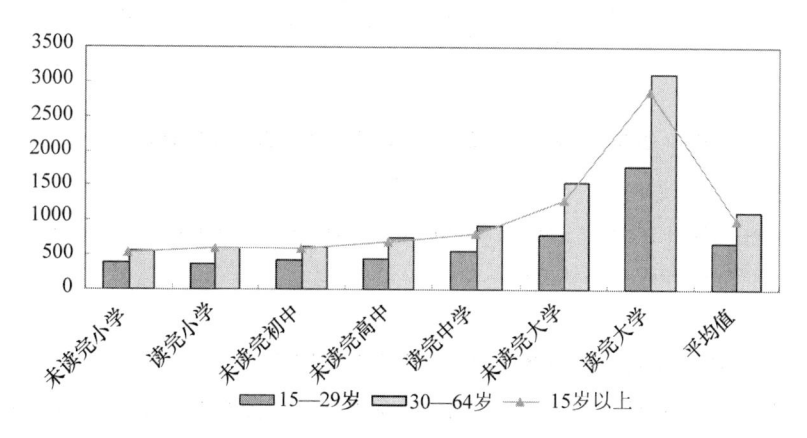

图4—23b 智利各年龄段不同教育水平的就业者的劳动收入
（2006年，2000年美元购买力平价）

资料来源：作者根据以下数据绘制：拉美和加勒比社会经济数据库（SEDLAC）2012年；CEPAL：*Panorama social de América Latina* 2010，Santiago de Chile，mar. 2011，p. 135.

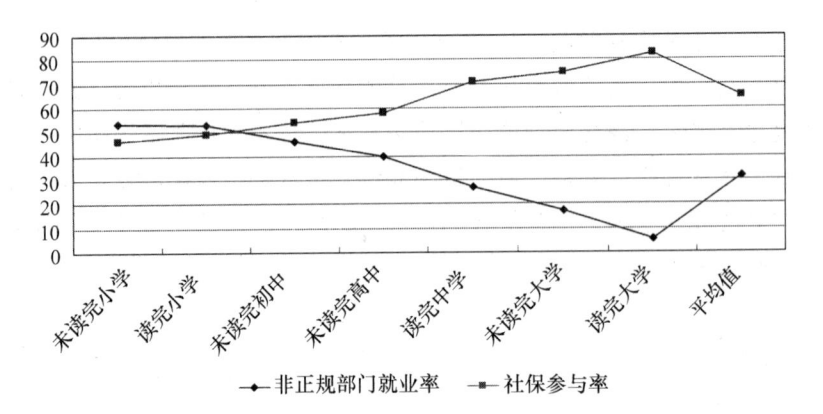

图 4—24a 智利 15 岁以上不同教育水平的就业者的非正规部门就业率和社保参与率（%，2006 年）

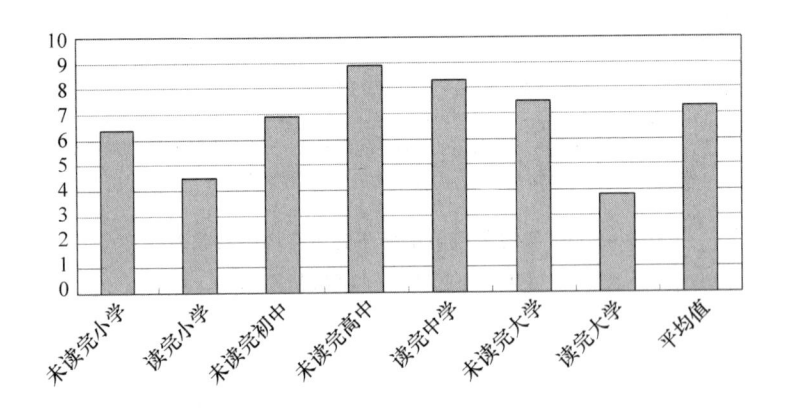

图 4—24b 智利 15 岁以上不同教育水平的自立人口的失业率（%，2006 年）

资料来源：作者根据以下数据绘制：CEPAL：*Panorama social de América Latina* 2010, Santiago de Chile, mar. 2011, pp. 133, 134.

三 促进阶层之间教育机会公平的政策选择

教育一般被认为是推动社会流动性尤其是代际社会流动性最重要的手段。中低收入家庭的子女如果能接受到比父母更多、更优质的教育，就有机会在工作中获得更高的回报，从而改变由家庭出身带来的社会地位。然而从上文的分析可以看出，虽然近年来智利各收入阶层的教育水平差距有所缩小，但由于教育资源依然不均等，目前各阶层在教育年限、教育质量、教育回报率等方面依然存在较大差距，父辈的阶层差距通过教育在子辈那里得到很大程度的复制。可见，通过促进教育机会公平来推动代际收入分配改善的目的并没有得到很好的实现。

目前教育机会不公平的主要症结在于初、中等教育和高等教育公共投资比例不协调，私立和公立教育质量不平衡，公共教育投资在各收入阶层之间分配尚不够合理，中低收入家庭教育支出不积极等。针对这些问题，应当考虑采取以下对策：

第一，改善公共投资在各教育阶段的比例，增加初、中等教育公共投资，改善公立教育质量。和其他拉美国家一样，智利历史上也存在更重视高等教育而相对忽视基础教育的弊病，这种精英教育的模式导致了教育资源的不均等和贫富差距的拉大。1990 年以来，智利逐步加大教育公共投资力度，并有意识地提高初、中等教育投资比例。图 4—25 显示，智利近10 年来教育公共投资经历了较大反复，而 2006 年前后出现的波动主要是

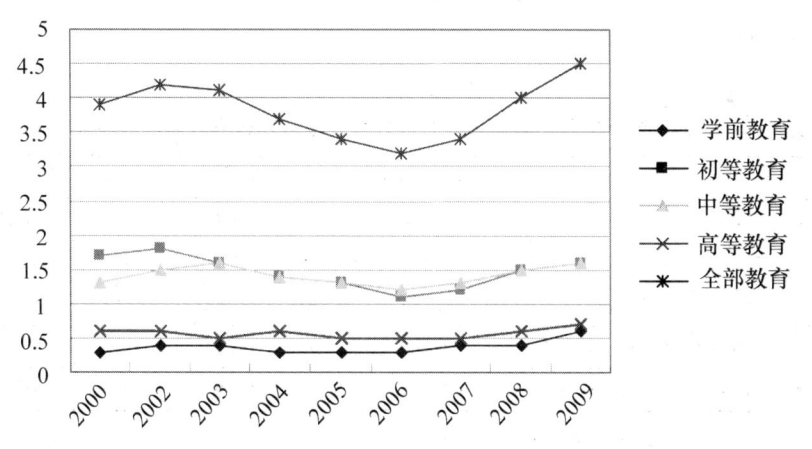

图 4—25　智利在各教育阶段的公共投资占 GDP 的比重
（%，2000—2009 年）

资料来源：作者根据联合国教科文组织（UNESCO）数据绘制。

由于初、中等教育投资下降，相比之下高等教育投资发展平稳。这说明智利对初、中等教育的重视程度还有待提高。较令人满意的一点是，到2009 年，智利高等教育公共投资占教育总投资比重为 16%，与巴西持平，在拉美居于较低水平（2007 年委内瑞拉该比例高达 43%）。在增加初、

中等教育公共投资的基础上，要大力提高公立教育的质量。如上文所述，低收入家庭子女几乎全部就读公立学校，而它与私立学校教学质量及教育回报率的差距令他们失望。政府应加大对公立学校的投入，吸引优秀教师的加入，并完善行政管理制度和对教师的考评制度，让大部分人享受到优良的教育资源。

第二，公共教育投资进一步向中低收入者倾斜。国家教育投资在各收入群体中的分配比例一般与收入分配正相反，形成一条与洛伦兹曲线相对应的向上弯曲的曲线，目的是给予中低收入群体更多的教育资源。从表4—20中可以看出，智利更重视高中阶段的教育公平（这有利于中等家庭部门）；巴西虽然基尼系数很高，但教育投资对其的纠偏作用较强；阿根廷在小学、初中阶段将更多的资金投向劣势群体；而危地马拉公共投资不但在中等教育阶段没有体现公平性，对高等教育投资的不公平性甚至超过了收入的不公平性。公共教育投资倾向于中低收入者有利于减轻其经济负担，增加其学习机会。相对于巴西和阿根廷等拉美大国，智利在这方面还有较大的进步空间。

表4—20　拉美部分国家人均收入基尼系数和各级教育公共投资带来的基尼系数

	人均收入	学前教育	小学教育	初中教育	高中教育	大学教育	全部教育
阿根廷（2008）	0.519	－0.298	－0.432	－0.304	－0.102	0.120	－0.228
巴西（2008）	0.595	－0.360	－0.397	－0.290	－0.106	0.472	－0.265
智利（2006）	0.525	－0.201	－0.210	－0.191	－0.129	0.303	－0.150
危地马拉(2006)	0.587	－0.246	－0.211	0.109	0.272	0.692	0.074
巴拉圭（2008）	0.531	－0.116	－0.295	－0.106	0.008	0.510	－0.115

资料来源：CEPAL: *Panorama social de América Latina* 2010, Santiago de Chile, mar. 2011, p.164.

第三，增加对中低收入家庭子女的补贴，通过助学金和奖学金等方式来资助其进入更高一级教育机构继续深造，同时在制度上增加学生在校学习时间。2000年以来，联合国拉美经委会（CEPAL）数次提出，在当今的拉美，完成中学学业才是保证一个人在未来能够脱贫的最低教育门槛。而要想使收入超过平均水平则必须进入大学继续学习。然而，智利中低收入阶层中的非正规就业比例较高，脆弱性明显，收入有限且不稳定，往往没有能力为子女增加教育支出。因此,正如上文所述,贫困家庭部门子女往往止步于完成基础教育,而中等家庭部门子女则难以完成中等教育并进入大学学习。近年来,智利在国家设立的大学奖学金方面更多地关注中低收入阶层,尤其有利于中等家庭部门子女走进大学继续深造(图4—26)。今后应加大中学阶段对贫困家庭子女的补贴和资助力度,增加其受教育年限。

另外,要建立相应制度对学生进行监督和管理,保证其在校学习时间。这首先有利于那些因父母自身文化程度低而无法创造足够文化氛围的中低收入家庭子女提高学习动力,其次可以减少学生辍学、犯罪、怀孕的概率,还可以增加其小学、中学毕业后继续深造的可能性,从而改善未来的工作条件。

此外,针对中等教育就业回报率低的问题,应当加强对拥有部分或完整中学学历者的职业培训。中学回报率低的一个重要原因是教学内容与工作岗位需求脱节,学生难以胜任现代高技术、高生产率工作。因此政府应当与企业合作来开展职业培训,帮助刚走出中学校门的年轻人尽快掌握基本的劳动技能,从而提高其劳动收入水平。另外还应发展高中职业教育,培养有各种职业技能的专门人才。

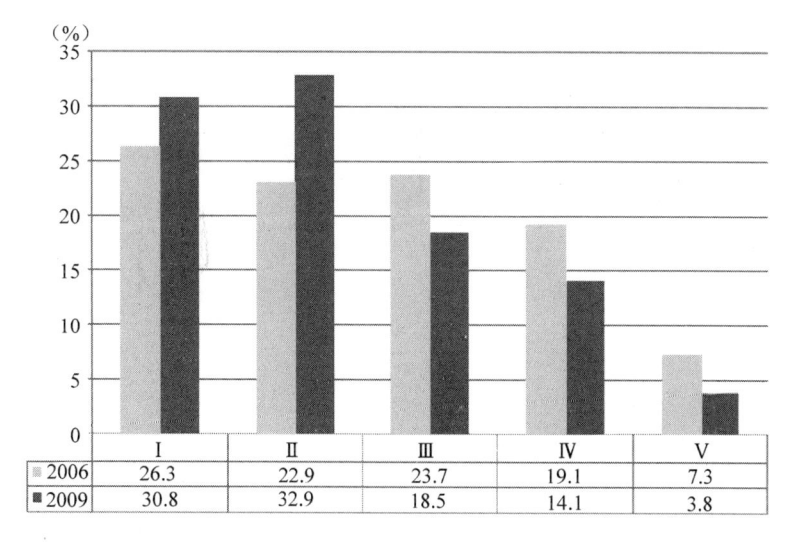

(%)	I	II	III	IV	V
2006	26.3	22.9	23.7	19.1	7.3
2009	30.8	32.9	18.5	14.1	3.8

图4—26a 智利"共和国总统"高等教育奖学金按收入五分位分配(2006—2009年)

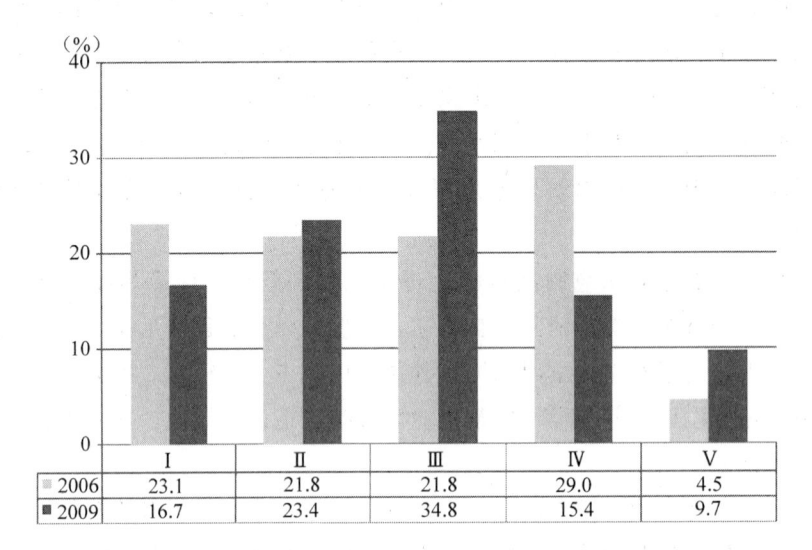

	I	II	III	IV	V
2006	23.1	21.8	21.8	29.0	4.5
2009	16.7	23.4	34.8	15.4	9.7

图 4—26b 智利"独立二百周年"高等教育奖学金按收入五分位分配（2006—2009 年）

注：收入五分位中，I 为最贫穷群体，V 为最富有群体。

资料来源：*Encuesta de Caracterización Social*（CASEN 2009），Ministerio de Planificación de Chile，2009，pp. 26，27。

第五章 智利"包容性发展"的成效和问题

——再分配环节

通过第三章的分析可以发现，20世纪70年代以来影响智力收入分配变化的主要因素中，生产和就业异质性是关键，因此初次分配环节对整体分配格局起着决定性作用。但再分配环节也非常重要，因为它决定着最终的分配结果是否公平。在这一环节中也要兼顾效率和公平，公平为主，效率为辅；国家应扮演积极的角色，通过财政支出和税收等手段对分配结果进行调节。

20世纪70年代智利军政府执政后建立了中性的税收制度和私有化的社会保险制度，目的是提高经济效率。1990年以来，智利文人政府在税收和社保这两方面虽然并没有从根本上改变既有制度，但是为了改善收入分配，从而实现"包容性发展"，还是朝着公平的方向做了一些努力。本章将分析智利现行税收制度和社会保障制度的特点、对收入分配的影响，并思考在继续保证效率的同时国家应如何通过税制改革和在社保体系内增加公共支出来促进公平。

第一节 税收制度及其对收入分配的影响

税收通过两条途径影响收入分配。第一条途径是税收作为主要的财政收入最终用于财政支出，尤其是社会支出，从而间接地对初次分配的结果进行再分配调节。第二条途径是通过某些税种的累进性或累退性来直接进行收入再分配调节，从而影响收入分配。对于第一条途径，最重要的是使税收收入及其GDP占比保持在一个较高而合理的水平，从而提高国家进行社会支出的财力。对于第二条途径，最重要的是使税收结构合理，适当提高直接税（包括所得税和财产税等）比重，并对其累进性进行合理设计。此外，还要加强税收征管，控制逃税漏税，以保证税收的横向公平。本节首先介绍智利的税收结构及税改趋势。其次分析目前的税收结构和税收状况对国家财政收入的影响和对收入分配的直接影响，以及造成这些影响的原因。最后思考改善税收结构从而促进财政收入增加和收入分配改善的政策选择。

一 税收结构和税改趋势

20世纪70年代智利军政府执政后逐步建立了以增值税为主的中性税收制度。这一制度提高了经济效率，但对于收入分配的改善却并未起到积极作用。近年来，随着智利加入经合组织（OECD），其税收改革的方向也逐渐与其他成员国趋同。

（一）税收结构

智利实施中央政府和地方政府分税制，中央政府负责征收所得税、增值税、关税等主要税种，地方政府负责征收土地税、车船税等税种。2010年中央和地方税收收入额分别占全国税收总收入额的93.8%和6.2%。

就各税种的比例而言，增值税是智利的第一大税种，自1974年设立以来其地位不断上升，2010年在税收收入中占比为47.2%。所得税是第二大税种，包括个人所得税和企业所得税，2010年占比为28.4%。2005—2006年，所得税占比上升是因为当时国际铜价上涨带来铜矿企业所得税上升。对特殊商品如烟草、燃料征收的赋税也占较大比重。引人注意的是，20世纪90年代以来随着贸易自由化改革的深入，关税所占比重逐年减少，目前已居于非常次要的地位（表5—1）。

表5—1　　　　　1993—2010年智利税收结构变化

	1993年	1996年	1999年	2002年	2005年	2008年	2009年	2010年
所得税(%)	23.4	23.6	22.6	27.8	30.8	29.5	27.3	28.4
增值税(%)	49.2	48.5	50.1	49.5	47.8	48.0	52.4	47.2
特殊商品税(%)	9.6	9.8	12.3	12.4	10.0	7.3	9.8	9.2
行为税(%)	3.4	3.8	4.2	4.4	4.1	3.0	0.5	1.1

续表

	1993年	1996年	1999年	2002年	2005年	2008年	2009年	2010年
关税(%)	12.6	11.7	10.6	6.5	2.9	1.9	1.3	1.5
杂税(%)	1.3	1.3	0.9	1.3	1.6	1.0	2.7	1.2
债务浮动(%)	-1.2	-1.3	-1.8	-2.0	-1.7	-0.8	-0.7	-0.5
净税收收入(%)	98.3	97.4	98.9	99.9	95.6	90.0	93.2	88.1
国外转移支付(%)	1.6	2.0	1.1	0.1	4.5	10.0	6.9	12.0
税收总收入(%)	99.9	99.3	100.0	100.0	100.1	100.0	100.1	100.0
非税账户(%)	0.1	0.7	0.0	0.0	-0.1	0.0	-0.1	0.0
税收总收入+非税收入(%)	100.0	100.0	100.0	100.0	100.0	100.0	100.0	100.0

资料来源：Servicio de Impuestos Internos de Chile（SII）：http://home.sii.cl/.

(二) 两大税种：增值税和所得税

增值税是针对商品和服务就其实现的增值额征收的税种，属于间接税，其征收原则是：经济效率、广泛覆盖和税收中性，因此较少顾及公平的原则。1974年之前智利在商品和服务领域所实施的是营业税，征收效率低。在新自由主义理论的指导下，1974年智利开始设立增值税并逐渐替代营业税，从而有效扩大了税基，增加了税收收入。70年代后期智利增值税收入已占到GDP的8%，与拉美国家2.9%的平均水平形成鲜明对比。目前，增值税是智利税收收入以及财政收入的主要源泉。智利税务局(SII) 2005年对智利增值税的情况加以研究并进行了国际比较。研究发现，智利增值税几乎占到税收收入的一半和GDP的8.7%，这在拉美国家中处于最高水平；相比而言，OECD国家增值税收入也较高，在GDP中占有相当的比重（6.5%），然而却只占到税收总收入的1/5，这可以看出智利其他税种收入的乏力，也印证了有的学者所指出的"拉美国家对增值税普遍存在的'半疯狂'依赖状态"（表5—2）。

表5—2　　　　　2004年前后部分国家增值税的比重　　　　　单位：%

	占税收总收入的比重*	占GDP的比重
7国集团平均	16.8	5.2
其他15个OECD国家平均	20.5	6.5

续表

	占税收总收入的比重*	占 GDP 的比重
智利	48.2	8.7
拉美国家平均	33.0	5.8
亚太 4 个国家平均	15.4	2.8

注：*指的是中央政府税收总收入，含社保基金。

资料来源：Patricia Pavez："Un Analisis del IVA en Iberoamérica a Través de la Experiencia Chilena"，2005，Servicio de Impuestos Internos de Chile（SII）：http：//home. sii. cl/，p. 24.

7 国集团指德国、加拿大、美国、法国、意大利、日本、英国。亚太 4 个国家指韩国、印度尼西亚、马来西亚、新加坡。

  研究还指出，智利增值税收入高主要有三个原因：第一，由于免税项目非常有限，因此税基相对较宽。智利增值税遵循"目的地原则"，即只对国内消费的商品和服务征税（无论进口的还是国内生产的），而对出口的商品和服务实行完全免税或零税率。对于医疗服务、教育服务、金融服务实行部分免税，对于公共交通、购房和文化活动实行减税。与其他拉美国家和 OECD 国家相比，智利免税的项目相对较少。第二，税率单一且水平较高使得增值税税收收入高。2003 年底智利开始对所有商品和服务实行 19% 的统一增值税税率，对酒、奢侈品和豪华汽车等额外征税。19% 的税率相对于拉美平均的 16.2% 和 OECD 国家平均的 18% 而言处于较高水平。此外，世界上像智利这样实行单一增值税税率的国家较少，发达国家有加拿大、英国、澳大利亚等，拉美有玻利维亚、秘鲁等。第三，逃税漏税程度较低，有利于保持税收收入。

  所得税是对企业和个人纯所得征收的税种，其经济效率虽不及增值税，但由于其属于直接税，税负不可转嫁，因此对于收入分配有较为明显的直接调节作用。像大多数国家一样，智利也实行分类所得税制与综合所得税制相结合的课税制，即首先对收入进行分类课税。在这一阶段分为两个级别，第一级别是对资本所得课税，2012 年税率调至 20%（之前为 17%）。第二级别是对劳动所得课税，课税对象为劳动者的工资、补充收入及养老金等，采用累进税率（表 5—3），按月由雇主进行申报。国有企业尤其是国有矿业企业在一定情况下还需要缴纳 40% 的附加税。在分类课税之后，每年对所有居民自然人的所有收入进行综合计算并补充课税

(税率同劳动所得税），并与已缴纳的税款进行抵免。而对于非居民的外国人寄回本国的侨汇，该综合补充税则替代为附加税（表5—4）。

表5—3 智利所得税法规定的劳动所得税和综合补充税边际税率

UTA*	0—13.5	13.5—30	30—50	50—70	70—90	90—120	120—150	150 以上
边际税率	免税	5%	10%	15%	25%	32%	37%	40%

注：* UTA 为年课税单位，按照通货膨胀调整，2007 年 12 月每单位约等于 840 美元。

资料来源：Michael Jorratt De Luis：*La Tributación Directa en Chile：Equidad y Desafíos*，CEPAL，Serie Macroeconomía del desarrollo，Santiago de Chile，2009，p.32.

表5—4 2009—2012 年智利所得税各组成部分占 GDP 的比重

	2009 年	2012 年
第一级别（资本所得）	3.3%	4.4%
第二级别（劳动所得）	1.3%	1.5%
综合补充税	-0.1%	-0.1%
附加税	1.9%	1.4%
国有企业 40% 附加税	0.0%	0.1%

资料来源：Servicio de Impuestos Internos de Chile（SII）：http://home.sii.cl/.

（三）税改趋势

随着全球化的发展，世界各国的税制改革在很多方面有着共同点。经合组织（OECD）在 2011 年对其成员国的税改趋势做了分析。其结论指出，该组织各成员国近年来的税制改革首先表现为税率变化。各国个人所得税法定最高税率平均由 1994 年的 49.3% 降至 2010 年的 41.5%，企业所得税法定税率由 2000 年的 32.6% 降至 2011 年的 25.4%（部分源自全球化带来的"税收竞争"，各国为吸引投资而降低企业所得税率），股息红利所得税率由 2000 年的 49.1% 降至 2011 年的 41%，而增值税标准税率则由 1990 年的 16.7% 上升至 2010 年的 18%。其次表现为扩大税基，减少免税和减税项目。以上两项改革带来的宽税基和低税率"有利于创造一种鼓励投资、风险承担和创业的财政环境，同时能增加税收总收入，减少税收对经济的扭曲,提高生产率"①。税改的第三个趋势为税收体系越来越公平、简化和透明。

智利是 OECD 成员国,其税制改革主要表现为税率变化。从图 5—1 中可以看出,1980—2007 年,个人所得税最高税率和关税率均大幅下降,分别由 60% 降至 40% 和由 20% 降至 6%;企业所得税率则由 10% 升至 17%,但仍低于 OECD 的平均水平(25.4%);增值税率经历了小幅下降后上升并维持在 19%,与 OECD 国家平均水平(18%)相近。总之,智利各主要税种的税率无论上升还是下降,作为 OECD 成员,其税率正在与其他成员国水平趋同。2012 年智利对部分税收政策作了新的调整,如将企业所得税率上调至 20%,同时下调个人所得税边际税率,最高收入段除外;对企业的教育支出(一定额度内)实行税收抵免等。

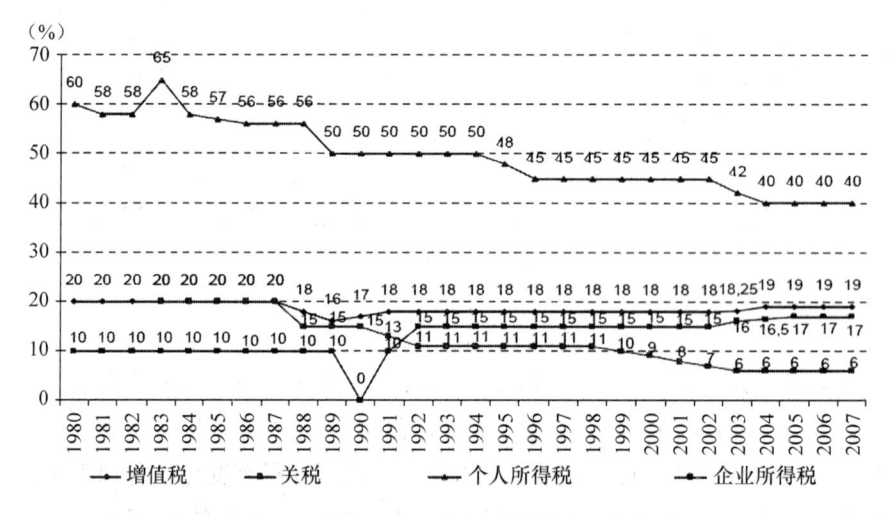

图 5—1 1980—2007 年智利各税种税率变化

资料来源:Michael Jorratt De Luis: *La Tributación Directa en Chile: Equidad y Desafíos*, CEPAL, Serie Macroeconomía del desarrollo, Santiago de Chile, 2009, p. 14.

二 税收结构对财政收入和收入分配的影响

正如本节开头所述,税收通过影响财政收入和直接参与再分配调节这

---

① Brys, B., S. Matthews and J. Owens: "Tax Reform Trends in OECD Countries", *OECD Taxation Working Papers*, No. 1, OECD Publishing, 2011, http://dx.doi.org/10.1787/5kg3h0xxmz8t-en, p. 15.

两条途径来影响收入分配。下文就分别分析智利目前的税收结构对财政收入的影响和对收入分配的直接影响。

(一) 税收结构对财政收入的影响

正如上文所言,税收是一个国家财政收入的主要源泉,其收入高低在很大程度上决定了国家是否有足够的财力用于社会支出,并通过转移支付等再分配手段调节收入分配。从表5—5 中可以看出,智利税收收入在其财政收入中的比重非常大,2011 年为76.8%,远高于拉美国家和OECD国家平均水平,因此智利税收收入的高低对国家财政收入的影响更大。然而,2011 年智利税收收入占GDP 的比重仅为18.9%,这导致其财政总收入占GDP 比重仅为24.6%。相比而言,OECD 国家税收收入占GDP 比重较高,为24.7%,而且由于其税收在财政中的比例较低(61%),因此其财政收入占GDP 比重高达40.5%。

表5—5　2000—2011 年部分国家税收收入和财政收入占GDP 的比重　　单位:%

	税收收入（不含社保基金）		税收收入+社保基金		财政总收入		税收占财政收入比重	
	2000 年	2011 年	2000 年	2011 年	2000 年	2011 年	2000 年	2011 年
阿根廷	18.1	27.4	21.5	34.9	25.0	38.0	72.4	72.1
巴西	23.0	26.0	30.1	34.8	32.5	38.3	70.8	67.9
智利	16.9	18.9	18.2	20.2	21.9	24.6	77.2	76.8
秘鲁	12.4	15.3	14.1	17.0	17.0	19.4	72.9	78.9
墨西哥	10.1	9.7	11.9	11.4	17.4	19.5	58.0	49.7
拉美19 国*平均	12.7	15.7	15.4	19.1	19.6	23.6	64.8	66.5
OECD34 国平均	26.3	24.7	35.2	33.8	41.4	40.5	63.5	61.0

注:* 不含加勒比地区国家。

资料来源:CEPAL: *Panorama Fiscal de América Latina y el Caribe: Reformas Tributarias y Renovación del Pacto Fiscal*, Santiago de Chile, 2013, pp.12 – 13.

可见,由于智利税收收入占GDP 的比重较低,因此在较大程度上影响了财政收入,限制了国家进行社会支出和再分配的能力。而导致智利税收收入较低的主要原因在于其税收结构仍不合理。

从表5—6 中可以看出,到2011 年,智利增值税仍是第一大税种,占到税收总收入的四成多。所得税经过十年的发展虽然份额增加较多,但仍屈居第二的位置。拉美其他国家的趋势与其相似。而与之形成鲜明对比的是，在 OECD 国家，所得税是第一大税种，而且份额是增值税的近两倍。总之，OECD 国家之所以税收收入较高，主要是因为所得税等贡献较大。因此，要提高智利的税收收入，就要提高以所得税为主的直接税的份额。

表 5—6　　　2000—2011 年部分国家各税种收入占 GDP 的比重　　　单位:%

	智利		拉美 19 国* 平均		OECD 34 国平均	
	2000 年	2011 年	2000 年	2011 年	2000 年	2011 年
税收收入（不含社保基金）	16.9	18.9	12.7	15.7	26.3	24.7
所得税	4.0	7.4	3.2	4.9	12.5	11.3
增值税	8.0	7.8	5.1	6.7	6.8	6.9
特殊商品税	2.0	1.4	1.9	1.6	4.2	4.0
关税	1.5	0.2	1.5	1.3	0.3	0.1

注:* 不含加勒比地区国家。

资料来源: CEPAL: *Panorama Fiscal de América Latina y el Caribe: Reformas Tributarias y Renovación del Pacto Fiscal*, Santiago de Chile, 2013, p.19; Servicio de Impuestos Internos de Chile (SII): http://home.sii.cl/.

（二）税收结构对收入分配的影响

税收不仅是国家财政收入的源泉，同时也是国家用于调节收入分配的主要手段之一。有学者于 2007 年对智利税收对收入分配的影响做了研究。研究认为，由于增值税最终由消费者负担，具有税收中性，因此对于收入分配具有累退性作用。其他税种也有一定的累退性，所得税具有累进性。而所有税负的总和则具有轻微的累退性，尤其对收入十分位中最贫穷群体非常不公。因此税收后的基尼系数甚至比税收前还高[①]，税收没有起到改善收入分配的作用，反而导致了收入分配恶化（表 5—7）。所得税的累进性对分配的改善效果之所以小于增值税等的累退性对分配的恶化效果，最

---

① 该研究者在前人的基础上增添了"个人在企业留存利润中的比重"这一因素，因此其研究得出的基尼系数比其他研究成果中的数值要高。研究者指出，由于企业所得税税率低，因此在企业所得税率（17%）和个人所得税最高边际税率（40%）之间形成了巨大差距，这一差距会刺激高收入群体将其个人收入转化为企业留存利润。如果忽视这一因素，会低估收入的集中程度和税收的再分配能力。

第五章　智利"包容性发展"的成效和问题　149

主要的原因在于智利所得税在税收中的比重偏低（正如前文所述）。该研究者认为，如果能够实行较为彻底的税制改革，通过扩大所得税税基和减少增值税相对份额来改变目前的直接税和间接税之间的比例关系，那么不仅能够维持税收总收入，还能够改善收入分配。据其估算，经过这样的改革后基尼系数可以由 0.5223 降低为 0.4879，而税收在再分配环节对改善分配的贡献率将达到 42.4%（公共支出贡献率为 57.6%）。①

表 5—7　　　　　　　2007 年智利的税收对收入分配的影响

收入十分位[a]	收入分配（%）			税收负担（%）			
	税收前	税收后	税改后[b]	整体	增值税	所得税	其他税
1	1.02	0.75	1.02	20.54	11.51	1.27	7.76
2	2.44	2.27	2.66	13.62	7.54	1.07	5.01
3	3.34	3.22	3.66	13.23	6.57	1.32	5.35
4	4.47	4.44	4.98	11.69	5.91	0.93	4.85
5	5.14	5.12	5.72	11.87	5.75	1.03	5.09
6	6.15	6.19	6.82	11.99	5.56	1.4	5.03
7	7.94	8.06	8.79	12.21	5.34	1.72	5.15
8	10.46	10.62	11.29	14.4	5.17	3.63	5.61
9	14.88	14.98	15.27	18.61	5.28	7.49	5.84
10	44.16	44.34	39.8	28.52	3.47	20.5	4.55
整体	100	100	100	20.69	4.71	10.95	5.04
基尼系数	0.5223	0.5302	0.4879				
Q5/Q1[c]	17.04	19.64	14.95				

注：a. 收入十分位中，1 为最贫穷群体，10 为最富有群体。b. 此处为研究者设计建议的税收改革方案，并非实际施行的改革。c. 收入五分位中最富有群体与最贫穷群体收入之比。

资料来源：Michael Jorratt De Luis：*La Tributación Directa en Chile：Equidad y Desafíos*，CEPAL，Serie Macroeconomía del desarrollo, Santiago de Chile, 2009, p. 20.

可见，要改善收入分配，就应提高以所得税为主的直接税份额，从而降低以增值税为主的间接税的相对份额，但并不是要降低增值税的绝对收

---

① 详见 Michael Jorratt De Luis：*La Tributación Directa en Chile：Equidad y Desafíos*，CEPAL，Serie Macroeconomía del desarrollo, Santiago de Chile, 2009, pp. 19 – 21.

入。相反地，应扩大增值税税基，为增加税收总收入做贡献。此外，有学者指出，提高增值税收入的另一大贡献在于，其用于财政支出时所产生的累进性效应有时会大于其在征收过程中的累退性效应，即其对于公平有着正的"净效应"。研究者专门就"免除对食品的增值税对智利收入分配的影响"进行了研究。研究发现，由于食品支出在穷人的家庭支出中所占份额大于富人，因此穷人为食品支付的增值税在其家庭支出中份额也大于富人。但由于富人收入远大于穷人，因此富人为国家的食品增值税收入的贡献远大于穷人。该增值税收入用于国家转移支付后，收入五分位中最贫穷群体得到的收入是其当时食品增值税支出的三倍，而最富有群体的该收入只为其支出的 1/3。因此研究者认为如果免除对食品的增值税会恶化收入分配[①]。

三 提高税收收入并进而改善收入分配的政策选择

通过上文的分析可以发现，智利税收在影响收入分配的两条途径上均表现不佳。首先，作为财政收入的主要来源，智利税收收入占 GDP 比重偏低，因此限制了国家进行社会支出和再分配的能力。其次，税收作为收入再分配调节的直接手段，并未改善分配，反而轻微地恶化了分配状况。而导致这两方面均表现不佳的最主要的原因就在于智利税收结构仍不合理，其中最突出的问题是所得税的份额偏低。要提高所得税收入，需要从以下两方面努力。

首先，应提高个人劳动所得税收入。如表 5—4 所示，到 2012 年，智利所得税第二级别即劳动所得税收入仅占 GDP 的 1.5%，而 2010 年 OECD 国家的这一比重平均达到 8.4%。影响个人劳动所得税收入的主要有两个因素：边际税率和起征点。目前智利劳动所得税最高边际税率为 40%，与 OECD 国家平均的 41.5% 接近。2012 年又适当下调了除最高收入段以外的个人所得税边际税率。这样的税率安排既维持了对高收入群体税收不变，从而保证税收总收入不至于有大的下降，又适当减轻了中低收入者的税负，促进了公平。在边际税率基本保持稳定的情况下，起征点的水平就比较重要。目前智利个税起征点相对较高，与人均 GDP 持平（表

[①] 详见 Patricia Pavez: "Un Analisis del IVA en Iberoamérica a Través de la Experiencia Chilena", 2005, Servicio de Impuestos Internos de Chile (SII): http: //home. sii. cl/, p. 29.

5—8）。相比之下，OECD 国家的平均水平仅为人均 GDP 的 0.2 倍。起征点过高会使大批中等收入者免缴赋税，这样会缩小税基。而且，起征点水平越高，就越对低收入者失去意义。相反会对高收入者有益，因为其所对应的边际税率会降低①。这样不仅不能改善分配，还会加大收入差距。因此，智利应在目前的基础上适当降低个税起征点，从而促进税收收入的增加并促进公平。另外，最高边际税率适用收入水平也不宜过高，因为这同样会减少征税对象，缩小税基。从表 5—8 中可以看出，智利个人所得税最高税率适用收入水平为人均 GDP 的 11.2 倍，不仅远高于阿根廷、巴西、墨西哥等国，也高于拉美平均水平。

表 5—8 2010 年拉美部分国家个人劳动所得税最低和最高税率适用的收入水平
（人均 GDP 倍数）

	阿根廷	巴西	智利	哥伦比亚	墨西哥	拉美平均
起征点	0.3	1.1	1.0	2.8	0.5	1.4
上限	3.7	2.7	11.2	10.7	3.4	9.1

资料来源：CEPAL：*Panorama Fiscal de América Latina y el Caribe*：*Reformas Tributarias y Renovación del Pacto Fiscal*, Santiago de Chile, 2013, p. 29.

其次，应提高企业所得税收入。要实现这一目的可以通过两条途径。第一，适当提高企业所得税税率。2005—2011 年，智利企业所得税税率为 17%。有学者研究后指出，由于智利企业所得税并非按照应计所得计税，因此实际缴纳的税率仅为 15.2% 左右，这使得企业所得税和个人所得税之间形成了巨大的不对称（后者按照应计所得缴纳）和横向的不公平。此外，由于企业所得税税率低，因此企业所得税率（17%）和个人所得税最高边际税率（40%）之间形成了巨大差距，这一差距会刺激高收入群体（企业主等）将其个人收入转化为企业留存利润，以更低的税率缴税，从而加剧不公平。因此研究者建议将企业所得税率提高至 20%—25%，这样不仅能增加税收收入，而且能减少不公平的发生②。

---

① 详见经济学家华生的博客，2011 年 4 月 29 日：http://blog.sina.com.cn/s/blog_48e91e520100qwtf.html。

② 详见 Michael Jorratt De Luis：*La Tributación Directa en Chile*：*Equidad y Desafíos*，CEPAL, Serie Macroeconomía del desarrollo, Santiago de Chile, 2009, pp. 58 – 59.

2012年，智利已将企业所得税率升至20%。这一税率已与OECD国家的平均水平（25.4%）更加接近。

第二条途径是扩大企业所得税税基。2003—2008年全球经济增长期间，由于国际初级产品价格的上涨，智利铜矿业利润攀升，因此智利企业所得税收入上升较快。在这一因素导致的上升阶段过去之后，智利面临着继续扩大税基的任务。具体方式有：减少免税项目等优惠措施，限制免税区，改革面向外国人的国际税负规定；对资产、财产以及股息红利等收入征税"最低税负"[①]（目前拉美主要国家中，巴西、智利、玻利维亚、委内瑞拉等国仍未征该税种）；控制逃税漏税等。

在增加所得税收入的同时，还应增加另外一种直接税——财产税的收入。财产税在各国税收收入中所占份额一般较小，但由于其采用累进税率，因此有利于改善收入分配。此外，由于在所得税税基中排除了很多种收入，因此财产税是对其的有益补充。财产税中最常见的有遗产及赠予税和土地税两种。遗产及赠予税的征收对象为转移性财产，在智利由中央政府征收，采用累进制税率，按照财产价值以及死者/赠予者与继承者/被赠予者之间的亲疏远近关系由1%到35%累进，财产价值越高、关系越远则税率越高。土地税也称不动产税，征收对象为房地产等不动产，在智利虽由中央机构管理并征收，但却被纳入地方政府收入。农业不动产在一定价值（根据通胀情况每半年调整）之上按1%税率征收土地税，而非农业居住性不动产在一定价值之上按1%—1.2%的累进税率征收。除以上两种常见的税种外，财产税还包括金融交易税和净财产（或称净财富）税。表5—9显示了各国财产税的结构特征。从中可以看出，智利财产税总收入仅占GDP的0.71%，不仅远低于OECD国家水平，也低于拉美主要国家水平。其中主要为不动产税（0.5%）、遗产及赠予税份额较少（0.04%），此外，与拉美其他国家不同的是，智利金融交易税比例较低（0.18%）。而智利这三者之间的比例关系与OECD国家平均水平相似。

[①] 最低税负（impuestos mínimos，英文为：Alternative Minimum Tax, AMT）制最早由美国于1969年提出，是针对高收入者过度利用租税优惠规避税负而采取的一种惩罚性措施，最低税负制将一些对企业或富人有利的减免优惠还原应成纳税的税基，从而可以有效扩大税基并控制逃税。

表 5—9　　　　　　2010 年部分国家财产税占 GDP 的比重　　　　　　单位：%

	不动产	净财产	遗产及赠予	金融交易	不定期税种	其他定期税种	全部财产税
阿根廷	0.35	0.36	—	2.31	—	—	3.02
巴西	0.42	—	0.06	0.82	—	0.55	1.85
智利	0.50	—	0.04	0.18	—	—	0.71
哥伦比亚	0.58	0.36	—	0.59	—	—	1.54
秘鲁	0.20	—	—	0.32	—	—	0.52
拉美 15 国平均	0.32	0.23	0.02	0.37	0.01	0.10	0.83
西班牙	0.88	0.01	0.23	0.76	0.16	0.01	2.05
美国	3.03	—	0.14	—	—	—	3.17
OECD 34 国平均	1.05	0.16	0.12	0.42	0.02	0.01	1.77

资料来源：CEPAL：*Panorama Fiscal de América Latina y el Caribe*：*Reformas Tributarias y Renovación del Pacto Fiscal*, Santiago de Chile, 2013, p.33.

要提高财产税收入，首先应增加对不动产的税收。第一要扩大税基。据统计，智利有 66% 的不动产享受完全的免税待遇，这极大地缩小了税基。第二要完善税收制度。据拉美经委会研究，限制不动产税收的主要原因有：土地登记制度覆盖率低；对不动产价值的低估；由于缴税信息不畅通、过程不便利、监管不严导致的缴纳拖欠；高的"可见性"等[1]。改善这些方面能够有效提高不动产的税收。其次应适当增加金融交易税收入。阿根廷、哥伦比亚等国的经验证明，对一般账户中贷款等资金流动征税能够在短期内有效增加税收。

以上是通过提高所得税和财产税等直接税种收入来增加国家财力并促进收入分配改善的对策。除此之外，简化税收体系和手续也是达成这些目标的有效途径。智利税务局研究指出，烦琐的税收手续会将一部分纳税人排斥在税收体系之外，从而影响税收收入。另外，由于高收入群体拥有更

---

[1] CEPAL：*Panorama Fiscal de América Latina y el Caribe*：*Reformas Tributarias y Renovación del Pacto Fiscal*, Santiago de Chile, 2013, pp.32-33. "可见性"指的是，如果地方政府要重新评估不动产价值，需要得到中央或地方议会的法律授权，而议会往往不愿意授权提高不动产价值，因为市民会认为这是一种政治行为，没有法律依据。这种"可见性"会导致强大的政治压力，迫使政府作出税收优惠，从而影响税基和税收收入。

为便利的信息和途径，从而可以利用烦琐手续的漏洞来逃税，因此烦琐的税收手续会带来税收的横向不公平，还会对经济造成扭曲并导致低效①。

第二节 社会保障制度及其对收入分配的影响

在社会保障领域，国家一般通过两条途径进行再分配来促进收入分配的结果公平：第一是在养老保险和医疗保险等领域通过财政支出对低收入群体等进行补贴，第二是在社会救助领域通过财政转移支付对特定弱势群体进行直接补贴。就智利而言，第一条途径特别体现着效率和公平的结合：在拉美地区，智利是社会保险私有化实施较早和较彻底的国家，市场化运作较为充分，效率也较高，但同时不可避免地会影响公平。因此，国家发挥作用从而在一定程度上弥补这一不公平并在效率与公平的关系中处理好分寸就显得尤为重要。

本节首先介绍智利现行的社保制度以及20世纪90年代以来促进社保公平的政策，其次分析社保制度对收入分配的影响，最后思考在社保领域国家如何进一步通过再分配来促进公平。

一 现行社保制度及促进社保公平的政策

智利是拉美国家中较早建立社会保障制度的国家之一，其社保制度始于20世纪20年代。直到70年代初，智利的社保制度仍然在拉美国家中处于先进水平。

社会保障体系包括缴费型的社会保险和非缴费型的社会救助。20世纪70年代末80年代初，为提高经济效率，减轻财政负担，智利对社会保险制度实施了私有化改革，逐渐形成了完全私有化的养老保险制度和公私混合的医疗保险制度，并延续至今。国家一方面对这两个保险体系进行财政补贴，另一方面利用财政转移支付为特定的贫困和弱势群体提供社会救助。此外，20世纪90年代以来还实施了一系列促进社保公平的政策。下面就分别介绍智利现行的养老保险制度、医疗保险制度和社会救助制度以及相应的公共政策。

---

① Patricio Barra: "Simplicidad de los Sistemas de Imposición. El Caso de Chile", 2006, Servicio de Impuestos Internos de Chile (SII): http://home.sii.cl/, pp. 3–4.

(一)养老保险制度

20世纪70年代之前,智利的养老金制度在拉美国家中处于先进水平,其覆盖面广,且保障程度高。然而,传统的公共管理的现收现付制养老金制度(INP,因其由"养老金规范委员会(INP)管理而得名)也存在诸多弊端。首先,制度碎片化,条块分割,分层严重,不同的社会阶层和群体享受不同水平的待遇,因此造成了严重的不平等。其次,由于现收现付制是由工作的人缴费来为同期退休的人提供养老金的,因此在人口老龄化或经济不景气时会造成养老金收不抵支,从而给国家财政带来沉重负担。最后,养老金由公共部门管理以及制度碎片化导致管理成本极高,政府相关机构臃肿且效率低下。

1981年,智利在拉美国家中率先开展了激进的养老金私有化改革,建立了崭新的养老金制度(AFP,因其由私营的养老基金管理公司(AFP)管理而得名)并沿用至今。改革主要措施为:1)将现收现付制改为完全的个人积累制,职工将月工资的10%每月存入其个人账户,作为其未来养老金储蓄。企业无须再为职工缴费。2)1981年5月后新入职的正规部门雇员必须参与新制度,而自我就业者和非正规部门人员可自愿选择是否参与。旧制度下的参保人可自愿选择是否转入。3)养老基金不再由公共部门收缴管理,而是由经政府批准成立的私营养老基金管理公司(AFP)负责收缴管理。公司将养老金用于投资以使其保值增值。4)各私营养老金公司之间充分竞争,参保人可根据其效率和服务质量对其进行自由选择。而国家对这些私营公司进行监督管理,并对养老基金投资的风险进行防范。

到21世纪初,旧制度已基本实现了向新制度的完全转换,参保人已基本全部加入新制度。另外,除军队外,全国养老金制度基本统一,不再存在条块分割现象。国家卸掉了沉重的管理包袱,但国家在新制度下仍然有着较重的财政负担:1)为旧制度覆盖下的人员支付养老金。2)为转入新制度的职工管理并支付"认购券",以保证其在旧制度下缴纳的费用可用于其养老金支付(前两项负担为临时性)。3)为军队支付养老金。4)对于新制度下最低缴费密度(20年)的参保人,国家负责向其支付最低养老金(GEPM,属于国家转移支付)。5)为贫困人口提供救助性养老金(非缴费型)。

(二)医疗保险制度

智利传统的医疗保险体系是由国家管理并统筹的。1979年军政府开始进行医保制度改革,引入私营医保体系,私营医保机构(ISAPRES)既可以参与强制性缴费体系,与由国家管理的"国家健康基金"(FONASA)共同构成国家统筹资金的公共医保体系,也可以自由经营非强制性缴费的医疗保险业务。到20世纪80年代,智利基本形成了公共管理和私营管理共存的医保体系。其中,公共医保体系的融资来源首先为参保人的强制性缴费,包括参与FONASA和ISAPRES的参保人缴纳的费用以及工伤互助强制性缴费,其次为国家财政的补贴。这些资金由国家统筹并支出。私营医保体系的融资来源完全为个人自费,其中包括个人在ISAPRES强制性缴费费率基础上自愿追加的缴费以及非强制性保险缴费。从表5—10中可以看出,公共体系在整体医疗支出中占主要部分(67.1%),其中,来自FONASA和ISAPRES的资金比例相差不多,而国家财政补贴所占的比例非常大。

表5—10　　　　2005年智利医疗保险体系账户出资比例　　　　单位:%

公共体系					私营体系				整体
财政直接补贴		强制性缴费			自费				
国家财政	地方财政	FONASA	工伤互助	ISAPRES	ISAPRES自愿缴费	医疗费用	药品费用	其他直接	
27.2	1.6	17.4	5.1	15.8	6.7	9.5	13.0	3.8	100

资料来源:Rafael Urriola Urbina:"Financiamiento y Equidad en Salud: el Seguro Público Chileno", *Revista de la CEPAL* 87, dic. de 2005, p. 63.

智利公民参与医疗保险的渠道主要有三条:中低收入者一般参与FONASA(缴费比例较低,一般为工资的7%),高收入者一般参与ISAPRES(缴费比例一般高于前者),军人等特殊职业者参与专门的保险体系。从图5—2中可以看出,1998—2010年,参与FONASA的人员比例逐年上升(从60.5%升至74.1%),而参与ISAPRES的人员比例逐年下降(从24.4%降至16.5%),其他人员比例则由15.1%降至9.4%。

文人政府执政以来专门推出一系列公共医疗计划来减少医疗不平等。首先是"医疗贷款"计划(Préstamos Médicos)。所有在FONASA中缴费的参保人均可申请由该基金提供的专项医疗贷款,可用于支付全部或部分医药费用。该贷款主要面向弱势群体:低收入者申请的贷款总额占到全部贷款的80%以上,而退休人员中也有八成的人申请了该贷款。因此该计划有较强的公平效应。其次是"大病保险"计划（Seguro Catastrófico）。近年来随着疾病特点的复杂化和治疗的专业化，医疗成本不断增加，而且预约等候时间也不断拉长。因此 FONASA 的"大病保险"计划可以使患者在治疗心血管病、艾滋病、器官移植等大病时利用保险进行全额支付，而且能够缩短并确定预约等候时间，服务质量也得到改善。这有效地保护了中低收入者，使其不至于因病致贫返贫。在这种情况下，私营保险机构也不得不参照 FONASA 的模式来增加保险范围内的大病种类，以留住顾客。最后是"老年人计划"（Programa Adulto Mayor）。老年人虽然有着更大的健康风险，但由于退休金水平低，因此医保缴费能力低，医疗支付能力也低。"老年人计划"使 65 岁以上老年人无论收入高低都可以在 FONASA 的"制度性治疗模式"下享受完全免费的医疗服务。2005 年智利还开展了"AUGE 计划"，即"有明确保障的全面覆盖医疗计划"（Plan de Acceso Universal con Garantías Explícitas），其四大原则是注重效率（优先解决重大医疗问题），注重机会（限定看病预约等候时间），注重质量（医疗过程标准化）和注重公平（全面覆盖）。该计划特别关注医疗服务的效率以及从医院设施和人员方面保证提供高质量的医疗服务。

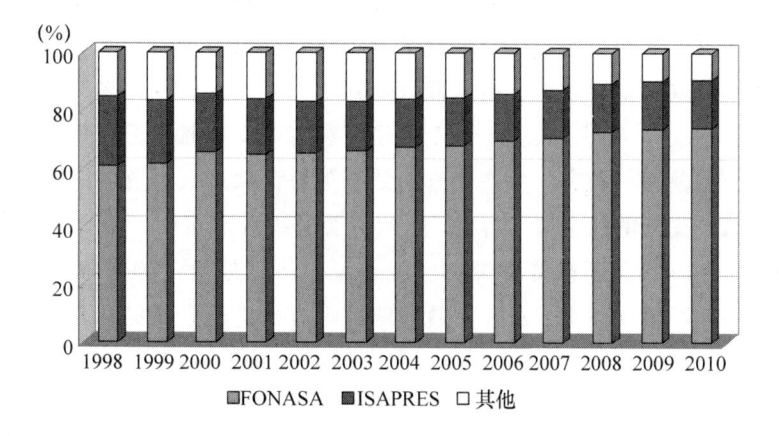

图5—2　1998—2010 年智利医疗保险体系受益者构成变化

资料来源：作者根据以下数据绘制：Banco Central de Chile: *Indicadores Económicos y Sociales Regionales de Chile*（1980 – 2010）.

（三）社会救助制度和有条件转移支付政策

由国家财政转移支付提供的非缴费型社会救助是对个人缴费型社会保

险的重要补充，其目的是为无力缴纳社会保险的低收入群体或弱势群体提供救济性生活保障。20 世纪 80 年代，智利军政府在对社会保险领域进行私有化、市场化改革的同时，在社会救助领域开始建立为长期贫困群体以及受到市场经济负面影响的群体提供直接补贴的社会救助网。此时形成的对受助者进行目标定位的两个主要工具是"家庭社会经济特点（CAS）信息卡"和"社会经济特点调查"（CASEN）。1990 年恢复民主后，艾尔文政府开始加大社会政策力度，建立起一批专门机构和社会项目来解决城乡贫困人口、妇女、土著居民、老人、儿童和残疾人问题。其中最重要的机构有"国家规划部"（MIDEPLAN，后更名为"社会发展部"，专门负责制定根除贫困和救助上述群体的社会政策）和"团结和社会投资基金"（FOSIS，致力于消除贫困）。之后的弗雷政府出台"全国消除贫困计划"和"智利城市计划"来减少贫困。经过这些努力，1990—1996 年，智利贫困人口比例从 38.6% 下降到 23.2%，而赤贫人口从 12.9% 下降到 5.7%，效果明显。然而 1996—2000 年五年间，上述两项降幅开始减小：贫困人口从 23.2% 减少到 20.6%，而赤贫人口则维持在 5.7% 不变。

2000 年上台的拉戈斯政府认为，90 年代后半期的减贫效果尤其是减少极端贫困的效果之所以不如以前，是因为社会政策及其工具没有或仅仅部分地触及了贫困群体，单纯地给予其经济资助是不够的。政府认为，极端贫困是多重因素导致的，收入低只是其中一个因素，除此之外还有：面对疾病、事故、年老、失业、周期性经济衰退等困难时缺乏有效的社会保护；由于在健康、教育、生产率方面处于劣势而缺乏人力资本；缺乏获得公共或私人支持的社会资本等①。因此，要解决极端贫困，需要推出包含经济资助在内的全面扶持政策，也就是说，不仅要给予赤贫家庭经济资助，更要鼓励其在教育、医疗、就业能力等方面进行全面提升，从而使其自主地具备长期克服贫困的能力。在这样的背景下，2001 年，拉戈斯政府推出了旨在为贫困家庭提供社会保障的"团结的智利计划"（Chile Solidario/CHS），在这一体系内，又于次年提出"连接计划"（Programa Puente，"puente"意为"桥梁、连接"，即为在赤贫家庭及其应享有之权利之间连接起一座桥梁），专门面向 22.5 万户赤贫家庭。该计划通过上述

---

① Dagmar Raczynski: *Sistema Chile Solidario y la Politica de Proteccion Social de Chile – Lecciones del Pasado y Agenda para el Futuro*, IFHC, CEPLAN, Santiago de Chile, 2008, p. 9.

CAS 和 CASEN 两项家计调查工具对受助家庭进行目标定位，定位标准不仅参考其收入水平，更注重考查其教育、居住水平等基本条件。最后被确定下来的受助家庭须与政府签订合同，承诺积极参与该计划，与政府一起努力以达到计划设定的 53 项涵盖医疗、教育、就业等七个方面的旨在克服极端贫困的基本条件。"连接计划"分为四个部分：1) 由专业人员上门进行宣传教育并进行社会心理辅导，增进与这些弱势群体的感情。2) 分 24 个月向赤贫家庭发放家庭社保券，金额每半年递减。3) 向赤贫家庭发放传统的现金补贴，包括面向学龄儿童、未成年人、孕妇、老年人、残疾人的传统的现金补贴项目。4) 赤贫家庭成员参与各项社会促进计划，包括劳动培训、教育、戒毒、克服家庭暴力等。

由此可见，"团结的智利计划"和"连接计划"与拉美许多国家近年来开展的有条件现金转移支付政策在理念上是一致的，属于同一类型的社会救助计划。这类政策旨在让家庭与国家一道承担起减贫的责任，其目的"不仅是在短期内减少贫困，更要控制未来的风险：要在长期内改善人力资本，从而消除和超越贫困"[①]。之所以存在未来的风险，是因为穷人在危机发生时通常会采取一些不得已的措施（如让孩子辍学）来应对不利的局面，这在客观上就不可避免地影响了人力资本的提升并增加了代际贫困传递的可能性。有条件现金转移支付政策在控制这一未来风险方面被证明是有效的。

二 社保制度对收入分配的影响

在拉美地区，智利是社会保险私有化实施较早、较彻底的国家，因此市场化程度较高，经济效率也较高。但相对于传统的社会保险制度，私有化社会保险制度不可避免地会在一定程度上损害公平。而社会救助则可以起到一定的促进公平的作用。下面就分别分析智利现行养老保险制度、医疗保险制度和社会救助制度对收入分配的影响。

（一）养老保险制度

智利养老金制度改革后，人们主要关注的是其对经济效率、政府财政平衡的作用，而对其对收入分配的影响关注较少，因为很多学者认为它所

---

① Pablo Villatoro: "Programas de Transferencias Monetarias Condicionadas: Experiencias en América Latina", *Revista de la CEPAL* 86, ago. de 2005, p. 88.

产生的影响是中性的。那么以下就从覆盖率、缴费密度和替代率等方面分析智利现行缴费型养老金制度对收入分配的影响。

养老金制度对收入分配影响的第一个重要方面是其覆盖率，因为参与制度的人越多，年老后面临风险的人就越少，对贫困率和收入分配的不利影响也越小。经常用于体现覆盖率的指标之一是实际覆盖率，即该制度中缴费人占劳动力人口的比例。图5—3显示，到改革前的1980年，智利公共管理的现收现付制养老金制度（INP）实际覆盖率较1975年出现大幅下降。1981年改革后，新的私有化养老金制度（AFP）逐年替代旧制度，而实际覆盖率在经过短暂下降后开始逐年上升，到1997年基本恢复到1975年的水平，后经过反复，到2008年再次达到一个较高的水平。

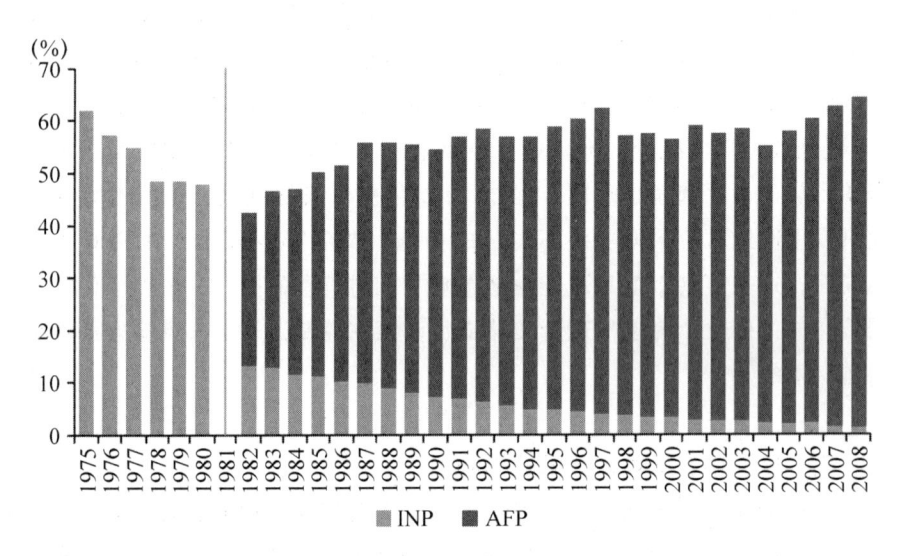

图 5—3　1975—2008年智利养老金制度改革前后实际覆盖率（缴费人口占劳动力人口的比例）的变化

资料来源：Superintendencia de Pensiones de Chile: *El Sistema Chileno de Pensiones*, Séptima Edición, Santiago de Chile, febrero 2010, p.144.

1982年新制度实施之初之所以会出现覆盖率较改革前有所下降的情况，主要原因在于：在旧制度下职工为养老金缴纳的费用占工资的比例较低，而且由所在企业参与缴纳，所以负担较小。而在新制度下，改为完全由职工进行缴纳，且缴纳费用占工资的比例较高（10%），因此职工的缴费负担变重了。由于自我就业者和非正规部门人员并非强制缴纳，因此这部分人中绝大多数收入低的人员就会倾向于不缴纳，从而在实际上被排除在了养老金制度之外，这导致了养老金整体覆盖率降低。之后，随着贫困率的降低，越来越多的职工因缴费能力增加而重新加入养老金制度，因此覆盖率有所回升。

以上是覆盖率的整体状况。具体到不同性别、收入和劳动关系的群体状况，则可以看出他们之间的差距。表5—11显示了从1986年到2004年智利各群体养老金就业覆盖率（缴费人口占就业人口的比例）的变化。18年间，女性和男性的覆盖率均有较大增幅且增幅相当，女性覆盖率始终大于男性；不同收入群体中，越富有的群体养老金覆盖率增幅越大，最低收入群体覆盖率则出现下降趋势，因此各收入群体间的覆盖率差距逐年拉大；从劳动关系角度看，签订合同的劳动者由于缴费带有强制性且收入相对稳定，因此覆盖率不断上升，而无签订合同的劳动者主要为非正规就业人员，收入少且参保意愿低，因此覆盖率下降明显，两者的差距逐年拉大。

表5—11　1986—2004年智利各群体养老金就业覆盖率（缴费人占就业人口的比例）的变化　　　　　　　　　　　　　　　　　　　单位:%

年份	性别		收入五分位（Ⅴ为最富群体）						劳动关系	
	女性	男性	Ⅰ	Ⅱ	Ⅲ	Ⅳ	Ⅴ	平均	有合同	无合同
1986	42.4	37.1	—	—	—	—	—	—	63.3	12.2
1988	44.3	40.2	—	—	—	—	—	—	66.0	10.5
1992	49.3	46.1	51.8	58.7	60.7	63.3	66.5	60.9	71.3	8.1
1996	51.5	46.5	51.0	61.0	65.8	67.6	70.3	64.3	70.2	7.1
2000	56.2	48.5	43.4	57.3	64.2	67.8	71.9	62.6	73.7	7.0
2003	57.6	50.0	47.5	59.1	62.6	67.2	70.9	63.0	76.3	6.5
2004	55.1	50.0	—	—	—	—	—	—	75.0	5.4

资料来源：Alberto Arenas de Mesa, María Claudia Llanes y Fidel Miranda Bravo: *Protección Social Efectiva, Calidad de la Cobertura, Equidad y Efectos Distributivos del Sistema de Pensiones en Chile*, CEPAL, Serie Financiamiento del desarrollo, Santiago de Chile, 2006, pp. 19, 21, 30.

总之，智利缴费型养老金制度总体覆盖率在改革后经历了先下降后上升的过程，近年来已恢复到改革前的水平，因此对整体人群的再分配效应经历了先恶化后改善的过程。而具体到不同群体，女性覆盖率大于男性，说明在这方面女性面临的养老风险较小；而富裕群体和贫困群体之间以及正规就业者和非正规就业者之间的覆盖率差距越来越大，使低收入者和就业不稳定者面临更大的养老风险，对收入分配产生了非常不利的影响。表5—12显示，到退休时，不同收入群体中领取普通的缴费型养老金（缴费超过20年）的人口比例差距非常大，而五分位中最贫困的群体该比例尤其低，仅为17%。为了缩小这一差距，国家财政必须向低收入者转移支付救助性养老金（非缴费型），这有效地缩小了退休者之间的养老金覆盖率差距，从而有利于改善收入分配。

表5—12　2000年智利收入五分位养老金负债覆盖率（领取人占退休人口的比例）

单位:%

	收入五分位（V为最富群体）					
	I	II	III	IV	V	平均
普通养老金	17.0	40.4	50.3	54.7	54.8	45.3
最低养老金	6.2	11.1	12.1	13.5	10.7	11.0
救济性养老金	40.3	15.7	6.8	3.2	1.1	11.6
整体	63.5	67.2	69.2	71.4	66.7	67.9

资料来源：Alberto Arenas de Mesa, María Claudia Llanes y Fidel Miranda Bravo: *Protección Social Efectiva, Calidad de la Cobertura, Equidad y Efectos Distributivos del Sistema de Pensiones en Chile*, CEPAL, Serie Financiamiento del desarrollo, Santiago de Chile, 2006, p. 23.

养老金制度对收入分配影响的第二个重要方面是其缴费密度（个人缴费年限占其工作年限的比例），因为缴费密度越高，个人账户资金积累越高，退休后领取的养老金额度也就越高。智利2002年进行的社保普查（EPS）显示全国养老金缴费密度平均为52.4%，各年龄段密度不同：年龄越大，收入越高且养老防患意识越高，则缴费密度上升；到60岁左右时随着走向退休期而缴费密度下降。就不同群体而言，女性由于失业的可能性大、因需要照顾孩子和家庭而经常停止工作，因此缴费密度远低于男性；不同收入群体中，收入越高者缴费密度越高，且随着年龄段的上升差距逐渐拉大；从劳动关系角度看，签订合同的劳动者由于工作稳定因此缴费密度高于无签订合同者，且随着年龄段的上升差距逐渐拉大（表5—13）。

表 5—13　　　2002 年智利各群体及各年龄段养老金缴费密度　　　单位:%

年龄段	性别 女性	性别 男性	收入五分位（V 为最富群体）I	II	III	IV	V	劳动关系 有合同	劳动关系 无合同	平均
19—24	34.0	36.2	32.1	34.4	35.5	36.7	36.8	42.8	—	35.2
25—34	39.6	53.5	39.5	45.4	48.6	51.8	47.7	55.0	34.7	47.0
35—44	45.1	65.6	43.4	51.0	59.2	62.3	64.0	67.7	45.1	56.0
45—54	57.5	74.3	51.0	55.8	66.8	73.5	80.0	82.5	51.1	66.8
55—64	54.3	70.6	53.1	55.7	63.1	67.0	71.3	84.6	52.2	63.4
≥65	30.5	46.2	33.8	32.8	36.2	3.0	51.6	72.0	41.7	38.7
平均	43.8	59.8	42.7	46.7	52.6	56.8	60.8	65.8	45.1	52.4

资料来源：Alberto Arenas de Mesa, María Claudia Llanes y Fidel Miranda Bravo: *Protección Social Efectiva, Calidad de la Cobertura, Equidad y Efectos Distributivos del Sistema de Pensiones en Chile*, CEPAL, Serie Financiamiento del desarrollo, Santiago de Chile, 2006, pp. 25, 26, 33.

缴费密度直接影响养老金替代率（养老金金额占退休前收入的比例）。如果两个人在职时收入相差十倍，缴费密度相同，则在没有其他因素影响的情况下两者养老金替代率应相同，从而其养老金金额也应相差十倍，即退休后收入差距没有拉大。然而由于收入越高者缴费密度越高，因此高收入者养老金替代率要高于低收入者，这导致两者在职时的收入差距在退休后领取养老金时会扩大（表 5—14 显示，由 8.6 倍扩大为 13 倍）。就性别而言，无家庭负担的男性缴费密度高，从而替代率也高；女性由于缴费密度远低于男性，因此替代率低；而且女性预期寿命要长于男性（2005—2010 年，65 岁退休的女性预期寿命为 85.38 岁，而男性为 82.03 岁），因此新的私有化制度出于降低成本的目的会使女性的替代率进一步降低。

表 5—14　　　智利不同收入者养老金替代率及养老金差距

参保人	替代率（%）7UF*	替代率（%）60UF	收入为 60UF 和 7UF 者养老金相差的倍数
65 岁退休男性（无负担）	36	53	12.97
65 岁退休男性（有负担）	29	44	12.97

续表

参保人	替代率（%）		收入为60UF和7UF者养老金相差的倍数
	7UF*	60UF	
60岁退休女性	21	31	13.00
65岁退休女性	31	46	12.97

注：* UF为收入单位，约相当于28.5美元。

资料来源：Alberto Arenas de Mesa, María Claudia Llanes y Fidel Miranda Bravo：*Protección Social Efectiva, Calidad de la Cobertura, Equidad y Efectos Distributivos del Sistema de Pensiones en Chile*, CEPAL, Serie Financiamiento del desarrollo, Santiago de Chile, 2006, p. 46.

综上所述，在新的养老金制度下，由于缴费额度高，个人负担重，因此低收入者和非正规就业者覆盖率低，面临更大的养老风险；此外，这些群体的缴费密度低，从而替代率低，因此他们与高收入者和正规就业者的收入差距在退休后扩大了。就性别而言，女性虽然覆盖率高，但由于缴费密度低于男性，预期寿命长，因此替代率低，尤其是退休较早（60岁）的女性替代率更低，退休后损失更大。由此可见，新的私有化养老金制度对收入分配的影响并不是中性的，它不仅复制了劳动力市场上存在的不平等，而且进一步深化了这种不平等，加大了收入差距。相比之下，旧制度虽然使少数人享有特权，但由于其具有社会共济的特点，因此有着一定的累进性再分配效应。另外，新制度下的财政负担曾被低估了。财政必须分别为最低缴费密度（20年）的人和缴费不足20年的人提供最低养老金和救助性养老金。个人缴费越高，国家负担越小。而调查发现全国整体缴费密度并不像过去估计得那么高（如45%的妇女缴费不足20年），因此财政负担仍然很重（据智利财政部估计，到2020年最低养老金支出将是2004年的5倍）。

（二）医疗保险制度

智利由公共和私营管理机构组成的混合型医保体系有其明显的优点。首先，混合型模式有效地促进了市场竞争，这不仅对公、私机构的医疗支付水平差异起到了一定的平衡作用，也促进了公共机构的现代化，使更多的人愿意选择公共机构。其次，引入私营机构后，在强制性缴费基础上增加了大量的自愿性追加缴费，这使得这一部分参保人所接受的医疗服务水平明显提高。最后，这一模式有效地促进了国家一般医疗基础设施的改善。

在这样的混合型模式下，经过几十年的发展，智利医疗保险整体覆盖率显著提高：1990年时，智利10%的人口（157万）没有参与任何医疗保险，到 2011 年，这一比例下降到 2.6%（43 万）。这说明绝大多数的人口不需要依赖国家的救济，而是主要通过自己的保险缴费来减少未来的健康风险，尤其是中低收入者不至于轻易因病致贫返贫。因此可以说医保制度的发展在整体上对收入分配起到了积极的作用。

以上是混合型医保模式的优点及其对收入分配改善的促进作用。然而从医保体系的结构方面来看，该模式对收入分配的改善则产生了一定的不利影响。正如上文所述，由国家管理的公共机构 FONASA 所占比重逐年上升，覆盖了大部分中低收入者；而私营的 ISAPRES 所占比重逐年降低，主要面向高收入者。图 5—4 也显示了这一贫富差异：女性收入相对较低，因此更多地选择 FONSASA，而男性更多地选择 ISAPRES；城乡差别则更为明显，农村地区选择 FONASA 的比例要远高于城市地区。表 5—15 显示了按年龄段和收入水平统计的覆盖率。从年龄段来看，少年儿童和老年人患病的风险一般更大，因此倾向于被私营机构排斥，尤其是老年人，其加入 ISAPRES 的比例仅是青壮年人的一半，这主要源于私营机构为降低自身风险而做出的逆向选择。从收入水平来看，收入越低的群体选择公共机构的比例越高，最贫穷的 1/5 群体几乎全部选择 FONASA，而最富有的 1/5 群体选择公、私机构的比例持平，均为 46%。

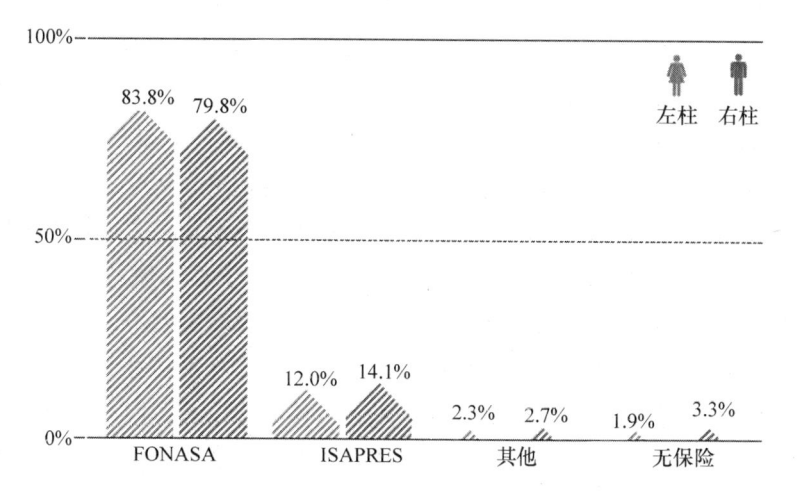

图 5—4　2011 年智利医疗保险覆盖率（按性别和城乡统计）

资料来源：Ministerio de Desarrollo Social de Chile：*Informe de Política Social* 2012, www.ministeriodesarrollosocial.gob.cl, pp. 96, 98.

表 5—15　2011 年智利医疗保险覆盖率（按年龄段和收入五分位统计）

	年龄段					收入五分位（V 为最富群体）				
	0—5	6—17	18—24	25—59	60 以上	I	II	III	IV	V
FONASA	84.8	83.9	79.3	79.2	87.9	95.2	93.5	89.2	76.1	46.2
ISPRES	11.7	12.3	14.3	15.1	7.3	2.0	2.9	6.2	16.1	46.1
其他	2.0	2.4	2.7	2.2	3.5	0.9	1.6	2.4	4.2	3.9
无保险	1.6	1.4	3.7	3.4	1.2	1.9	2.1	2.2	3.5	3.7

资料来源：Ministerio de Desarrollo Social de Chile：*Informe de Polítíca Social* 2012, www.ministeriodesarrollosocial.gob.cl, p.97.

从以上数据可以看出，在引入私营医保模式之后，智利的混合型医保体系出现了明显的分割状态。首先，各收入群体在参加公、私医保机构方面逐渐集中化。中低收入者主要参与公共机构，缴纳基本保费，同时享受较低的保险赔付和基本的医疗服务，而富人倾向于参与私营机构，缴纳高额保费，同时享受高额的保险赔付和高级的医疗服务（表 5—16）。因此医保体系在很大程度上对劳动市场上的收入不公平进行了复制。其次，不同健康风险级别的群体在参加公、私医保机构方面有所分化。以老年人为主的高风险人群（60% 以上的老年人养老金收入较低，难以缴纳高额医疗保费）和弱势群体本应享受高额赔付和高级医疗服务，但由于混合型医保体系并不限制私营机构对高风险人群的"歧视"以及因此而做出的逆向选择，导致这些群体只能选择公共机构，接受基本医疗服务。这对收入分配也造成了不利的影响。另外，私营模式的其他一些方面也为人所诟病，例如，虽然 ISAPRES 的覆盖率非常低，但由于富人缴费能力高而使其保费收入非常高，然而这笔资金基本很难用于对缴费能力低或者无缴费能力者的补偿，即缺乏社会共济功能；由于存在信息不对称，个人在面对成千上万个私营保险计划时很难做出对自己最优的选择，因此会增加个人成本；私营机构在进行商业推广时会进行高额而无必要的宣传竞争从而造成浪费；由于个人会经常在各种保险计划之间变换，因此会给整个医保体系带来不确定性,从而影响其效率。①

表 5—16　智利收入五分位中第Ⅰ、Ⅱ和第Ⅳ、Ⅴ群体医疗服务
需求对中位数的偏离程度　　　　　单位:%

医疗服务	40%最低收入者	40%最高收入者
疾病预防性控制	12.9	-17.4
一般门诊	5.3	-7.7
急诊	17.7	-33.4
特殊门诊	-25.7	16.6
牙病治疗	-28.6	18.3
实验室检查	-11.8	8.6
X 光或超声波检查	-25.2	10.6

资料来源:Rafael Urriola Urbina:"Financiamiento y Equidad en Salud:el Seguro Público Chileno", *Revista de la CEPAL* 87, dic. de 2005, p.67.

由此可见,虽然智利混合型医保体系优点明显,且医保整体覆盖率非常高,但该混合型医保体系造成的不同收入和风险群体之间的分割状态对收入分配的改善产生了不利影响。要改变这一状况,最主要的途径就是国家增加对 FONASA 的财政补贴,以提高中低收入者和高风险群体所接受的保险赔付水平和医疗服务水平。然而,虽然智利财政对医保的补贴连年增长(如 20 世纪 90 年代比 80 年代增长 286%),且在医保体系出资中所占比例较大(占到 1/4 以上),但是相对于 OECD 其他成员国和拉美主要国家而言还处于较低的水平。图 5—5 显示了部分 OECD 国家居民家庭自费占医疗总费用的比例(家庭自费费用不包括医保缴费)。可以看出,其平均比例(图中:Promedio OCDE)为 20%,而智利(Chile)为 33%,虽低于墨西哥(México)和希腊(Grecia)的水平,但高于其他大部分成员国。这一方面说明智利居民整体医保缴费水平低,从而保险赔付水平低,另一方面说明智利财政补贴在医保出资中的比例相对于大部分 OECD 国家而言较低。另据 OECD 统计,2010 年,智利居民家庭人均医疗自费费用为 401 美元,而 OECD 国家平均为 564 美元。这说明智利居民的整体

---

① Rafael Urriola Urbina:"Financiamiento y Equidad en Salud:el Seguro Público Chileno", *Revista de la CEPAL* 87, dic. de 2005, p.65.

医疗费用以及由此决定的居民所接受的医疗服务水平低于该组织其他大部分成员国。图5—6也说明了这一问题。公共医疗支出和居民自费医疗支出之间存在负相关。可以看出，智利（CHL）的数据比较偏离拉美国家的平均线。其居民自费医疗支出占GDP的比重虽然小于阿根廷（ARG）、巴西（BRA）和墨西哥（MEX）等拉美主要国家，但其公共医疗支出占GDP的比重也小于上述国家。这一方面说明智利财政对医保体系的补贴力度仍有待提高，另一方面也说明智利居民的整体医疗费用水平以及由此决定的医疗服务水平低于上述几个拉美大国。由此可见，要提高居民享受的医疗服务水平并同时减少居民看病时的自费费用，一方面要进一步提高保险缴费水平（但这会给居民带来巨大负担），另一方面主要应提高财政对医保体系的补贴。

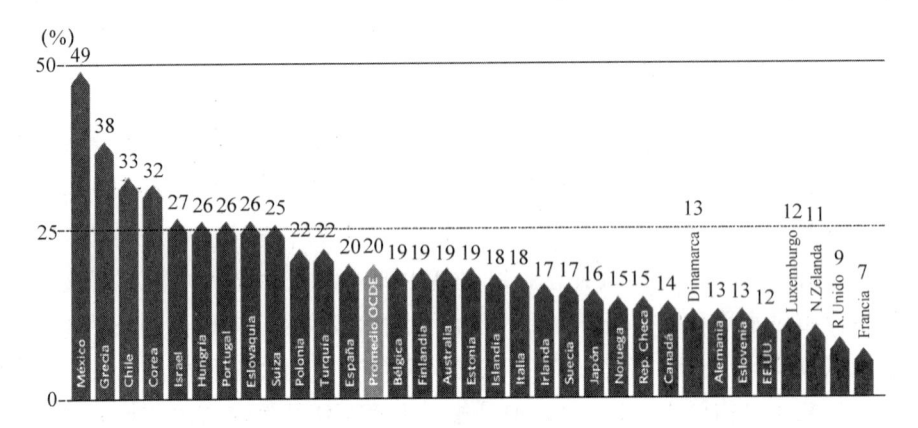

图5—5　2010年部分OECD国家居民家庭自费占医疗总费用的比例

资料来源：Ministerio de Desarrollo Social de Chile: *Informe de Política Social* 2012, www.ministeriodesarrollosocial.gob.cl, p.102.

（三）社会救助制度

1990年以来，文人政府加大了社会政策力度，在社会保障领域尤其重视由财政转移支付的社会救助对私有化社会保险的补充。经过20多年的努力，社会救助政策在减贫方面效果明显：1990—1996年，第一轮强有力的社会救助政策使贫困及赤贫人口比例大幅下降；1996—2000年，由于单纯的经济资助模式遇到了瓶颈，减贫效果开始减弱；2000年以来，在新的社会救助理念和模式（即有条件转移支付）下，贫困和赤贫人口比例再次较大幅度下降，到 2011 年分别达到 11% 和 3.1%（表 5—17）。这一比例在拉美地区仅高于乌拉圭（6.7% 和 1.1%）和阿根廷（5.7% 和 1.9%），而远低于拉美地区平均水平（29.4% 和 11.5%）和巴西（20.9% 和 6.1%）、墨西哥（36.3% 和 13.3%）等主要国家的水平。贫困率的降低对收入分配的改善起到了明显的促进作用。

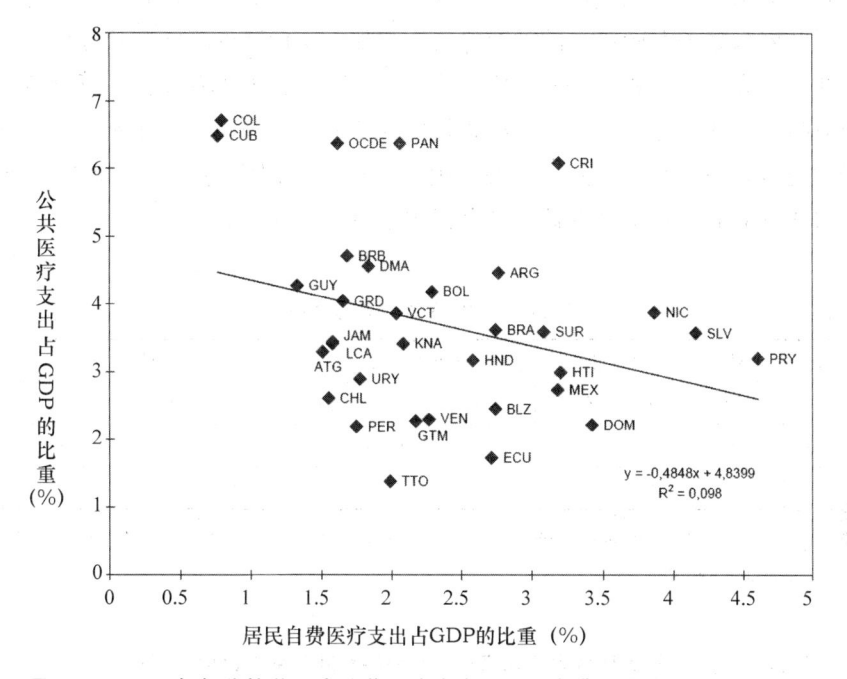

图 5—6 2005 年部分拉美国家公共医疗支出和居民自费医疗支出占 GDP 的比例

资料来源：CEPAL: *La Protección Social de Cara al Futuro: Acceso, Financiamiento y Solidaridad*, Santiago de Chile, 2006, p. 86.

表 5—17　　　　1990—2011 年智利贫困和赤贫人口比例变化　　　　单位：%

	1990 年	1996 年	2000 年	2003 年	2006 年	2009 年	2011 年
贫困	38.6	23.2	20.6	18.8	13.7	11.5	11.0
赤贫	12.9	5.7	5.7	4.7	3.2	3.6	3.1

资料来源：Dagmar Raczynski: *Sistema Chile Solidario y la Politica de Proteccion Social de Chile – Lecciones del Pasado y Agenda para el Futuro*, IFHC, CEPLAN, Santiago de Chile, 2008, p. 9.；CEPAL: *Panorama Social de América Latina* 2012, Santiago de Chile, 2013, p. 86.

按照有条件转移支付的理念，减贫政策不能仅仅顾及眼前目标，还要注重控制未来的风险，从而长期消除贫困。要实现这一目标，就要鼓励（并将其作为转移支付的条件）贫困群体和国家一起努力来改善其教育水平、健康水平和劳动能力，从而在长期内改善人力资本。从表5—18中可以看出，1990—2009年，智利青少年辍学率显著降低，尤其是农村的变化特别突出。由于辍学现象一般主要存在于贫困家庭，因此辍学率的降低说明贫困家庭子女所接受的教育机会在增加，从而降低了贫困代际转移的可能性。表5—19和表5—20所反映的均为联合国千年发展目标所涵盖的健康指标。从中可以看出，这些指标所反映的智利国民的健康水平不仅好于拉美地区平均水平，而且也好于地区一些主要国家的水平。而20年来在这些方面的改善主要得益于贫困群体健康水平的提高。

表5—18　　　　　　智利15—19岁青少年辍学率　　　　　　单位:%

年份	早期辍学率（小学期间）			小学毕业后辍学率			中学期间辍学率		
	全国	城市	农村	全国	城市	农村	全国	城市	农村
1990	4.3	2.9	11.3	3.9	2.1	13.6	20.5	16.6	44.3
2009	0.5	0.4	1.1	0.7	0.7	0.9	9.7	9.4	12.2

资料来源：CEPAL：*Panorama social de América Latina* 2010, Anexo estadístico, Cuadro 35, 36, 37, Santiago de Chile, 2011.

表5—19　　　拉美部分国家儿童死亡率和接种麻疹疫苗比例

	5岁以下儿童死亡率（每1000人中）		出生死亡率（每1000人中）		1岁儿童接种麻疹疫苗的比例（%）	
年份	1991	2009	1990	2009	1990	2007
委内瑞拉	31.6	21.1	25.0	16.4	61.0	55.0
巴西	60.1	27.6	47.5	22.5	78.0	99.0
墨西哥	44.2	18.9	36.3	15.6	75.0	96.0
阿根廷	30.1	14.9	25.8	12.9	93.0	99.0
智利	19.1	8.5	16.3	7.0	97.0	91.0
拉美平均	55.5	26.2	42.7	20.4	76.3	93.0

资料来源：CEPAL：*Panorama social de América Latina* 2010, Anexo estadístico, Cuadro 48, Santiago de Chile, 2011.

表 5—20　拉美部分国家结核类疾病患病率、死亡率和治愈率

	结核类疾病患病率 （每1000人中）		结核类疾病死亡率 （每1000人中）		接受督导短程化疗（DOTS） 后被治愈率（%）	
年份	1990	2007	1990	2008	1994/2003	1995/2006
委内瑞拉	35	34	4.3	4.3	68	82
巴西	84	48	12	3.8	91	72
墨西哥	61	20	15	1.4	75	80
阿根廷	60	31	9.1	3.1	55	63
智利	38	12	3	0.5	83	85
拉美平均	87.8	49.1	14.7	4.8	78.8	76.1

资料来源：CEPAL: *Panorama social de América Latina* 2010, Anexo estadístico, Cuadro 51, Santiago de Chile, 2011.

由于智利贫困率在拉美地区处于相对较低的水平，因此其赤贫人口给国家带来的负担相对较小。表 5—21 显示，2009 年，智利赤贫人口相对于赤贫线的资源赤字占 GDP 的比重为 0.12%，仅高于乌拉圭（0.04%）。然而，智利有条件转移支付项目（团结的智利计划）投资力度并不大，仅占到 GDP 的 0.11%，远低于拉美其他主要国家。其投资量与上述赤字之比为 92.5%，也就是说转移支付投资还不能完全弥补赤贫带来的赤字。相比较而言，巴西、墨西哥等国虽然贫困问题仍然较为突出，但国家在有条件转移支付上投资力度较大。由此可见，由于智利贫困问题造成的矛盾并不突出，因此国家近年来在这一问题上的重视程度并不算很高。虽然其有条件转移支付项目覆盖到了全部赤贫人口，但在贫困人口中的覆盖率并不高（51.7%），远低于厄瓜多尔、巴西、墨西哥等国（图 5—7）。

表 5—21　2009 年拉美部分国家赤贫人口相对于赤贫线的资源赤字以及有条件转移支付项目投资

	年总赤字 （百万美元）	年总赤字/ GDP（%）	有条件转移支付 项目（PTC）	PTC 年投资/ GDP（%）	PTC 年投资/ 年总赤字（%）
玻利维亚	445.1	2.57	胡安·平托计划等	0.56	21.9
巴西	3949.5	0.25	家庭补贴计划	0.47	188.3
智利	188.1	0.12	团结的智利计划	0.11	92.5

续表

	年总赤字（百万美元）	年总赤字/GDP（%）	有条件转移支付项目（PTC）	PTC 年投资/GDP（%）	PTC 年投资/年总赤字（%）
哥伦比亚	2035.1	0.88	家庭行动计划	0.39	44.2
哥斯达黎加	82.9	0.28	我们前进计划	0.39	137.8
厄瓜多尔	443.0	0.85	发展计划	1.17	137.9
危地马拉	1029.3	2.73	我的家庭发展计划	0.32	11.8
墨西哥	2465.5	0.23	机遇计划	0.42	187.2
乌拉圭	12.2	0.04	家庭分配计划	0.45	1154.4
拉美平均	12704.3	1.33		0.40	30.2

资料来源：Simone Cecchini, Aldo Madariaga：*Programas de Transferencias Condicionadas：Balance de la Experiencia Reciente en América Latina y el Caribe*，CEPAL, Santiago de Chile, 2011, pp. 113 – 114.

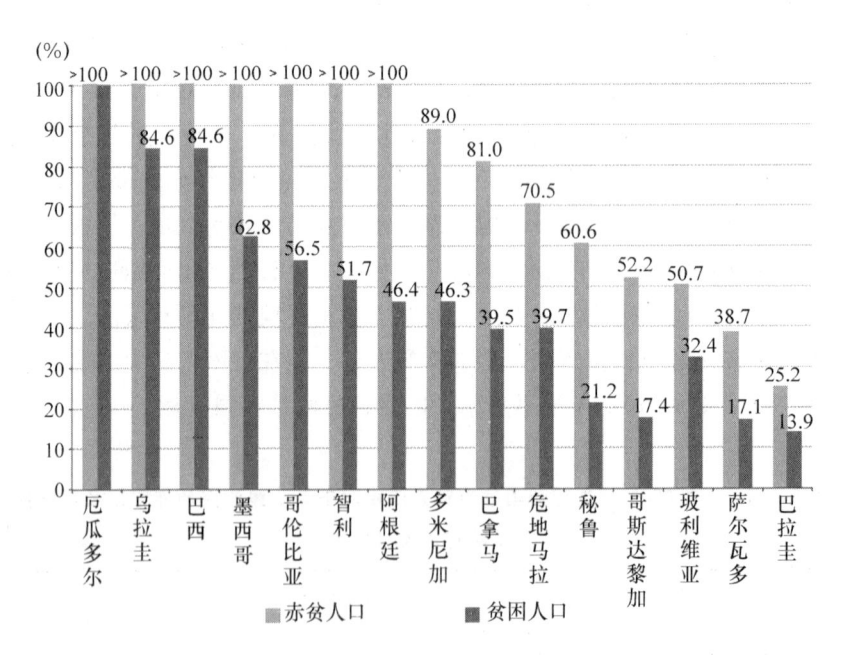

图 5—7 2009—2010 年拉美部分国家有条件转移支付项目在贫困和赤贫人口中的覆盖率

资料来源：Simone Cecchini, Aldo Madariaga：*Programas de Transferencias Condicionadas：Balance de la Experiencia Reciente en América Latina y el Caribe*，CEPAL, Santiago de Chile, 2011, p. 110.

三 社保领域促进收入分配改善的政策选择

20世纪80年代以来,在新自由主义经济思想的引导下,智利在养老和医疗等社会保险领域进行了私有化和市场化改革。改革后,养老保险领域逐渐建立起完全的私有化制度,而医疗保险领域则建立起以公共机构为主导、以私营机构为补充的混合型制度。私有化改革的优点和成绩是明显的:相对于国家而言,保险作为一种市场产品更适合由市场来运作,由私营机构来经营管理,这样其经济效率才能有效提高。事实证明,智利社保私有化改革后,国家在很大程度上摆脱了财政负担,从而将重心放在管理监督和社会救助上;市场化改革有利于各私营机构之间以及私营和公共机构之间展开竞争,从而有利于降低成本和提高服务质量;私营机构更善于对社保资金进行投资增值,从而有利于居民获得更高的回报和更好的服务。

然而,社保私有化改革在提高经济效率的同时,不可避免地损害了公平。首先,覆盖率受到影响。养老金私有化导致低收入者和非正规劳动者在很大程度上被排斥在制度之外;而医保覆盖率得以大幅提高主要得益于医保制度仍以公共管理为主,能够照顾到大多数低收入群体。其次,社保的社会分层和分割化日益严重。养老金私有化导致不同性别、收入和劳动关系群体在缴费密度和替代率上差距拉大,从而使其收入差距在退休后进一步拉大;医保私有化导致各收入和风险群体在参加公、私医保机构方面逐渐集中化,因而享受的保险赔付水平和医疗服务水平差距拉大。

要克服社会保险私有化改革对收入分配造成的不良影响,主要途径就在于国家加大财政对社会保障的投入,对拉大的收入差距进行弥补。首先,国家应在社会保险体系内加大投入。在养老保险领域,国家需要为最低缴费密度(20年)的人和缴费不足20年的人提供最低养老金和救助性养老金。由于目前智利缴费密度低的群体比例较大(如45%的妇女缴费不足20年),因此财政必须继续加大投入才能保证各个群体间的养老金差距不至于太大。在医疗保险领域,由于低收入和高风险者基本全部加入公共体系FONASA,因此国家应加大对其的财政补贴,以保证这些群体享受到较高水平的医疗服务。其次,国家应加大对非缴费型社会救助项目的投入。应充分利用CASEN等家计调查工具对特困群体进行精确定位,给予其现金扶持并鼓励其改善人力资本从而达到长期减贫的目标。社会救助对于弥补社会保险私有化造成的收入差距有着重要的作用。

174 "包容性发展"与收入分配：智利案例研究

从前文可以看出，目前智利政府在医疗、有条件转移支付上的公共支出力度并不大。图5—8和图5—9再次说明了这一问题。1991—2011年，智利的医疗公共支出占GDP比重虽然有了明显提高，但仍低于阿根廷和巴西等国；而其在社会保险和社会救助上的公共支出则出现了下滑。因此在未来智利还应适当提高公共支出在这些方面的比重。

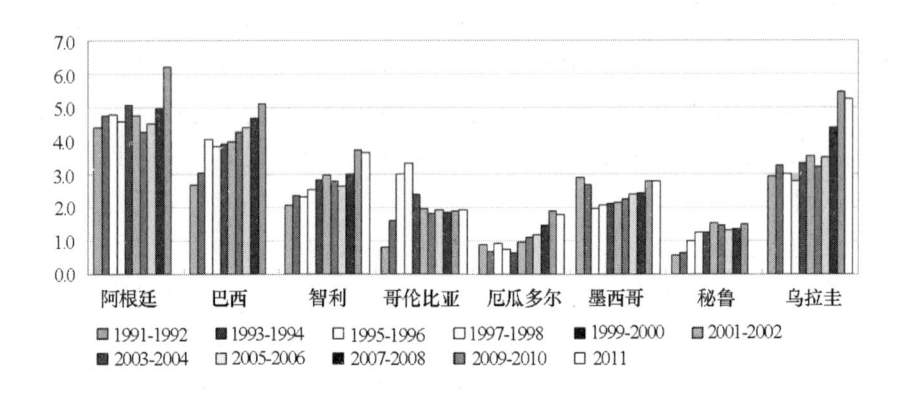

图5—8 1991—2011年部分拉美国家医疗公共支出占GDP的比重

资料来源：作者根据以下数据绘制：CEPAL：*Panorama social de América Latina* 2012, Anexo estadístico, Cuadro 43, Santiago de Chile, 2013.

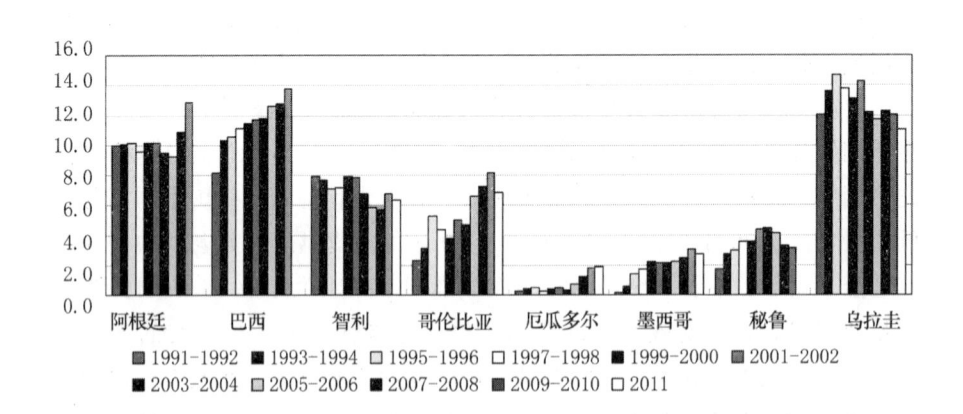

图5—9 1991—2011年部分拉美国家社会保险和社会救助公共支出占GDP的比重

资料来源：作者根据以下数据绘制：CEPAL：*Panorama social de América Latina* 2012, Anexo estadístico, Cuadro 44, Santiago de Chile, 2013.

除了增加公共支出以外，要改善收入分配，还应在社会保险体系内进行适当的制度改革。

在养老保险领域，针对养老金在非正规劳动者中覆盖率低从而养老保障率低的情况，智利政府于 2012 年出台"非正规劳动者强制缴费计划"，到 2015 年 1 月有望使所有非正规劳动者向养老保险强制缴费。在医疗保险领域，2011 年通过的法案规定，人口中 80% 的中低收入群体中 65 岁以上老年人的医疗保险缴费比例从 7% 降至 5%，而对于经济条件最差（领取最低或救助性养老金）的一部分老年人则完全免除其医疗保险缴纳。

第六章 结论、展望与启示

本书所论述的是智利在"包容性发展"战略下的收入分配问题。20世纪70年代以来，智利的收入分配经历了两个不同的发展阶段。1973—1990年军政府执政时期，智利收入分配状况严重恶化且始终难以改善；1990年至今文人政府执政时期，智利收入分配得到轻微改善。这一变化是与军政府和文人政府对增长与分配、效率与公平、国家与市场关系的不同处理方式紧密相关的。近年来，"包容性发展"理念逐渐形成，智利文人政府吸取之前的教训，力图包容增长与分配，在继续保持效率的同时促进公平，发挥国家的作用来促进收入分配的改善。

下面首先通过总结全文给出智利通过"包容性发展"战略改善收入分配的经验和教训，其次对未来进行一定展望，最后给出智利经验对拉美国家和中国的启示。

第一节 结论：智利通过"包容性发展"战略改善收入分配的经验和教训

智利文人政府通过"包容性发展"战略改善收入分配的经验可以概括为两方面：

第一，实施"包容性发展"战略，正确处理增长与分配、效率与公平、国家与市场的关系，是智利改善收入分配、实现"社会凝聚"、促进经济与社会长期协调发展的必由之路。智利的"包容性发展"理念正是针对20世纪70—80年代以来增长与分配失衡发展的教训和90年代以来对其进行纠正的有益经验而总结提出的，也是智利未来发展的方向。军政府在新自由主义理论的指导下，过分强调增长和经济效率的优先性和市的主导性，忽视分配的公平性，弱化国家在社会领域尤其是分配领域的调节作用，导致收入分配状况急剧恶化。虽然贫困率有所降低，但由于收入差距居高不下，因此社会排斥问题严重。可见，高增长并不必然能自动带来收入分配的改善。1990年以来，文人政府强调"平等性增长"，重新重视经济与社会、增长与分配的平衡。在市场继续对资源配置起决定性作用的前提下，国家加强了在社会和收入分配领域的角色作用，不仅实施了一系列积极的社会政策，增加了社会支出，还通过公共政策在促进生产同质性等方面发挥了积极作用。经过努力，收入分配恶化的势头得到遏制并出现轻微改善。未来，智利在"包容性发展"战略下，应当继续包容增长与分配，在初次分配和再分配环节都兼顾效率与公平。在这两个环节中，国家都要利用其公共政策积极参与对收入分配各项因素的调节：在初次分配环节，国家首先应维护宏观经济稳定以保证用于初次分配的国民收入总量快速增长。其次国家要促进生产同质性并进行劳动力市场改革以维护市场竞争过程和规则的公平，同时促进教育机会公平。维护规则和机会公平正是为了促进高效率的充分竞争和市场机制作用的有效发挥，同时形成一个差距合理的初次分配格局。在再分配环节，在高效利用市场化社会保险制度的同时，国家应充分利用国家的财政补贴和转移支付等社会政策以及税收政策来促进分配结果公平。

第二，智利在促进"包容性发展"、改善收入分配的过程中，各项因素要协调发展，其中初次分配是决定性环节，促进生产和就业同质性是关键性因素。通过第三章对20世纪70年代以来导致智利收入分配变化的各项因素及其相对重要性的分析可以看出，宏观经济稳定、经济健康平稳增长是改善分配的前提和保证，促进生产和就业同质性，即提高中小微企业生产率、改善非正规劳动者的劳动收入和条件是决定智利收入分配走势的关键性因素，教育、税收和社会保障共同构成影响分配的重要因素。这些因素同时也是未来改善分配的主要路径。由于生产和就业同质性具有关键性作用，因此初次分配决定了收入分配的基本格局，意义重大。如果在初次分配环节不能形成一个差距合理、能够反映公平竞争的分配格局，单靠再分配是难以从根本上解决收入分配问题的。

智利在"包容性发展"的道路上也存在一定问题和教训。

虽然文人政府在改善收入分配的各个路径上通过一系列公共政策发挥调节作用，使得基尼系数有所下降，但下降的幅度并不是很大。通过第四章和第五章的分析我们可以看出，1990年以来智利的收入分配之所以未得到非常明显的改善，是因为在"包容性发展"的一些主要路径上许多过去形成的制度并未得到根本改变，而许多政策又未取得明显成效，还存在问题。

制度方面，军政府时期确立了劳动力市场的灵活就业制度、教育私有化制度、以增值税为主要税种的中性税收制度和私有化社会保险制度，其目的是提高效率，而非促进公平。文人政府基本未改变既有制度，也未对其做大的调整，因此不利于旨在改善分配的社会支出和公共政策作用的充分发挥。

政策方面，有些政策成效明显，而有些政策初衷虽好，但成效并不理想。具体到各路径而言：

1. 在宏观经济政策方面，智利实施严格的财政纪律和谨慎稳妥的货币金融政策，因此20年来财政收支平衡，通胀率低，国际收支比较平衡，资本、金融市场稳定。在良好的宏观经济形势下，经济稳定增长且未发生严重的经济和金融危机，为收入分配的改善创造了良好的环境。

2. 在生产同质性政策方面，由政府牵头实施、协同各私人组织和协会推出一系列旨在促进中小微企业提高生产率的计划和项目，目前中小微企业融资能力有所增强；技术水平和创新能力提高不足；出口规模有所扩大，稳定性尚可，但长期竞争力和发展潜力不足。因此中小微企业与大型企业的生产率差距依然较大（尤其是微型企业的生产率依然非常低），生产异质性程度依然较高。

3. 在劳动制度方面，虽然在灵活就业制度基础上增加了对劳动者的保障，即形成了"灵活保障模式"，但各规模企业劳动者之间在工资收入、劳动关系正规程度、就业稳定性、集体谈判能力、社会保障程度等方面的差距很大，正规与非正规劳动者之间的就业异质性程度依然很高。

4. 在教育公平方面，政府逐年大幅提高教育公共支出且实施一系列促进教育公平的政策，教育覆盖率有所提高，但各收入阶层在所受教育的数量和质量以及教育回报率方面的差距依然较大，且教育代际流动性偏低，不利于长期收入分配的改善。

5. 在税收结构方面，1990年以来以增值税为主的间接税份额不但没有减少，反而增加了；而以所得税为主的直接税份额虽有所增加，但依然低于间接税。这限制了税收收入和财政收入的增加，从而影响了国家进行社会支出的能力，而且由于税收的累退性效应大于累进性，因此不利于对收入分配的调节。

6. 在社会保障制度方面，80 年代确立的私有化社会保险制度得以延续，有利于提高效率并减轻财政负担，但不同收入群体、不同性别、正规与非正规劳动者、不同健康风险群体之间所得到的养老和医疗保障程度的差距在逐年拉大，复制并深化了劳动市场上的收入不平等。同时，国家对社会保险的财政补贴以及用于社会救助的转移支付力度相对于拉美其他大国而言并不高，不利于弥补私有化社保制度带来的收入差距。

除以上结论外，我们还可以发现，1990 年以来智利收入分配状况虽未得到明显改善，但并未出现社会动荡，主要得益于其良好的经济形势、明显的减贫效果以及较高的民主自由程度，然而，分配差距悬殊造成的潜在风险不容忽视。智利基尼系数自 1982 年达到 0.57 的高位后，80—90 年代始终在 0.55 左右徘徊，2003 年开始出现相对明显的下降，到 2011 年降至 0.516，但仍处于 0.5 以上这一国际公认的"收入差距悬殊"范围。国际上通常把基尼系数 0.4 作为贫富差距的警戒线，大于这一数值就容易出现社会动荡。而智利之所以 30 年来未出现较严重的社会危机，首先是由于宏观经济始终较为稳定和健康。这方面拉美近年来最惨痛的教训就是阿根廷 2001 年由经济危机导致的社会危机。其次，良好的经济形势带来的人均收入的稳步提高[1]加上一系列积极的社会政策，使得贫困和赤贫人口比例大幅下降，在拉美处于最低水平，这有利于平复底层群体的不满情绪。另外，近年来智利通过完善民主制度、强化法制，使得民主自由程度大幅提高[2]，也有利于减弱和化解社会矛盾。然而，收入差距悬殊始终是造成智利社会排斥的最主要原因，如果在未来不能得到有效缓解，它所带来的潜在风险必然会对社会造成不良影响，也会影响经济的稳定

---

[1] 据拉美经委会（CEPAL）统计，2010 年智利人均 GDP 达到 12613.5 美元，超过世界银行 2010 年设定的 12196 美元的高收入经济体标准下限，成为第一个超越"中等收入陷阱"、进入高收入经济体行列的拉美大陆国家。

[2] "自由之家"在《2010 年全球自由》报告的"政治权利"和"公民自由"两项指标中给出智利的评级均为 1 分（取值范围为 1—7 分，分值越低说明政治权利和自由程度越高）。"经济学人智库"发布的《2010 年民主指数》报告中，2010 年智利"民主指数"位列全球第 34 名，在拉美国家中仅次于乌拉圭和哥斯达黎加。2010 年，在透明国际的清廉指数中排全球第 21 位，在拉美国家中表现最好。（引自吴白乙主编《拉丁美洲和加勒比发展报告（2010—2011）》，社会科学文献出版社 2011 年版，第 27 页。）

增长。

第二节 未来几年智利改善收入分配的展望及面临的挑战

2013年12月15日，曾于2006—2010年在任的智利首位女总统米歇尔·巴切莱特代表中左翼力量高票再次当选智利总统，将于2014年执政到2018年。其竞选口号是"所有人的智利"，宣称"智利已经到了进行深层次变革的时候了"。她尤其强调将进行教育改革，努力实现免费教育，提高教育质量（这主要源自近年来智利大中学校学生因学费高昂和对教育质量不满而抗议带来的压力），另外将进行税收改革，加大对富人的征税力度，并继续提高企业所得税率（计划由之前的20%提高到25%，与OECD国家平均水平基本持平），以提高公共社会支出能力并调节收入分配。她还强调要改善作为国家支柱的中产阶级的状况。从这些施政纲领中可以看出，在减贫、民主局面向好的当今智利，社会公正和收入分配问题显得尤其突出，自然成为本届智利政府的工作重心。

然而，本届巴切莱特政府的这些施政目标还面临一系列挑战。

图6—1 2010—2015年智利GDP增长率变化

注：1T意为第一季度。

资料来源：智利中央银行数据，http://si3.bcentral.cl/setgraficos/#。

首先是2013年以来令人担忧的经济局势。近年来，包括拉美国家在内的新兴经济体的经济增速普遍放缓，2015年比2014年下降0.6个百分点，降至 4%，俄罗斯和巴西 2015 年更是分别衰退 3.8% 和 3%。受大宗商品价格下跌、资本流出、货币贬值以及金融市场动荡的影响，新兴经济体经济下行风险不断加剧。具体到智利，2009 年受全球经济危机影响，智利经济出现 1% 的负增长，之后虽迅速恢复，2010—2012 年分别实现 5.8%、5.9% 和 5.6% 的增长，但 2013 年增长率下滑为 4.2%，2014 年更是下滑为 1.8%，到 2015 年第三季度也仅为 2.2%（图 6—1）。

正如第四章所论述的，智利经济当前所面临的问题有其外部原因，但更重要的是其内部原因，最主要的就是智利所固有的产业结构不平衡问题。智利经济长期依赖出口，且出口产品中铜等初级产品所占份额过高，而制造业产品所占份额相对偏低。2009 年全球经济危机造成外部需求大幅下降，因此当年智利经济衰退和财政赤字较 1999 年和 2002 年更为严重。2009 年至今发达国家经济复苏乏力以及近年来中国经济减速对智利出口继续造成严重影响。2011 年至 2015 年智利经常账户连续四年出现逆差，2013 年达到 94.8 亿美元，远比 90 年代后半期严重（图 6—2）。这导致智利外债激增，2014 年累计达到 1374 亿美元（2009 年的近两倍，2005 年的三倍），外部脆弱性增加（图 6—3）。2014 年以来国际大宗商品价格

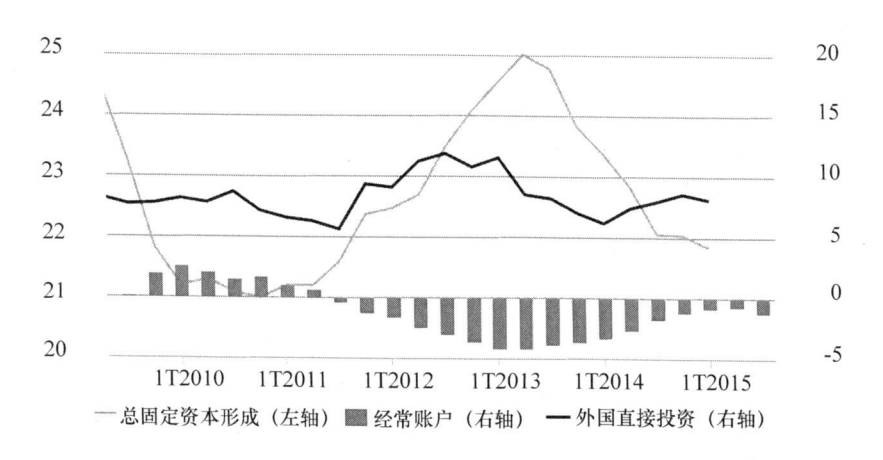

图 6—2　2010—2015 年智利经常账户、外国直接投资和总固定资本形成（占 GDP 百分比）

注：1T 意为第一季度。

资料来源：智利中央银行数据，http://si3.bcentral.cl/setgraficos/#。

持续低迷，铜价在未来两年预计将比 2011 年下降 35% 左右。这使得智利税收收入受到持续影响，财政赤字增加，2014 年占 GDP 比重达到 1.8%。可见，智利固有的产业结构问题因近年来国际经济环境影响而凸显，成为当前经济增长减速的主要原因。

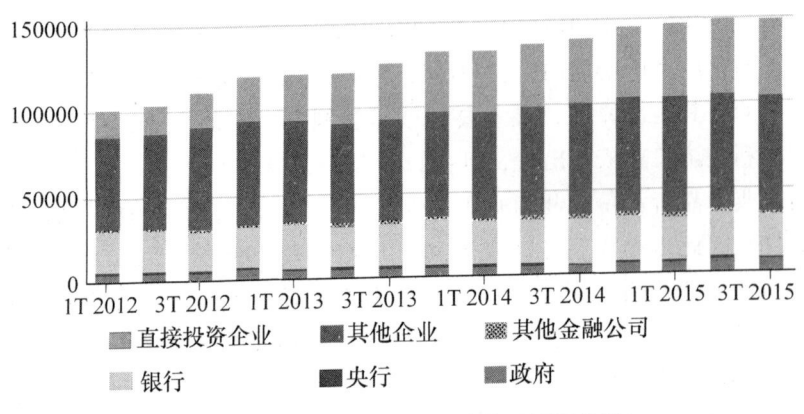

图 6—3　2012—2015 年智利外债（百万美元）

注：1T 意为第一季度，3T 意为第三季度。

资料来源：智利中央银行数据，http://si3.bcentral.cl/setgraficos/#。

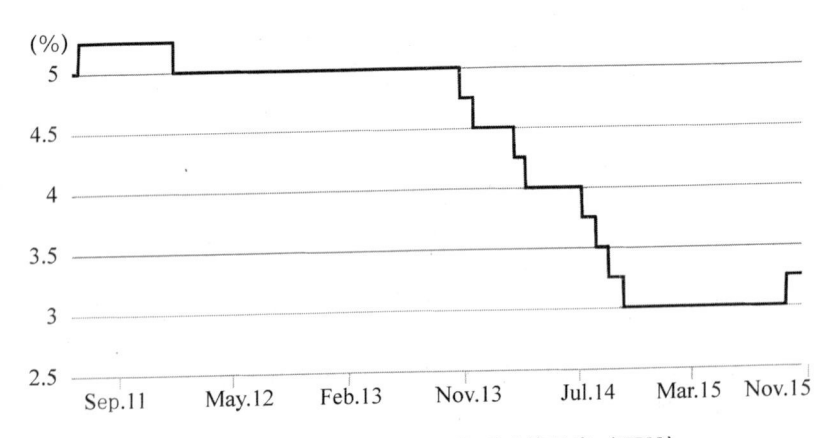

图 6—4　2011—2015 年智利货币政策利率（TPM）

资料来源：智利中央银行数据，http://si3.bcentral.cl/setgraficos/#。

另外，由于经济环境恶化，智利当前的货币政策也面临较大压力。为刺激经济增长和出口，智利自 2014 年大幅下调基准利率（图6—4）并主动调高汇率（图6—5），然而利率下降和货币贬值都给通胀带来非常大的压力：智利消费者价格指数（CPI）由 2012 年的 1.5% 上升到 2014 年的 6.1%，超过通胀目标制设定的 3% 上限的两倍。通胀上升缩小了当前货币政策的空间，给其造成了两难的局面。

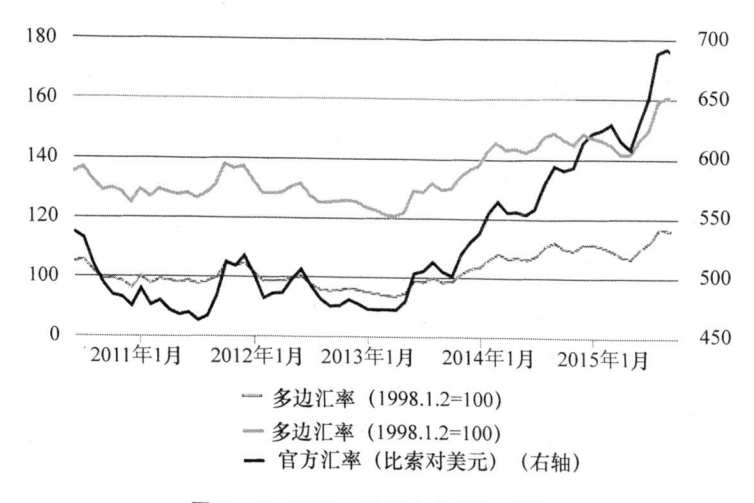

图 6—5　2011—2015 年智利汇率指数

资料来源：智利中央银行数据，http：//si3.bcentral.cl/setgraficos/#。

综上所述，智利经济当前面临着较大困难，政府的精力更多地被牵扯到解决经济困难和改善宏观经济上去，财政收入因经济形势而受到影响更不利于政府改善民生和社会问题。因此，经济问题给巴切莱特所承诺的教育改革和税制改革计划带来了最大挑战。智利未来经济形势的好坏将直接决定政府能否有精力、财力进行以上改革。首先，经济的走势和财政状况将决定政府能否拿出更多的财政资源实行免费教育；其次，经济局面的好坏将决定智利企业的运营状况，从而决定 25% 的企业所得税率能否顺利实行。这些都影响着智利未来收入分配的改革和状况。

智利的教育和税制改革不仅受到经济因素的影响，还将面临较大的制度因素的阻力。教育方面，教育私有化制度已延续 30 余年，现在的情况是：私立教育占主导地位，教育质量较高，但学费昂贵；公立教育占次要地位,虽然学费低廉,但教育质量较差。这种局面导致接受高质量私立教育成为社会上层精英家庭的特权,而大部分中产阶级和下层群体更多地只能接受质量较差的公立教育。教育水平的差距直接导致就业后教育回报率的巨大差距,从而使社会阶层的贫富差距在代际得到固化(正如第四章所论述的)。这一制度问题根深蒂固,且已经形成了较为固定的利益群体,因此很难在短时间内得到根本改变。近十几年来,政府大幅增加公共教育支出,增加初、中等教育的公共投资、进一步对中低收入群体加强公共教育投资、增加对中低收入家庭子女的奖学金和助学金等补贴,希望通过这些手段在一定程度上改善教育公平和人力资源公平,从而在未来促进收入分配的改善。然而,各届政府虽然实施了若干教育公平政策,但基本上依然认同由市场来配置教育资源,并未积极地从根本上去改变既有的私有化教育制度,尤其是2010—2013年在任的代表右翼力量的皮涅拉政府坚决反对实行免费教育。因此教育私有化和市场化的制度并未动摇。而此次巴切莱特提出了较为激进和理想的教育改革方案,包括全面实现免费教育,使接受教育成为每个公民的基本权利,消除教育分割,使教育逐步去市场化,提高公立教育的数量和质量,全面加强国家在教育资源提供方面的作用等。这一方案力图全面改革现有的教育制度,涉及面和幅度都较大,因而实施起来将会较为困难。

税制方面,智利以增值税为主的中性税收制度延续了数十年,虽然近年来智利所得税率有所提高,所得税占税收总收入的比重也有所增加,但这并未使所得税成为占支配地位的税种,从而并未动摇既有的中性税收制度。这一中性的税收制度有利于经济效率,但不利于改善收入分配。此次巴切莱特提出将企业所得税率由现在的20%(2012年实行)进一步提高到25%,与OECD国家平均水平基本持平,目的是增加财政收入,提高公共社会支出能力,改善民生,另一方面直接调节收入分配。然而,进一步提高企业所得税率的方案会减少企业的利润,在当前经济不景气的情况下有可能遭到既得利益群体更加强烈的反对。税制改革在未来能否顺利推进,一方面取决于经济形势,另一方面还取决于政府的决心和魄力,以及在议会中为通过自己的提案而与反对派力量对话的能力。

最后,除教育和税收外,各项配套改革任务繁重。正如上文所分析的,智利要改善收入分配,教育和税收只是两个方面,其他如生产和就业同质性以及社会保障等领域能否较好地解决现存问题共同决定着改善分配的目标能否顺利实现。

第三节 智利的经验教训对拉美国家和中国的启示

本书之所以选取智利作为分析对象，是因为它 40 年来的收入分配发展过程及其成因具有典型性，它在改善分配的过程中所采取的措施具有一定示范性，其中存在的问题具有启示性。智利的情况在很大程度上代表了拉美乃至世界许多国家近几十年来的探索和发展历程，其"包容性发展"战略的成绩和不足对其他拉美国家和中国有一定的借鉴意义。

一 对拉美国家的启示

智利是拉丁美洲最重要的国家之一，它和其他拉美国家有着基本相同的历史背景和政治经济环境。智利经济经历了早期的出口导向发展时期、进口替代工业化时期、20 世纪 80—90 年代的结构性经济改革时期以及 21 世纪以来的改革调整时期。这一发展历程与大多数拉美国家是相似的，智利曾经和现在面临的很多问题也是其他拉美国家面临的问题，它的许多经验教训是值得其他国家借鉴的。具体而言：

第一，拉美国家在未来要更加包容经济增长和收入分配，注重平等性增长。与智利一样，大多数拉美国家在进口替代工业化时期和随后的结构性经济改革时期都经历了收入分配状况不断恶化的过程。其主要原因在于，在"先增长，后分配"理念的指导下，各国政府曾希望快速增加国民财富、做大经济"蛋糕"，因而普遍有着重效率、轻公平的倾向，不惜以牺牲公平作为经济增长的代价。尤其是在新自由主义经济改革时期，国家角色的淡化使得公共社会支出和转移支付减少，中性税收制度和社保私有化制度弱化了再分配效果，企业私有化和大企业对小企业的兼并倾轧拉大了初次分配的差距，在经济危机发生时因国家难以照顾到普通民众利益而导致贫困化加剧和失业人口增加。这些都使拉美许多国家的贫富差距在 20 世纪 80—90 年代以更快的速度拉大。21 世纪以来，拉美各国经济取得了较为稳定的增长，长期被忽视的社会问题开始得到重视。在"社会凝聚"和"包容性发展"理念的指导下，拉美国家越来越多地强调平等性经济增长的重要性，开始从观念和制度上修正进口替代工业化时期和结构性经济改革时期重增长和效率、轻分配和公平的问题，实施了一系列积极的社会政策，尤其一些左派当政的国家所实施的社会政策力度很大，这不仅使得各国贫困率普遍降低，人民生活得到改善，而且使贫富差距得到了不同程度的缩小。可以说，包容性发展已经成为拉美国家的共识，其战略已经取得了相当可喜的成绩。我们应该认识到，21世纪以来拉美国家收入分配状况之所以得到一定改善，经济较快而稳定增长只是一个必要的前提和基础，更重要的原因在于拉美国家在主观上认识到了平等性增长的重要性，有意识地对收入分配进行了干预。相反，如果国家毫无作为，就会像以前一样出现经济增长伴随收入分配不断恶化的局面。未来，拉美国家应该继续走"包容性发展"的道路，在促进经济稳定增长的同时不断改善收入分配。

然而，在经济增长和收入分配这一对矛盾关系中，我们必须找好一个平衡点，既不能单纯重视经济增长而忽视收入分配，也不能因急于改善收入分配而忽视经济的可持续发展。历史上，1970—1973年智利"人民团结"政府实施激进的社会改革，结果破坏了宏观经济稳定，造成了经济衰退，激化了社会矛盾，最终不仅使社会改革的成果付之东流，还导致民主政权被推翻。近期委内瑞拉的例证也可以说明一些问题。自查韦斯当政后，委内瑞拉急速左转，经济改革方向与大多数拉美国家背道而驰。查韦斯主张全面推翻新自由主义改革模式，代之以"21世纪社会主义"，目的是让全体人民共享国家经济发展成果。他推行国有化政策，在收入分配领域一方面"劫富济贫"，另一方面倾国家之力改善民生，力图在最短时间内解决贫困和收入分配等社会问题。查韦斯逝世后，其继任者马杜罗毫不动摇地继续推行着这一改革路线，宣称要将革命进行到底。改革使得委内瑞拉基尼系数下降幅度远大于其他拉美主要国家（图6—6），自然受到普通民众欢迎。但是我们看到，委内瑞拉现在正面临着经济发展不可持续的局面。极端的国有化政策影响了投资者的热情和市场稳定，激进的社会改革造成了社会矛盾，另外，因社会支出依赖国家石油收入，国家产业结构单一的问题缺乏激励来得到完善，经济受国际环境影响越来越大。近年来随着国际油价下跌，委内瑞拉经济下滑严重，2013年和2014年GDP增长率分别为1.3%和-3%，人均GDP增长率分别为-0.1%和-4.4%。通胀率由2012年的20.1%上升到2014年的63.4%。在这样的情况下，既有的社会改革成果会受到影响，查韦斯一手缔造的政权也难以稳固。

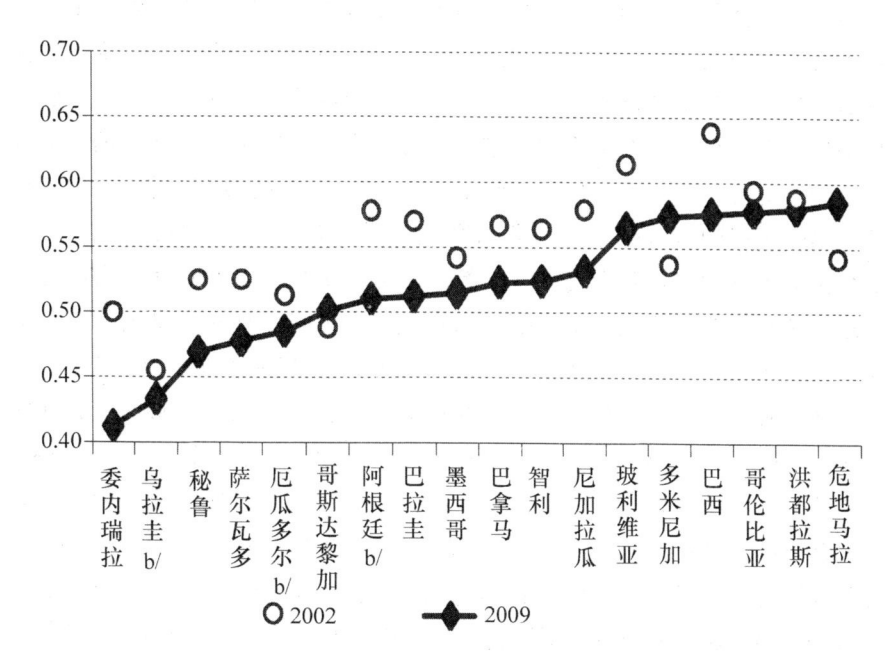

图 6—6 2002—2009 年ª⁾ 拉美部分国家基尼系数变化

a/ 各国数据始末年份在 2000—2002 年以及 2006—2009 年之间有所不同。　　b/ 城市地区。

资料来源：CEPAL：*Panorama Social de América Latina* 2010, Santiago de Chile, mar. 2011, p. 15.

由此我们认识到，对于发展中国家而言，发展依然是最重要、最迫切的任务，保持经济稳定和快速增长、不断做大经济"蛋糕"才是改善民生、改善收入分配状况的基本前提和基本保证。我们既要注重增长的平等性，又要注重平等的物质前提，两者不可偏废。收入分配改革不可急于求成，拔苗助长，否则会影响经济的发展，使得这些改革成为无本之木，难以持续。我们应该做的是循序渐进，在不影响经济增长的前提下，首先做到保持收入分配合理差距，不放任其越拉越大，不以牺牲公平作为经济增长的代价，否则这一缺失在未来难以弥补；在这一基础上，要设计出好的收入分配政策，在经济保持增长的同时一点一点缩小贫富差距，实现真正的平等性增长。国家的财政支出一方面要用于改善民生，另一方面也应投入到基础设施和文教卫生等领域，拉动投资，促进国家经济长远发展。

第二，对于拉美国家这样的发展中国家而言，初次分配和再分配要统筹协调，不能仅仅依靠再分配政策缓解贫富差距。21世纪以来，在"包容性发展"理念的指导下，拉美大部分国家实施了一系列社会改革，尤其是一些左派当政的国家如委内瑞拉和巴西等国非常重视改善民生，它们加强国家在再分配环节的作用，增加社会支出，以解决日益严重的社会问题。经过努力，拉美各国的贫困问题得到很大程度的缓解，教育、医疗、养老水平也得到较大提高，但收入分配改善幅度较小（到目前为止，大部分拉美国家的基尼系数仍然在0.5以上）。通过对智利的分析我们可以看出，减贫和改善收入分配不是一回事。前者的目标通过经济增长和增加社会支出等途径一般可以较好地实现，而收入分配易于恶化却不易改善。要实现改善分配的目标仅凭在再分配环节增加社会支出是不够的，必须配合初次分配环节的调整。此外，更重要的是，对于发展中国家而言，幅度过大的再分配政策是不利于经济增长的。首先，过高的所得税边际税率会影响企业的投资热情（有证据表明，对中高速增长的新兴经济体而言，投资依然是拉动经济增长的主要动力），其次，过高的社会支出会带来财政赤字，造成通货膨胀和宏观经济不稳定。智利始终秉承财政平衡的原则，因此在社会支出上并无大的手笔，其未来收入分配改革的重点应在初次分配。对于智利这样一个较早迈入发达国家行列的国家来说尚且如此，其他仍处于发展阶段的拉美国家更应在加大再分配力度的同时注重这些政策的分寸，并逐步把重点放到初次分配环节上去，毕竟经济发展对他们来说是第一要务。况且正如我们所分析的，在初次分配环节，国家发挥作用促进规则和机会公平不会对效率造成损害，反而会对市场竞争和效率带来推动作用，可谓效率和公平双赢之举。拉美国家应重视解决长期存在的生产异质性、就业异质性、非正规就业等问题，这些问题造成了拉美国家初次分配的严重不公，进而造成整体收入分配结果的严重不公。总之，在再分配领域继续进行调节的同时，拉美国家应当把初次分配领域的改革作为未来收入分配改革的重点。

第三，国家在增加社会投入的基础上，要在各个相关领域设计更加完善、更加有利于促进公平的制度，并实施更加切实可行的政策，推动"包容性发展"战略各个路径成效的改善。其一，在宏观经济政策上，要吸取历史教训，同时应尽量保持发展模式和政策的连贯性，避免走极端。自2001年阿根廷发生经济危机以来，拉美主要国家如巴西、墨西哥等国做了许多重大调整，宏观经济有了更好的表现。这些国家和智利一样，并未因新自由主义的缺陷而因噎废食,而是奉行"实用主义"原则,在注重经济和社会平衡的同时,在经济上基本继承了之前改革确定的发展模式,保存了改革带来的成果。而委内瑞拉等国家在发展模式上极端向左转的做法所带来的"钟摆现象"对宏观经济稳定和社会长远发展是不利的。其二,在促进中小微企业提高生产率的政策上,应按企业实际需要设计政策,并使信息畅通、手续简化,尤其要加大对微型企业的扶持力度,并促进有能力的自我就业者进行创业。其三,在劳动制度上,要加强对非正规劳动者劳动权利的保护和社会保障,进而减少非正规就业规模。其四,在教育公平政策上,要增加对初、中等教育的公共投资和对低收入家庭的补贴,改善公立教育质量。其五,在税收政策上,要提高直接税比例,相对减少间接税比例。其六,在社保政策上,要增加财政补贴和转移支付,并继续完善私有化社会保险制度。

第四,在经济形势不利尤其是发生经济危机的情况下,国家在整顿经济的同时一定要重视社会领域,增加社会投入并采取相应对策以减轻危机对收入分配的负面影响。2008—2009年全球金融和经济危机给包括智利在内的拉美国家带来严重冲击导致其经济衰退。由于在2003—2007年经济增长周期各国经济形势普遍良好,且因吸取了之前的教训而使得财政收支基本保持平衡,因此在危机来临后各国可以有条件、有财力实施反周期宏观经济政策,尤其是普遍能够增加社会支出以弥补因失业率提高等因素造成的贫困增加和分配状况恶化问题。此外,智利等国在发生危机时实施了积极的促进再就业和保护、支持中小微企业等政策,减弱了危机的破坏作用。未来拉美各国应坚持这种做法,因为收入分配一旦出现大问题,再想改善就将付出巨大成本。

二 对中国的启示

自1978年改革开放以来,中国经济高速增长,目前已成为世界第二大经济体。然而30多年过程中,中国的收入分配状况却急剧恶化:基尼系数由1978年的0.2左右上升到2013年的0.473(国家统计局公布;而许多学者认为已超过0.5,甚至达到0.61)。如今,收入差距悬殊已成为制约经济增长和转型升级的主要因素之一,而更重要的是,它所带来的贫富阶层对立造成社会矛盾不断加剧,如果未来出现经济形势恶化,则积蓄已久的矛盾必然爆发出来,造成严重破坏。

如果将智利和中国近40年来的历史进行对比，我们可以发现，两国走过的道路是类似的：两国于20世纪70年代先后进行经济改革，建立市场经济体制，实施经济开放战略，并形成出口导向型发展模式。然而在经济高速增长、经济效率不断提高的同时，社会公平遭到一定破坏，收入分配差距逐渐拉大。近年来两国都比较注重改善收入分配，都取得了一定成绩，但改善的幅度并不大。类似的现象背后有着类似的原因。智利的问题实际上也是中国的主要问题，智利的经验教训值得我们借鉴。

第一，要在指导思想上进一步增加公平的分量，促进公平与效率的优化结合。我们提倡包容增长与分配，促进平等性增长。经济增长体现着效率，而收入分配追求公平的目标，因此包容增长与分配也就意味着促进效率与公平的优化结合，处理好效率与公平的辩证关系。中国改革开放以来收入分配出现恶化的首要原因在于多年来过分注重经济增长和效率，相对忽视了公平。改革之初，经济增长是首要目标，因此确立"发展是硬道理"的思想是顺应时代的，必要的。而对于收入分配，"允许一部分地区、一部分人依靠勤奋劳动先富起来，对大多数人产生吸引和鼓舞作用，并带动越来越多的人一浪接一浪地走向富裕"的提法实际上包含了先做大经济蛋糕、依靠经济增长来改善收入分配的思想。在这样的思想的指导下，1993年在党的十四届三中全会上将十四大上提出的"兼顾效率与公平"的提法改为"效率优先，兼顾公平"，2002年十六大报告中又提出"初次分配注重效率，再分配注重公平"。虽然在主观上也希望重视公平，但在客观上，公平的重要性却在很大程度上被效率的优先地位掩盖了。因此，"效率优先，兼顾公平"的原则在很大程度上降低了人们对公平的重视程度。注重效率优先的思想是与我国在特定历史条件下要求迅速摆脱落后状态、改善人民生活的目标紧密相连的，它有效地促进了经济快速增长，提高了人民生活水平。但是，在"让一部分人先富起来"之后，"先富带后富"的美好愿望却没有很好地实现，换言之，高增长并没有自动带来分配的改善，"滴漏效应"没有出现。这与拉美和智利走过的弯路是类似的。可见，如果公平继续处于次要地位，不提高其重要性，那么收入分配或将出现两极分化，改革将走向失败。中国社科院研究员刘国光指出："'效率优先，兼顾公平'是我国一定时期收入分配的指导方针，而不是整个市场经济历史时期不变的法则。……所以这一口号现在应该逐步淡出，逐渐向'公平与效率并重'或'公平与效率优化结合'过渡，增加公平的分量,降低基尼系数增高的速度、幅度。"① 近年来,中国政府提出转变经济增长方式、促进"包容性增长"的理念,并于2007年党的十七大上将"效率优先,兼顾公平"改为"初次分配和再分配中都要处理好效率和公平的关系,再分配更加注重公平",极大地提高了公平对于国民经济发展的重要性,重新确立了效率和公平的协调促进关系,为改善分配指明了方向。

第二,国家要扮演正确的角色,以更好地提高市场效率和维护公平。目前中国已基本建立起有中国特色的社会主义市场经济体制,但多年来国家这只"看得见的手"对于经济的干预程度依然很大,这不仅造成了市场价格的扭曲,而且造成国有企业对市场的垄断和寻租腐败,不利于市场竞争。2013年党的十八届三中全会提出"经济体制改革的核心问题是处理好政府和市场的关系,使市场在资源配置中起决定性作用和更好发挥政府作用",认为"政府的职责和作用主要是保持宏观经济稳定,加强和优化公共服务,保障公平竞争,加强市场监管,维护市场秩序,推动可持续发展,促进共同富裕,弥补市场失灵"②。对于收入分配而言,在生产和初次分配环节,国家应当减少对经济的干预,努力破除既得利益集团的特权和行政垄断,着力维护竞争过程和规则的公平以及机会公平,以促进市场效率的充分发挥,从而形成一个保持合理差距的初次分配格局;在再分配环节,国家应优化公共服务,利用税收和社会保障政策维护结果公平。

第三,要重视初次分配对分配结果的决定性作用。有人认为收入分配中再分配起主要作用,其依据是一些欧洲国家初次分配差距非常大,而通过强有力的再分配政策可以使得最终分配结果趋于公平。但这一做法或许并不完全适用于智利等拉美国家,因为其再分配能力暂时无法与欧美发达国家相比。2011年拉美19国增值税和所得税占GDP比重平均分别为6.7%和4.9%,税收总收入占GDP的比重为15.7%;而OECD 34国的这三项比例平均分别为6.9%、11.3%和24.7%。所得税薄弱限制了拉美国家的税收收入,进而限制了公共支出的再分配能力。智利近年来不断提高企业所得税率(2012年由17%提高到20%,未来计划提高到25%,与OECD国家基本持平),但对于发展中国家而言,这会影响企业的投资积

---

① 刘国光:《改革开放新时期的收入分配问题》,《百年潮》2010年第4期,第13页。
② http://news.xinhuanet.com/politics/2013-11/15/c_118164377.htm.

极性,不利于经济增长,更适合的做法应当是扩大税基和避免偷漏税。而就智利的个人所得税而言,虽然目前边际税率较为合理,但起征点和最高边际税率适用收入水平依然不合理,改革难度较大。总之,智利在近期内较难有效提高税收收入和财政收入。此外,由于智利多年来实施严格的财政纪律,严守财政收支平衡,量入为出,因此,在财政收入难以有效提高的情况下,财政支出也不可能有明显提高,从而使得国家的再分配能力不可能在现在的基础上很快提高。在这种情况下,初次分配公平的重要性就凸显了出来。这一结论在很大程度上对中国也是适用的。另外,初次分配决定了整个收入分配的基本格局,利益格局一旦在这一环节固化下来,单靠财税等再分配杠杆来调节是难以修正的。针对曾经的"初次分配注重效率,再分配注重公平"的提法,刘国光指出:"初次分配里不仅仅是一个效率的问题,同样也有公平的问题。资本与劳动的收入比例关系、垄断企业和非垄断企业、企业高管与一般劳动者的收入差距就是在初次分配里面形成的。……收入差距问题必须要从源头、初次分配环节着手解决,光靠财税等再分配杠杆来调节,这在中国是远远不够的,是解决不了分配不公问题的。"[1] 经济学家吴敬琏指出,在初次分配环节要"取消各种形式的行政垄断,铲除寻租的体制基础";"单靠政府的再分配措施矫正扭曲的基本分配关系会带来消极后果,因为政府大量提供补贴必然造成税负增加和货币超发,这会妨碍经济发展并引发通胀,不利于收入差距的缩小。而过度使用财政税收手段来'拉平'地区之间的收入差距还会损害各地增收节支以及为社会努力创造财富的积极性"[2]。因此,在生产和初次分配环节国家利用公共政策增强低生产率部门的"造血"功能要比单纯地向其"输血"更为重要。我们在努力提高再分配能力的同时,要更加重视初次分配的决定性作用。

第四,收入分配各个领域的制度和政策必须协调发展。其一,要努力保持宏观经济稳定和经济持续健康增长。未来中国应进一步转变经济增长方式,构建扩大内需长效机制,促进经济长期稳定健康增长。其二,应继续促进生产和就业的同质性,形成良好的初次分配格局。当前,中国中小微企业的生产率与大型企业之间存在较大差距,其劳动者尤其是小微企业

---

[1] 刘国光:《改革开放新时期的收入分配问题》,《百年潮》2010年第4期,第15页。
[2] 吴敬琏:《缩小收入差距不能单靠再分配》,《IT时代周刊》2011年第15期,第50页。

劳动者的收入、就业稳定性和劳动条件相对较低。吴敬琏指出，要实现收入分配改革的预期目标，就要"完善劳动市场，消除就业障碍，为中小企业创造更大发展空间和更好经营环境来促进其就业和提高工资，……消除垄断，通过企业之间的平等竞争实现有效配置，为社会大众创作财富"①。国家应切实帮助中小微企业提高融资能力、出口能力和技术水平，促进市场良性竞争。其三，应继续促进教育公平。要提高农村地区、西部地区等落后区域教育水平，减轻低收入家庭教育负担，继续推广义务教育，促进各中小学之间教学质量的平衡等。其四，应提高税收的累进性，改革所得税制度，增加财产税、遗产税等税种，调节收入分配。其五，应改革社会保险制度，逐步引入个人积累制的私有化养老金制度，以控制养老金缺口不断扩大的风险并减轻财政负担。另外应扩大基本社会保障覆盖面，尤其要提高城乡居民的医疗保障程度，减少因病致贫返贫的现象，同时加大对低收入群体和困难群体的转移支付。

在上述各个领域的改革中，处于初次分配环节的生产同质性改革扮演着非常重要的关键性角色。生产同质性战略体现了效率和公平的统一：生产和初次分配环节首先应注重效率，按照帕累托最优的目标促进生产要素、资源和产品尽可能得到有效配置，其结果是企业之间的生产率会有一定合理差距，从而初次分配拉开差距是必然的，也是必要的。但是如果过分追求经济效率和增长速度，则可能会出现垄断（正如智利在20世纪70—90年代出现的那样），从而损害效率。萨缪尔森曾指出："资源配置的效率最大化是在完全竞争的市场中实现的。因此，当存在污染、其他外部性、不完全竞争和不完全信息时，市场便无效，无法达到社会最优。"如果大企业与小规模企业的生产率差距超出合理范围，就会出现垄断，资源就不能得到最优配置。而国家所实施的生产同质性战略正是维护竞争过程公平，促进充分竞争，从而实现效率的最大化。在这一过程中，公平和效率并不是冲突的，而恰恰是统一的。在中国，国家这只"看得见的手"应当扮演正确角色，正如十八届三中全会上所提出的，要"保障公平竞争，加强市场监管，维护市场秩序，弥补市场失灵"，目的正是促进市场效率的最大化。事实上，智利和其他拉美国家的生产同质性战略在很大程度上取法于欧洲经验。众所周知，在德国等欧洲国家，中小微企业有着很

---

① 吴敬琏：《缩小收入差距不能单靠再分配》，《IT时代周刊》2011年第15期，第50页。

强的活力，它们并不因规模小而在大企业面前处于完全劣势，而是有着较强的市场竞争力。德国领导人曾坦言，德国经济之所以保持活力，一个重要的原因就在于中小企业始终保持着旺盛的生命力。二战后的几十年间，德国政府从立法、税收、贷款、技术等方面大力扶持中小微企业，目前其公司产值占到全国总量的一半。正是这样的生产同质性战略使资源得到高效配置，进而使全国的整体生产率得到提高。

为了促进生产同质性，我们要利用公共政策切实帮助中小微企业提高生产率。20 世纪 80 年代中国改革开放初期，乡镇企业崛起，中小微企业焕发出勃勃生机，成为拉动经济增长的一个原动力。90 年代后期的国企改革中，国家为提高国有企业竞争力和实力而"抓大放小"，一批垄断性大型企业建立起来，为拉动经济增长和推动中国走向全球化做出了贡献。但由于其垄断性地位不断增强，尤其是由于存在"权力与市场结盟"，这些大型企业与中小微企业在融资、技术、市场、出口能力等方面的差距在逐渐拉大，因而其生产率差距和收入差距也在逐渐拉大，这成为中国近年来收入分配状况恶化的一个主要原因。中国中小微企业占到企业总数的 97% 以上，创造了近 80% 的城镇就业岗位、60% 的 GDP、50% 的税收和 70% 的出口，因此切实提高中小微企业生产率能够有效改善收入分配，提高全国整体生产率，并进一步促进经济增长。首先，国家应进一步提高中小微企业融资能力，提高对其的信用担保力度，并改善信用担保结构，增加用于企业外贸和出口的信用担保。另外应增加对小微企业的小额贷款。其次，应从宏观上针对中小微企业制定战略规划，为其创造环境培养人才，提高技术创新能力，促进产业升级。最后，应帮助中小微企业开展市场调研，积极开拓新的国内外市场，优化出口产品结构。

中小微企业生产率的提高会促进生产同质性程度的提高。在此基础上，随着劳动力市场的制度走向公平（包括提高中小微企业劳动者的就业稳定性、就业正规程度和社会保障程度，提高劳动收入在企业增加值中的比重），初次分配状况必将明显改善。在再分配政策的配合下，我国收入分配会逐步回归合理空间，实现平等性增长和"包容性发展"。

附录1：米歇尔·巴切莱特政府施政纲领2014—2018年

2013年10月

深层改革

教育改革

要转变为真正先进发达的国家，消除严重的不公正，智利社会还面临着许多重大挑战。第一个挑战就是教育问题。除了直接与生产赢利相关的因素，平等地获得高质量的教育资源也有助于建立一个拥有更多机会、更加公正、公民感更强的社会。

智利在教育领域已经取得了许多重要成就：高覆盖率、基础设施高投资、先进的设备和专门的教学方案。然而，虽然我们一直在努力，但教育的不公正和分割程度依然非常高，公立教育尤其显得有限而脆弱。

21世纪智利教育的服务目标应当是高贵的思想和具有强大凝聚力的社会，应当有利于消除社会分割，推动社会一体化、包容、团结和民主，这些都是国家发展的核心价值，也是每一个智利人应具备的核心价值。

国家保证，无论出身、家庭条件、居住地，每一个孩子都将有权利接受教育且被承认接纳，都将通过学习来发挥潜能并获得当今社会所需的技能。

当前我们所欠缺的就是教育质量的全面改善，这不仅在于提高标准化测试成绩，还在于改善各级公立教育质量。要改善教育质量就有必要建立一套更加完整和公平的体系，而不是像现在这样落后和不包容的体系。这也意味着要合理设计，不能对学生及其家庭造成经济负担。

通过公立教育，国家将在各级教育中强化其作用。国家应当通过加强公立教育并给予公民明确和可行的保证来确保人们获得高质量的教育。

教育改革总体上需要公共教育支出占 GDP 比重再增加 1.5—2 个百分点。

教育改革的主要内容

教育质量

对于中小学而言，由于使用了 SIMCE[①]，我们经常提及教育质量的概念，并不断选择、放弃和完善各种测试。现在我们应当超越对教育质量的定义，更为全面地理解这一概念，以重新定位教育工作的意义。

所有的教育机构都应该表现出色。为此，教育机构应该获取必要的资源和工具来改善其质量并确保有效监督。这意味着教师职业应该是社会上最有价值和要求水平最高的职业之一，教育工作者（无论是教育的领导者还是参与者）应该获取必要的空间和资源来提高其工作质量。

对于高等教育而言，应该提高对学校的要求，加强信用机制，完善公平的招生程序，减少辍学现象。

分割和包容

不仅在教育政策的制定上，而且在所有公共政策的制定上，消除分割并使国家在社会和文化方面更加一体化都应当成为我们始终如一的目标。在 PISA[②] 所评估的所有国家中，智利的社会分割程度处于第二位。

另一个令人担忧的现实是，根据联合国儿童基金会（UNICEF）统计，智利有 30 万儿童处于中小学教育体系之外，而高等教育中某些专业的辍学率超过 40%，尤其是最脆弱人群的辍学率非常高。很多年轻人虽然还在继续上学，但同样面临着种种困难，无法正常学习。

建立一个包容的教育体系对我们而言是一项重大挑战。我们最主要的目标之一就是消除对学生入学的限制，让所有孩子都能上学，让他们被接纳，帮助他们成长。

对于中小学教育而言，这要求各个学校建立一种全局观念并付出持久的努力。大部分教师对此还未做好准备，而学校也还未具备相关能力，还没有安排足够的时间和资源。

---

① SIMCE：Sistema de Medición de la Calidad de la Educación，教育质量衡量体系。
② PISA：Program for International Student Assessment，国际学生评估项目。是一项由经济合作与发展组织（Organization for Economic Co-operation and Development，OECD）统筹的学生能力国际评估计划。主要对接近完成基础教育的 15 岁学生进行评估，测试学生们能否掌握参与社会所需要的知识与技能（摘自百度百科）。

全面免费

这项建议提出了一种范式上的变革。它意味着教育由曾经的可以在市场上进行交易的、作为人力资本质量调节机制的商品变为能给智利青少年们提供一种社会权利的协调的教育体系。

在智利，出生时的社会经济水平依然决定着一个孩子的未来。国家的作用就在于让接受高质量的教育不再取决于家庭的支付能力，让家庭的收入水平和负债水平不再影响孩子受教育的机会及其未来。消除不公正意味着社会经济文化水平不再成为孩子受教育的障碍，因此我们将坚决地朝着教育的全面免费努力。

整个教育体系不再以赢利为目的

智利教育领域一直盛行的是准市场逻辑，其动力是学生的竞争。这限制了国家在教育资源上的提供，阻碍了教育质量的改善，影响了教育作为一项社会权利的开展。

不再以赢利为目的并不意味着取消受资助的私人教育部门。我们将确保父母们能够选择他们所希望给予其子女的教育模式。国家将继续尊重混合体制的存在，但是应该确保每一个孩子接受高质量教育的权利。因此，国家投入到教育的所有资源都应该用于改善教育质量。

我们将不允许利用公共资源进行赢利，因此公共投资将仅用于非赢利目的的教育机构，这些机构的唯一目的是在社会权利的框架下提供高质量的教育。

教育改革的原则

教育被理解为一种社会权利。所有公民都有权利受教育，从而有能力自由地选择他们的人生道路。下面介绍指导教育改革的原则：

· 教育是一项基本的社会权利。教育有着不可否认的公共价值，是建立在更加公正、民主和参与性的社会基础上的。我们的社会应该改变过去那种将教育当作一种消费产品的做法。

· 要加强国家的作用。在教育服务的直接提供上和对教育体系的严格监管上，国家都应成为积极的主体。

· 要把加强公立教育作为结构改革进程的动力和标志。公立教育应该确立质量标准，在各个领域都表现突出。要促进教育项目、社会凝聚和一体化，公立教育是基础和最有力的手段。

· 教育体系应该在各个层面推动社会一体化和包容。我们不应忘记，目前的规则和标准使我们成为教育体系社会分割最严重的国家之一。国家应该积极解决这一问题。

·将教育过程和学习置于公共政策的中心位置。应该在教育过程中思考我们希望塑造什么样的公民，我们梦想建立怎样的国家，教育在各个方面（尤其是最脆弱的方面）面临怎样的挑战。

·要建立从摇篮开始的教育机会的公平，对那些因过去教育不公平而现在处于劣势的学生给予补偿。一直以来教育差距表现在学生的入学问题上。公共政策无论在投入的资源规模上还是在措施的设计上都应该致力于减少和消除社会差距。

·教育改革，包括学前教育、基础教育和高等教育，其总体特点在于整合和覆盖整个教育过程。

在本届政府执政的前100天内我们将向国会提交教育改革法律草案。

学前教育改革

儿童全面保护体系"智利和你一起成长"已经能够保证来自60%最弱势群体家庭的孩子免费进入全日制或相应类型的托儿所和幼儿园。我们将通过新的举措增加这一保障，扩大覆盖面（尤其是针对4岁以下的孩子），通过与之一致的制度框架提高教育质量。

我们将通过增加约9万名孩子入托（2年）、新建4500家托儿所来提高覆盖率。2—4岁孩子的新入托人数约为3.4万（相应增加1200间活动室）。目前幼儿园的入园率基本达到100%，因此下一步建议促进低龄幼儿义务入托。本届政府执政的前100天内我们将提交2014年新建500家托儿所的详细地址。

我们将保证劳动妇女的孩子进入全日制幼儿园，也为她们提供全日制托儿所的选择。

与当前的公共政策不同，本届政府将制定针对学前教育的更高的标准，主要措施是提高专业和技术程度。此外，我们还将为所有学前教育机构建立一套教育质量信用和担保体系。

我们将促进学前教育制度现代化，明确政策设计角色，在教育部内设立专门负责学前教育的部门，加强监管，提供服务。

我们将加强对教师的培训，国家应负责加强对学前教育教师培训的质量。为此将建立针对相应职业的更加严格的信用制度和用于提高其质量的配套方案。

作为补充，我们将实施专门的公共方案来用于加强对学前教育机构领导、教师和技术工作者的培训。特别要加强机构领导的作用，提高其管理能力；提高教师和技术工作者的知识水平，提高他们与孩子及其家长的沟通能力。

我们将实施补充教育方案，从全面发展的视角，使家庭在教育孩子方面扮演主要角色。该方案针对农村或入托困难地区的孩子，也针对那些不愿让孩子进入传统托儿所或幼儿园的家庭。比如，周末家长休息时就应对孩子负起教育责任。对于土著群体中0—4岁的孩子应当以灵活方式重点关注。

最后，我们将实施政策来保证家庭有权利在教育过程和决策过程中进行参与和合作，给出指导、策略和行动方案来保证教育机构和家庭之间经常沟通接触。

基础教育改革

教育不再以赢利为目的

公共资源不应用作赢利手段。因此我们将专门投入公共资金用于非赢利性教育机构，并对其进行适当的管理和监督。要实施这一措施，应该考虑留出时间并建立机制让需要赢利的受资助私人教育机构做出必要的调整并适应新的制度。

逐步结束共同投资模式

我们将以严格和阶段性的方式来评估高质量教育的实际成本。在分析结果的基础上，国家投资比例将逐渐增加，而其他出资人的投资比例将逐渐减少直至为零。在此过渡过程中将不再出现新的共同投资模式，教育机构不能增加这些内容。结束共同投资及其他机制是为了在公共投资的教育领域内消除社会分割。

建立新制度来提供公共基础教育，同时结束市政管理

该新制度应当考虑到目前教育领域取得的进步。

各市政府职能繁多，事务庞杂，除个别例外，很难有效而稳定地管理教育。此外，市政府管理的教育受制于一系列规定和限制，尤其受人事制度限制。

公立教育机构的管理应由专门机构负责。市政府管理应当被新的公共制度替代，其制度结构中应考虑建立一个权力下放的国家公立教育服务部门和地方公立教育服务部门来与教育机构对接。这两个部门通过教育部对

共和国总统负责。

教育机构将从属于地方公立教育服务部门，部门名称根据各教育区域确定。国家公立教育服务部门的主要职能在于通过地方服务部门来提供教育技术、管理和资金支持。

每个地方服务部门将拥有法人和独立财产权，将建立一个由教育团体成员和当地公共机构教育职能部门代表组成的咨询理事会。

当前将提交一份短期行动计划，旨在促进那些在教育技术方面欠缺严重的教育机构进行完善，并提高公立教育的入学率。

消除各种形式的招生选择

要在经济、社会、学术和其他行为上消除各种形式的招生选择。此外，教育机构应当在其教育计划中考虑将孩子与特别的教育需求融合起来，培养其能力。

教育改革应该在所有教师、教育领导者和其他教育工作者的积极参与下进行。

我们将保证所有公立教育教师每四年获得一次免费的机会来参与教学培训，同时我们要增加培训课程并提高培训课程质量。我们将在全国每个地区建立一个教育职业发展地区委员会，其职能为设计和协调适应地区需要的教育培训。我们将实施计划来为中学教师按课程授予职称，并为小学教师提供基础培训。我们将加强"教师传帮带"网络的建设并为新入职教师培训提供支持和引导。

我们将通过政策对刚担任领导职位的工作者进行引导，建立领导培训班对其进行阶段性培训，以重点提高其教育管理能力，并促进教学工作团队的形成。

提高培训团队能力

推动高校师资再培训项目；通过国际交流项目和研究生奖学金等手段推动培训机构学术团体能力发展；提高教育职业信用标准，建立强制性资格评估制度；增加对教育问题研究的公共投资。我们将建立精英教育培训学校，为此将制定和完善管理协议。

我们将提高教师职业工资待遇，引入激励机制，逐步增加教学工作时间，更多用于课外工作。教育行业应当将职业发展和教学质量作为行业的中心要素，应当逐步减少每个年级的学生数量。

职业技术教育至少面临两个基本问题：一是该教育目前与一般的职业

发展轨迹（包括中等、高等教育和培训）相脱节，因此与劳动力市场需求关联性不大；二是还存在辍学严重和毕业率低的现象。我们将建立一套多样化培训体系，让所有年轻人制定人生规划，按照其偏好和才能而不是按照其社会经济条件来设计劳动教育规划。在这样的教育模式下需要各个教育机构付出更多努力以获得完善。

我们将促进中等职业技术教育师资现代化，可能会建立一种渠道来发展到高等职业技术职称。我们将在全国每个地区建立一所高水平的培训中心，按照当地生产的特点和优势为学生提供实践培训。每个地区将建立一个公私合作性质的职业技术培训理事会，其职能在于促进技术教育体系的完全对接融合，促进该地区中等和高等技术专业的发展。

高等教育改革

关于高等教育，学生及其家庭面临两种问题。第一个问题是入学问题，现在还存在资金和学历上的障碍。对于来自经济上最脆弱家庭的学生，这一问题尤其突出且带有歧视性。

第二个问题是在高等教育机构质量监控上还存在困难，这一问题因职业研究机构和技术培训中心监管程度低而更显突出。

我们将建立制度来恢复人们对该体系和机构的信心，并应对国家在生产、科学和文化发展上的挑战。

高等教育应当成为一项现实的社会权利。我们要对公民在高等教育的录取、质量和资金方面提供明确的保障，这一保障尤其要照顾到低收入家庭的学生。

要实现这一保障就需要国家在教育服务的直接提供上和对教育资源提供者的严格监管上都积极发挥作用，这是一项需要付出巨大努力的艰巨的任务。

我们要用大约6年的时间逐步实现高等教育全面而切实的免费。在接下来的政府执政期，至少70%最弱势群体家庭的学生将实现免费，这一群体也包括中产阶级。任何满足以下条件的高等教育机构将实行免费政策：拥有信用；严格遵守非赢利标准；加入关于平等录取的新标准；对弱势学生进行能力培养和照顾；按照教育部规定的收费标准进行收费。

我们将建立新的制度来制定收费标准，由专家组定期决定和审查收费数额。

借贷读书的学生目前生活处境不佳。我们曾经使用的用来扩大高等教育覆盖率的金融工具并不总能达到预期效果。我们将努力实现高等教育全面免费，同时我们将研究建立机制来制定针对借贷学生的公平协议。

我们将促进高等教育公共制度现代化，建立高等教育管理部门。高等教育管理部门应职能清晰，拥有必备的资源来履行其职能（尤其是对公共资源的使用进行监督的职能），消除赢利性；高等教育质量管理局负责高等教育的信用和质量。这一新制度将在高等教育机构和教育管理部门之间建立直接的业务联系。

对于无法继续办学和被关闭的高等教育机构，教育部将使用必要手段保证其在校学生继续学习。

我们将实施新的计划来提高高等教育录取的公平性，以使学生适应现存的学历要求。为此，希望接受公共资助的高等教育机构需要与教育部签订一项关于义务和权利的协议以实施这项新的录取制度。该制度将建立"公平名额"作为常规制度的补充，将高等教育机构每个专业20%的学生名额留给来自40%最脆弱群体家庭的学生。

作为"高等教育录取公平计划"的一部分，我们将建立一项长期的行动计划来支持弱势群体家庭的学生，旨在避免他们辍学。该计划的内容还包括：在中学实施计划对学生进行培养，与学生家长沟通，对高校学生能力培养进行支持，改革"间接财政支持"（AFI）项目以鼓励贫困学生继续留在学校学习。在本届政府执政的前100天内我们将启动该计划，同时还有另一项针对2016年将升入大学的初三学生的"青年人培养和支持"计划。此外我们还将在公立学校中开展一项计划来帮助学生准备PSU①。

我们将建立一套新的高等教育机构信用体系，无论是学校的还是各个专业的信用评估都将是强制性的。

我们将建立新的大学科研支持基金，使高校不必靠收费来资助科研。所有公立高校以及所有具备科研能力并与教育部签订协议的学校都可以使用这项基金。

关于这项资金资助，我们将特别照顾国有高校。这些学校应该在管理上进行必要变革来创造效益，对获得的资助进行规划。其中一项基金专门

---

① PSU：Prueba de Selección Universitaria，智利的大学选拔录取考试。

给予国有高校长期的基础支持，另一项基金长期支持地方国有高校。

此外，我们将在还未设立国有高校的地区设立若干国有高校。在本届政府执政的前100天内我们将向国会提交创建新高校的法律草案。

我们将创建若干公共技术培训中心，遍布全国所有地区。每一个技术培训中心都与一所公立高校相联系。我们希望这些中心通过与当地生产发展紧密联系而拥有技术教育质量标准并成为典范。在本届政府执政的前100天内我们将与各高校先签订五份协议来创建地区公共技术培训中心。

税制改革

要实现发展，智利需要在一些领域进行重要转型，其中之一是深度的教育改革。这些转型意味着公共支出的大量增加。显然，这要求进行税制改革以保证长期财政收入，保持财政稳定。

税制改革的四个目标

1. 增加税收获取长期收入以用于教育改革的长期支出、其他社会保障领域政策支出以及减少目前的财政结构赤字。

2. 促进税收公平，改善收入分配。收入多者多缴税，对于劳动所得与资本所得应当有相似的政策。

3. 引入新的更加有效的机制来鼓励储蓄和投资。

4. 加强依法纳税，努力减少偷税漏税。

税制改革的目标是税收收入占GDP比重增加3%，其中2.5%来自于税收结构变化，0.5%来自于减少偷税漏税。

这就要求向国家提出负责任的建议，使智利能够稳步推进必要的转型。

税制改革和经济增长

随着经济持续增长，发达国家能够通过公共政策不断为其公民提供越来越多的物品和服务。而这一切只有当税收不断增加时才成为可能并持续下去。

与发达国家（曾经人均GDP与我们相似时）相比，智利税负仍然较低。我们所宣扬的税收收入占GDP比重增加3%有利于缩小我们与其他国家的这种差距，但即使实现了目标，我们依然比OECD国家平均水平（曾经人均GDP与我们相似时）要低。

此外有研究表明，智利提高所得税率不会严重影响投资决策。影响仅限于最小规模的企业，这些企业融资困难更大。我们将设计一套措施来消除改革对这些企业的影响。

有人把税制改革和经济增长减速联系起来。这种看法是不正确的。首先，税收只是影响投资的一个因素。对此问题的研究表明，最影响投资的因素包括：1）社会凝聚和政治稳定；2）公共制度的质量和可信度；3）金融及其他市场的可入性和竞争性；4）基础设施；5）适当的经济立法。

本届政府执政的前100天内我们将向国会提交税制改革法律草案。

减少偷税漏税

近年来，智利税务局在现代化进程中停滞不前，甚至在一些关键领域，如监管和技术投入领域出现倒退。这导致逃税率上升，增值税逃税率超过20%，而21世纪的头十年这一数字低于10%，与完税程度最高的发达国家水平相当。

首先，我们将通过以下手段加大监管力度：1）发现并追查逃税和作假等违法行为；2）实施区域预防控制措施；3）对高收入纳税人进行监控；4）对财政风险和能力进行分析，在掌握各种数据信息的基础上，了解高风险纳税人的情况。

其次，我们将投入更多资源加强税收管理：1）提高监管人员业务和配备水平；2）重新审查并加强智利税务局的监管和获取信息的能力；3）重新审视对偷税漏税及不依法纳税的制裁措施；4）免税政策要统一化和透明化；5）增加技术投资，以普及电子发票；6）在税法中增加一项反偷税一般规定，旨在惩罚那些仅因税务原因而非经济行为原因偷税的人，以及那些参与设计偷税计划的企业纳税顾问；7）促进智利税务局、国家海关署与财政部之间的协调合作。

最后，我们还将努力改善为纳税人的服务，增加对他们的关注，具体措施包括：1）通过简化办事手续，降低中小纳税人的纳税成本，这将为其经营带来更大便利；2）在所有管理行为上更加尊重纳税人的权利，在其纳税过程中给予公平对待；3）在常见手续上进行服务承诺，明确纳税申请回复期限；4）利用各种渠道、使用各种媒介改善服务，使税务管理更加贴近纳税人需要。

这些改革措施预期使税收收入占GDP比重提高0.51%。

税收结构变化

所得税

智利当前实行的 FUT① 制度在世界上其他国家均未实行。这是一种在 20 世纪 80 年代债务危机后实行的制度，比较适应当时特殊的经济情况，尤其是智利企业面临资金困难这一情况。

智利所得税的特点是资本利得税较低，存在一些设计不合理的免税项目，而且之间互相重叠。FUT 中的一些特殊制度偏离了其最初目标，已经变成了偷税漏税行为可利用的制度。

为了修正这些缺陷，我们将对所得税法进行如下修订：

我们将用 4 年时间逐步将企业所得税率由目前的 20% 提高到 25%。这一政策将作为个人所得税改革的铺垫，最终在企业所得税和个人所得税之间保持政策协调。

企业主应按其企业收益总额而不是按其本人取得的收益额进行纳税（系统将按收益总额计算）。这一政策将在改革的第四年开始实施，随之将废止目前的 FUT 制度。

我们将用 4 年时间逐步降低个人所得税最高税率，由目前的 40% 降至 35%。

在改革的第四年即新的税收制度实行之前，现行的 FUT 税收制度将继续执行。而新制度实行之后，目前的可纳税收益将被当作应纳税收益总额的一部分。

所得税改革预期使税收收入占 GDP 比重增加 1.92%。

对储蓄和投资的鼓励措施

对企业投资的鼓励措施

与所得税改革相配套，我们应当对投资进行特别关注，建立新的现代制度来消除目前的偷漏税现象。

我们将实行一种"即时扣除"制度，即企业可以从其收益中将当年投资总额扣除，这主要有利于中小企业，而且可以减少不同规模生产部门在投资上可能出现的扭曲。这项制度将于税制改革的第四年开始实施，与 FUT 的废止同时进行。

这是一项符合当前智利情况的措施：1）它对投资的鼓励程度大于现

---

① FUT: Fondo de Utilidades Tributables, 可纳税收益基金。

行税收制度；2）能够避免许多目前存在的偷漏税行为。

对个人储蓄的鼓励措施

我们将免除对个人利用金融工具所获得的储蓄收益（包括无风险金融工具带来的收益）征收的税赋。这样就可以鼓励中等收入者进行一般储蓄。

鼓励储蓄和投资的措施预计将使税收收入占 GDP 比重减少 0.21%。

针对中小企业的措施

对中小企业投资的鼓励措施

我们将对所得税法第 14 条所规定的、目前中小企业纳税所使用的简化体系进行内容扩充和强化。目前，缴纳增值税并且年销售额低于 5000UTM① 的个人企业可以使用该体系。我们将把这一便利措施扩展到所有年销售额低于 14500UTM 的企业，无论是个人企业还是法人企业，而且与其增值税义务无关。

这一体系将为中小企业带来如下好处：1）投资额可以从收益中扣除，而且在改革的第一年中小企业即可享受这一好处；2）节省了核算整个账目的成本，对于很多小企业来说这项成本比缴纳的税款额还高；3）智利税务局可以为每个企业准备并提出年度通报，这样更加有利于税款的缴纳。

所有上述改革措施将于法律通过的第一年开始实施。

同时，我们还将废除其他一些曾被大企业利用来偷逃企业所得税，且未对中小企业产生好处的简单制度。

通过这一措施以及所得税改革的实施，企业主将按照企业人员标准进行最终的税款缴纳，这样将不会给中小企业的税负处境带来不利影响。

反过来，由于实施了"即时扣除"制度，因此如果中小企业进行投资则会改善其税负处境。例如，一个年销售额 5500 万比索（微型企业标准的上限）的小区面包店，年收益 500 万比索，在烤箱或冰箱等机器设备上投资 100 万比索。目前它需要缴纳 34 万比索的税款，而在我们所提出的制度下仅需缴纳 14 万比索的税款。

对中小企业的照顾

另外，影响中小企业的一个主要问题在于大型企业以大欺小：大型企

---

① UTM：Unidad Tributaria Mensual，月纳税单位。

业为中小企业产品或服务支付款项的期限是 90 天或更长,而中小企业需要在发票开出后的第二个月就缴纳增值税。

为了进行公平对待,也为了解决中小企业面临的流动性问题,我们将在增值税支付问题上做出改变。这意味着大型企业如果要延期支付供货商货款,则需要为这笔业务缴纳一部分增值税。

这两项针对中小企业的鼓励措施预计将使税收收入占 GDP 比重减少 0.18%。

其他税收措施

环境

作为不鼓励购买柴油汽车和大排量汽车的一种方式,我们将为此类购买行为设立一种税,每年和行驶许可费一同缴纳,税额因所使用燃料不同而不同。

目前,燃料特别税只针对运输所使用的燃料征收。然而,工业中使用化石燃料也会对环境和人的健康产生负面影响。因此我们将设立工业污染排放税。这项措施也有利于鼓励清洁技术的使用。中小企业不在该措施实施范围内。

矫正税

在智利,对酒精饮料和烟草的课税主要按照销售价格征收。为了让这种税起到抑制对此类商品进行消费的作用,有必要按照销量进行征税,因为按价格征税会使人倾向于购买价格更低但一般对人健康危害更大的商品。另外,与其他国家相比以及与烟草税相比,智利对酒精饮料的课税相当低,因此不利于降低因过度饮酒而对人造成的伤害。

鉴于以上问题,我们将设立一种酒精饮料从量税,按照各种饮料中纯酒精含量的多少来征收,税率将接近 OECD 国家规定的平均水平。

此外,对于烟草,我们将设立一种按销量征收的从量税,同时减少从价税额,以保持征收总水平与现在一致。该措施将对其消费产生明显的抑制作用,也能发挥税收对公众健康的促进作用。

间接税

我们将消除新不动产销售增值税的漏税行为。为此,我们将对所有在销售给最终消费者之前发生的不动产交易行为进行征税,包括建设、房产及其他中介机构交易。

此外,对于建筑公司增值税的特别信贷,我们将严格控制,仅限价格低于2000UF[①]的房产。

我们将用两年时间将印花税率由现在的0.4%提高到0.8%。中小企业将维持现状，可以通过从每月增值税中扣除印花税额的方式得到返还。

其他建议

对于新的投资项目，我们将不再实施《外国投资条例DL600》。该条例现在已经不再使用。废除该条例能够从制度上为外资进入智利提供稳定保证。

智利的资本市场不断发展深化。为此做出贡献的一项公共政策就是建立了私人投资基金（FIP），其目的在于发展风险投资市场。

然而遗憾的是该制度曾被一些市场交易者滥用。例如，一些企业将其资产出售而获取资本收益，然后将其股票转让给一家FIP，则收益留在该基金，这样这些企业即可偷漏税款，因为FIP有免税权利。因此，我们将改变FIP的税收待遇，也像对企业一样对其征税，以堵住可能的偷漏税源头。

以上这些税收措施预计将使税收收入占GDP比重增加0.97%。

（以下为内容摘要）

新宪法

人权

新的宪法应当建立在人的尊严、自由、平等和团结等价值上，全面建立一种承认现代民主社会特有的多元性并进而承认人的精神自主和人格发展自由的民主体系。

保障

我们将实施一系列措施并利用资源来维护公民的法律权利，如安全保护和信息获得；还应该规定只能由法律对这些权利进行限制，不能从本质上损害这些权利。

义务

要规定相关义务，促进公民生活安定，尊重权利，创造团结社会，履

[①] UF: Unidad de Fomento，智利于1968年建立的一种会计单位，其与智利货币比索间的比率随通胀进行调整。2015年8月该比率约为1UF等于25100比索，约合人民币231元。

行法律规定的责任；要规定国家应尽的义务、其价值和长期关注点，以及尊重和履行宪法和法律的义务。

政治体系

新宪法应该规定智利是一个尊重权利的社会民主国家，其政体是民主共和国。国家主权在于智利人民，国家权力的基础也是人民。应建立代议制民主。

制定新宪法的过程

新宪法应在民主、制度性和参与性的过程中进行制定。

经济计划

从2015年开始将使经济重新回到持续发展的道路上，在本届政府执政的第二阶段，智利经济增长率将为5%左右，接近其潜在增长水平。在这样的增长水平下未来四年将创造60万—65万个新的就业岗位。

我们将实施必要的改革来促进潜在的可持续增长，以创造高质量的就业，创建更加包容的社会。

好的经济表现和财政责任

我们将制订生产、创新和经济增长计划，主要涉及四个战略领域的行动：竞争政策，国家现代化，生产发展，创新。

财政责任

我们将实施税制改革，让国家以可持续的方式获得必要的财政收入。这样，在教育和其他社会保障领域的更大的投资计划就能得到公共财政的稳定保证。

能源

短期建议

能源部将在能源计划的框架下实施国家能源政策，该计划将在本届政府执政的前100天内制定。

中长期建议

我们将推动国家在能源领域角色的制度变革。这方面的主要工作有：参与性规划，改善电力传输管理和推动非传统可再生能源发展。

努力提高能源效率

我们将在提高能源效率方面进行结构性变革，具体内容包括：建立能源消耗的最低标准，包括照明、工业马达和冰箱；重新实施能效标识制度；为新的公共建筑制定能源标准和（或）目标；制定政策让大的能源消耗企业使用能源管理体系；关注高效交通（公共新能源）问题；在公共建筑中推动和深化节能计划。

能源创新

我们将促进具有竞争优势的领域发展，包括太阳能、地热、潮汐和沼气发电。

发电产业的更大竞争

智利发电企业集中在三家，发电量占到中央电网体系（SIC）的90%。未来，通过输电企业向常规客户供电的长期合同将更容易签订。

木柴能源和偏远地区

我们将实施关于木柴能源的国家政策，来改善成百上千户使用这种能源的家庭的生活条件。

科学、技术和创新

我们将制订一项促进计划，为拥有高水平工程专业且与国家签订协议的高校提供一千个额外的就业岗位，招收满足基本条件的求职者。同时，我们将支持在海外获得硕士或博士学位后回国的专门人才就业，他们对于企业和高校的贡献将非常大。

为了让人民广泛接入高质廉价的宽带互联网服务，我们将面向所有电信运营商进行宽带基础设施工程招标，为城市低收入家庭提供宽带服务。

我们将实施政策和计划来发展地区集群和高潜能部门。

农业

在农村的家庭农业领域，我们将为其主要项目建立、实施和推动一项竞争性发展计划，使农户显著提高其生产率、竞争力和市场进入能力。

我们将重新修订农业生产者法，即"蒙圣托法"，其目的是促进技术发展以提高农业部门的生产率和竞争力。

我们将加强和鼓励使用农业保险。

关于新的灌溉大工程，我们将在各地区加强水库建设项目，推动灌溉面积的长期持续增加。

我们将研究开发现代金融工具，改善现有工具，来支持牛羊畜牧业。

矿业和水资源

我们将通过加强研究机构间合作来推动矿业集群发展，避免其力量分散。

我们将努力提升专业人力资源，特别是矿区人力资源，因为这些地区接受高级培训的年轻人数量依然较少，无法满足用人需求。

智利大部分地区发现锂矿，我们将制定国家政策对其进行高效开发，为国家带来效益。

我们将研究并采用新的标准来完善矿业经营许可体系，以促进矿藏开发，而不是为新的经营者进入该领域带来潜在的障碍。

中小微企业经营

公共采购体系将把小规模企业积极纳入其中。当前生产性中小企业的市场参与程度较为有限。

我们将推动改革来帮助小微企业融资。

我们将使国家银行发挥有效作用，为小规模企业提供资金支持，加强国家银行对小规模企业的业务。

我们将通过生产开发集团（CORFO）为生产合作社建立特别的促进计划，支持其发展和公平贸易；支持企业通过其产品和服务改善社会和环境问题，支持大众旅游业和其他协同发展或推动社会凝聚的形式。

社会保障和机会均等

医疗

我们将制订计划让刚毕业的医生和国家医疗机构签约，派往基层医疗机构提供3—6年的义务医疗服务。

我们将为易患糖尿病或高血压的成年人制订预防计划，帮助他们建立健康的饮食习惯，疏解压力，加强运动。

本届政府执政的第一年起将建立国家药品基金，为人民提供药品，将使500万智利人直接受益。这一举措将首先针对15岁以上患有糖尿病、高血压、高胆固醇、甘油三酯偏高等疾病者，保证其及时获得药物。

如果医疗体系中某位医生给病人开的药价格高且不在医保范围内，将得到高价药特别基金补贴。

就业

我们将改革劳动法，扩充其内容，在工会与企业主进行集体谈判时保证工会的代表性得到体现。

我们将继续完善新的法律框架，其中包括临时工和季节性农业劳动条例，旨在保护农村地区劳动者权益。

为了帮助劳动者解决子女入托费用问题，我们将建立由劳动者、企业主和国家共同出资的互助基金，以保证劳动者子女能够全面、较早入托入园。

我们将制订计划，对那些在就业方面存在特殊困难的群体进行特别培训，首先针对的是15—19岁既不上学也不工作的年轻人。

司法

我们将加强新的司法援助体系，其目的是保证为那些不能全部或部分支付费用的人提供法律咨询和法律代理等预防性司法服务。

我们将对现行刑法内容，尤其是对经济犯罪部分进行全面审订。

我们将建立人权及巡视员或人民保卫员局。

疏解集中，区域和发展

环境

我们将建立一项由市民参与的区域规划方案，在经济增长需求、社会需求和环境保护之间进行平衡。

水是关键因素。新宪法将把水看作公共使用的国家物品。

矿业生产活动应当满足新的社会环境要求，我们应该向世界表明，我们对可持续性的追求推动我们建立更高的标准。

关于转基因问题，我们将积极建立生物安全方面的国家政策，履行我们的国际承诺，将该问题提交国会讨论。

交通运输和电信

交通运输

我们将在每个城市建立城市交通运输局。

我们将促进人员和货物运输尽可能高效，促进低污染、低拥堵和低事故率的运输单位就业。

我们将加快跨圣地亚哥地区的交通运输投资。

我们将建立总体规划，增加对城市和乡村自行车道路及其他非机动车交通道路的投资。

电信

我们将缩小人们在电信网络方面的距离，增加互联互通。

我们将促进人们更广泛地接入互联网和宽带。

我们将在5年内实现电视信号数字化。

我们将改革许可权制度，通过同一个电信网络提供多重服务。

公民权利

减贫

在本届政府执政的前100天，我们会将《三月长期家庭贡献法》草案提交国会讨论。

我们将建立"贫穷群体援助基金"，对"社会发展地方规划"的设计和实施进行资助。

我们将完善对贫穷的测度和定性工具。

人权

我们将在人权方面实施明确而全面的国家政策，包括以下四个内容：推动和保证一切人权的全面实现；对这项国家政策的设计和监督实现制度化；设计公共政策时要关注人权；为独裁反人类犯罪的受害者、其家属及全社会提供真相、正义和补偿。

高度认可宪法及国际条约和协议中关于人权的内容。

我们将申请任命法官专门审理严重侵犯人权的案件，可以向司法部门上诉。

我们将设计一项国家规划，在各级教育中普及人权知识。

我们将推动批准关于"战争罪和侵犯人类罪不受约束"的协议。

我们将采取法律措施保证给予人权受害者补偿。

性别平等

我们将在权利、平等、妇女独立的基础上建立一项"性别记录"。

我们将向国会提交法律草案，建立妇女部。

我们将加强对各城市妇女及性别平等办公室的建设和推广。

对于因母亲处于生命危险状况、被强奸或胎儿无法成活而进行的自愿终止妊娠行为，将不被视为犯罪。

我们将加强关于性暴力的预防性政策，在现有基础上增加一倍数量的庇护中心，另外继续增加妇女活动中心。

土著居民

应当制定新的关注土著居民权利的政策。

保证土著居民充分参与新宪法的讨论和制定的全部过程。

我们将提交法律草案讨论建立土著居民事务部。

保证在公共政策中充分考虑土著居民权利。

儿童和青年

儿童

我们将建立一套全面保护体系，惠及400万18岁以下的少年儿童。

我们将建立国家儿童理事会，负责协调从事相关业务的机构，并推动改革使国家给予儿童权利更多的尊重。

我们将制订《儿童法》，将各项分散的有关少年儿童的法律法规进行整合。

"儿童保护计划"将关注成千上万留守家中儿童的法律处境。

青年

我们将建立青年局，作为社会发展部的一个组成部门。

我们将建立规划，为那些既不上学也不工作的弱势青年群体提供特殊援助。

残疾人

我们将建立残疾人事务局，还将建立一个总统顾问委员会负责起草关于残疾、精神健康和护理的国家规划。

我们将致力于消除残疾学生接受高等教育的障碍，还将增加对大学生的技术援助。

矫正器和假体将被纳入医保范围。

我们将制订一项关于癫痫病的国家规划，逐步创建15个护理示范中心。

平等不歧视和参与包容

"新的大多数"计划希望建立一个尊重差异、保证所有人权利平等的社会。

我们将培训一批致力于防止歧视的教师和专业人员。

我们将推动法律改革，保证对性取向不同者权利的充分尊重。

我们将发起公开讨论，制定和实施关于平等婚姻的法律方案。

我们将制定关于性别身份的法律，使变性人不成为歧视的受害者。

老年人

我们将为有患糖尿病或高血压风险的老年人制订一项预防性计划。

我们将制定方案引导老年人保持良好心态，避免久坐以及抑郁和孤僻状态，以避免其加重依赖和衰弱等情况。

我们将扩大共济养老金体系的范围。

我们将评估发放针对老年人的交通补贴。

我们将建立国家护理体系，照顾那些需要得到护理的老年人。

附录2：2001—2010年拉美宏观经济改革的深化与再调整

——基于2001年阿根廷金融危机的教训

The adjustment on macroeconomic policies in Latin American countries 2001—2010: after the financial crisis in Argentina of 2001

黄乐平

内容提要：2001年阿根廷金融危机使整个拉美地区陷入衰退。这次危机暴露出阿根廷等拉美国家在宏观经济政策方面的问题，如财政赤字和公共债务长期居高不下，固定汇率制影响出口竞争力，资本自由流动不受监管导致金融风险加剧等。危机后各国针对以上教训进行了宏观经济政策调整：实施严格的财政纪律，改善财政收支；实施通货膨胀目标制以控制通胀；实行浮动汇率制，促进出口，改善国际收支；对金融体系加强监管，增强抗风险能力。调整不仅使各国改善了宏观经济面，迎来了新一轮增长周期，而且使各国较平稳地渡过了2008—2009年全球经济危机。

关键词：阿根廷金融危机，拉美，宏观经济政策调整

Abstract: In 2001, the financial crisis in Argentina pulled down the whole Latin American region into a recession. This crisis exposed severe problems in macroeconomic policy in Argentina and other Latin American countries, such as financial deficits, public debts staying at a high level, the fixed exchange rate system effecting export competitiveness, and unregulated free flow of capital leading to aggravation of the financial risk. After the crisis, Latin American countries made some adjustments in macroeconomic policies to solve those problems, which include implementing strict fiscal discipline, implementing inflation targeting, implementing the floating exchange rate system in order to promote export and improve the balance of international payments, strengthening the supervision of the financial system to enhance their ability to resist risks. These adjustments enabled Latin American countries not only to improve their macro economy, but also help them usher in a new round of growth and go through the global financial crisis in 2008 and 2009 relatively smoothly.

Key Words：Financial crisis in Argentina, Latin America, The adjustment of macroeconomic policies

20 世纪八九十年代，拉美各国进行了大规模的经济结构性改革，曾延续三十余年的进口替代工业化发展模式被出口导向发展模式代替，市场经济体系逐步建立起来。改革成就斐然，但一系列矛盾和问题也逐步暴露出来，不仅阻碍了经济的快速发展，更酿成了 1994 年墨西哥金融危机和 1999 年巴西金融动荡。然而未发生危机的国家并未因此而提高警惕。2001 年底，阿根廷爆发了自 1982 年债务危机以来最严重的一次金融危机，并迅速演变为经济、政治和社会的全面危机。这场危机所产生的"探戈效应"席卷了几乎整个拉美地区，使拉美在 2002 年陷入衰退（2001 年 GDP 增长率为 0.4%，2002 年为 -0.4%），2003 年才开始缓慢恢复。这次危机彻底暴露了拉美各国在宏观经济政策方面所存在的具有普遍性的问题或潜在矛盾，其沉重教训使各国对改革的失误有了清醒的认识，并在 21 世纪的第一个十年中形成共识，开始对宏观经济政策进行调整。

一 阿根廷金融危机的影响和形成机理以及拉美各国对危机教训的认识

相对于 1994 年墨西哥金融危机和 1999 年巴西金融动荡所带来的超低增长，2001 年阿根廷危机造成的影响更大，它使整个拉美经济在 2002 年出现了负增长；90 年代由于墨西哥、巴西、阿根廷等主要拉美国家的努力，拉美通胀逐年降低，而 2002 年又出现反弹；金融资本在巴西金融动荡时即已出现外逃现象，2002 年更是大量流出；同时净 FDI 急剧减少（表 1）。

表 1　　拉美主要经济指标（%，十亿美元，1994—2003 年）

年份	1994	1995	1996	1997	1998	1999	2000	2001	2002	2003
GDP 增长率	5.2	1.1	3.8	5.1	2.2	0.5	3.7	0.4	-0.4	1.9
人均 GDP 增长率	3.4	-0.6	2.1	3.4	0.6	-1.1	2.1	-1.1	-1.9	0.4
CPI	324.3	25.4	18.2	10.5	9.8	9.4	8.7	6.0	12.1	8.5
城市公开失业率	7.7	8.5	9.2	8.8	9.9	10.5	10.0	9.8	10.6	10.7
总外债/GDP	42.4	43.6	41.5	39.6	44.8	51.1	43.9	44.2	46.5	48.8
净 FDI	24.4	25.8	40.3	57.0	60.2	79.0	68.9	70.0	39.2	29.0
金融资本流动结果	17.3	4.0	27.4	26.7	10.0	-29.2	-7.5	-33.9	-53.3	-25.5

资料来源：CEPAL: *Balance preliminar de las economías de América Latina y el Caribe* 2003, Santiago de Chile, dic. 2003, p. 143.

2001 年阿根廷金融危机的成因概括起来有以下几点。

（1）为避免通胀压力，阿根廷于 1991 年实行货币局制度，即固定汇率制。十年来这一制度虽然稳定了宏观经济，但导致币值高估，影响出口竞争力，经常项目赤字扩大，外债增加，对外资依赖程度提高。危机后开始实施浮动汇率制。从表 2 中可以看出，阿根廷的币值高估程度较其他主要国家更为严重。

表 2　拉美四国实际汇率指数（进出口实际汇率的平均数，1994—2003 年）
（2000 年 = 100，去除 CPI 影响）

年份	1994	1995	1996	1997	1998	1999	2000	2001	2002	2003
阿根廷	106.3	113.1	116.3	114.3	109.9	99.8	100.0	95.9	226.4	209.0
巴西	83.6	75.6	72.2	71.1	73.5	108.4	100.0	120.2	132.1	133.9
墨西哥	102.6	151.6	136.2	118.8	118.5	108.3	100.0	94.1	93.8	103.8
智利	106.6	99.8	97.3	91.8	94.5	99.3	100.0	112.4	112.7	120.9
拉美平均	108.4	107.2	105.7	100.7	99.2	100.7	100.0	99.2	108.4	114.7

资料来源：CEPAL: *Balance preliminar de las economías de América Latina y el Caribe* 2003, Santiago de Chile, dic. 2003, p. 160.

（2）对资本自由流动基本不设置障碍，外资流入量在国内资本市场中比例很大，同时短期投资性资本占外资比重过高，自由流动而不受监管，导致金融风险加剧。以上两点与1994年墨西哥金融危机和1999年巴西金融动荡类似。

（3）财政赤字和公共债务长期居高不下。从1994年年始，阿根廷将大量政府资金用于养老金和退休金等社保支出，同时实行减税以提高因货币高估而受影响的生产竞争力，财政赤字增加，主要通过举借外债来弥补。在1997—1999年亚洲和俄罗斯、巴西金融危机的冲击下，借新债还旧债的链条断裂，导致债务危机爆发。表3显示，阿根廷和巴西在各自危机前后财政赤字相差悬殊。

表3　拉美四国中央政府收支占GDP的比重（％，按各国货币计算，1994—2003年）

年份	1994	1995	1996	1997	1998	1999	2000	2001	2002	2003
阿根廷	-0.9	-1.9	-2.8	-1.4	-1.8	-3.0	-2.1	-3.8	-0.3	-0.2
巴西	-0.6	-5.0	-3.7	-3.0	-4.0	-3.3	-1.2	-1.3	-0.3	-1.1
墨西哥	0.0	-0.6	-0.2	-1.1	-1.4	-1.5	-1.3	-0.7	-1.8	-0.6
智利	1.6	2.4	2.1	1.8	0.4	-1.4	0.1	-0.3	-0.8	-0.8
拉美平均	-1.8	-1.6	-1.4	-1.1	-2.2	-2.9	-2.7	-3.2	-3.0	-2.4

资料来源：CEPAL：*Balance preliminar de las economías de América Latina y el Caribe* 2003, Santiago de Chile, dic. 2003, p. 164.

（4）1997—1999年，亚洲和俄罗斯、巴西金融危机的负面影响使阿根廷自1998年开始经历了三年的连续衰退。在这样的外部冲击下，资本严重外流，大量企业和金融机构都对经济抱有负面预期并改变其生产活动，缩短合同期限，因此无法履行本来的合同义务，这更加剧了经济的"不平衡"。

很多学者认为，2001年阿根廷经济危机是20世纪八九十年代拉美新自由主义改革带来的恶果和灾难。但从上文列举的阿根廷危机成因中可以看出，除外部冲击因素外，内部因素中，庞大的财政赤字、固定汇率和资本账户过快开放这三项因素与1990年提出的、被认为是拉美新自由主义改革纲领性文件的"华盛顿共识"中的有关内容并不一致①。"华盛顿共识"② 提出"严格财政纪律"、"采用更具'竞争力'的汇率制度"以及"直接投资自由化中并不包括资本账户自由化",然而拉美主要国家并未严格执行。如拉美最大的三个国家墨西哥、巴西和阿根廷为减轻通胀压力在 20 世纪 90 年代曾先后实行固定汇率制;为推进自由化改革而迅速开放资本市场,对短期投机性资本不设监管;巴西和阿根廷在 90 年代后半期财政赤字和公共债务居高不下。这一方面是国际货币基金组织和世界银行等金融机构建议的结果(90 年代这两个机构曾建议发展中国家加快资本账户开放和汇率体制两极化),另一方面也是由于拉美国家自身改革速度过快、幅度过大,缺乏全盘考虑、顾此失彼而造成的结果,这些都是改革中出现的失误。2001 年阿根廷危机的破坏性大于 1994 年墨西哥危机和 1999 年巴西危机,因此不仅上述三个大国对这些已持续多年的失误有了清醒的认识,其他拉美国家也将此作为严重警示,引以为戒。

除委内瑞拉等极端左派国家以外,大部分拉美国家认为"华盛顿共识"所提出的"国有企业私有化、贸易自由化、放开外国直接投资、允许市场设定利率水平"等措施在当时的历史条件下是有利于拉美经济发展的,改革的基本路线应当坚持。进入 21 世纪,各国在继续之前改革路线的基础上,应当重点针对阿根廷危机所带来的教训进行宏观经济政策调整:实施严格的财政纪律,改善财政收支;实施通货膨胀目标制以控制通胀;实行浮动汇率制,促进出口,改善国际收支;对金融体系加强监管,增强抗风险能力。以上措施都体现出各国对"国家与市场"这一关系的重新界定,过去那种主张政府完全放弃宏观调控的、具有市场原教旨主义色彩的新自由主义理论已难以立足。如果说之前两个历史时期的改革都具有明显的意识形态倾向,那么这些国家如今所信奉的则是实用主义,这实际上是对之前改革的一种深化。

---

① [美] 约翰·威廉姆森:《"华盛顿共识"与金融改革——访美国国际经济研究所高级研究员约翰·威廉姆森》,《中国金融》2006 年第 5 期,第 9—10 页。

② 1990 年形成的"华盛顿共识"包括十个方面:①加强财政纪律,压缩财政赤字,降低通货膨胀率,稳定宏观经济形势;②把政府开支的重点转向经济效益高的领域和有利于改善收入分配的领域(如文教卫生和基础设施);③开展税制改革,降低边际税率,扩大税基;④实施利率市场化;⑤采用一种具有竞争力的汇率制度;⑥实施贸易自由化,开放市场;⑦外国直接投资自由化,但并不包括资本账户自由化;⑧对国有企业实施私有化;⑨放松政府的管制;⑩保护私人财产权。

二 阿根廷危机以来拉美国家宏观经济政策演进

21世纪的第一个十年中，拉美大部分国家在坚持过去改革路线的基础上，对改革进行了再调整：严格财政纪律，改善收支；控制通胀，保证物价和宏观经济稳定；实行有竞争力的汇率制度，促进出口，改善国际收支；完善金融体系，加强监管。这些措施不仅有利于尽快摆脱阿根廷危机造成的衰退，还使拉美进入了新一轮增长周期。与过去相反，各国政府在此轮繁荣期中并未推波助澜，而是审慎地实施了逆周期财政货币政策，稳步推进；而在2008—2009年的全球经济危机中，各国同样使用逆周期政策来努力克服危机造成的影响。

（一）阿根廷危机后的经济调整

在连续衰退三年后，阿根廷于2001年末遭遇了严重的金融危机和社会危机，"探戈效应"给拉美其他各国造成了一定的负面影响。此外，拉美地区还面临着不利的外部环境：首先，外部金融条件恶化，这尤其给南共市国家造成严重影响，使其外部融资成本剧增，2002年拉美资本流失390亿美元。其次，美国经济疲软严重影响了墨西哥、中美洲和加勒比部分国家。再次，非石油生产国贸易比价恶化。一半的拉美国家出口收入减少，更多的国家则因货币贬值而减少了进口。在这样的背景下，2002年拉美经济平均衰退了0.4%，人均GDP低于1997年水平，通胀率比前一年增长一倍，达到12%，失业率突破9.1%的历史纪录，非正规就业增加，贫困人口达700万。

拉美经济经历了1997—2002年"失去的五年"。面对这样的经济状况，拉美各国对其经济政策进行了调整。

首先，大部分国家实行了相对紧缩的财政政策。在这一轮衰退之前的增长期，各国一般将财政支出作为拉动经济增长的主要手段，这导致阿根廷、巴西等国财政赤字和公共债务激增，成为导致其金融危机的主要原因。此外，财政操作能力在增长期并未得到加强，在衰退期则进一步减弱。2001年后，阿根廷、巴拉圭、乌拉圭和委内瑞拉大幅缩减财政支出，而巴西、智利、哥斯达黎加等国的财政支出并未缩减，甚至有所增加。同时，由于陷入衰退的国家财政收入锐减，因此政府开始采取措施以增加收入。阿根廷增加了出口税等新税种，乌拉圭则通过法律来为社保筹资。这些努力使拉美整体财政收支基本保持稳定，赤字占 GDP 比重为 3.3%。地区三个大国的非金融公共部门的收支变化有所不同：阿根廷赤字减少（由 2001 年占 GDP 的 -3.1% 到 2002 年的 -1.4%），巴西轻微恶化（由 -1.4% 到 -2.1%），而墨西哥依然保持在 -0.7%。

其次，在汇率和货币政策方面，受危机影响最为严重的阿根廷等国放弃了长期实行的固定汇率制，开始实行浮动汇率制，货币大幅贬值。南共市国家以及与其联系较为紧密的一些国家实行了紧缩性货币政策以避免贬值带来的通胀上升。而墨西哥、智利、秘鲁等国则实行了反周期的货币政策。

（二）2003—2007 年增长周期中的经济调整

2003—2007 年拉美迎来了一轮新的增长周期，经济年增长率分别为 2.1%、6.2%、4.6%、5.6% 和 5.6%，平均增长率为 4.8%，高于 1991—2000 年 3.3% 的平均水平，也高于上一个增长周期 1996—1998 年 3.7% 的平均水平。2003—2007 年人均 GDP 增长率分别为 0.8%、4.8%、3.3%、4.2% 和 4.2%。通胀率自 2002 年达到 12% 的高点后缓慢回落，2006 年为 5%，2007 年略有回升，为 6.1%。城市公开失业率由 2003 年的 11% 降到 2007 年的 8%。

这一时期世界各国经济增长较为平稳，平均增长率为 3.5%，美国、日本经济缓慢复苏，欧盟经济保持稳定，为拉美提供了一个较好的外部环境。随着国际金融市场状况的改善，资本开始重新流回拉美，其中很重要的一部分是 IMF 给予的贷款。五年来拉美进出口均出现明显增长，其中 2007 年出口总额达 7510 亿美元，比上年增长 12.3%，进口总额达 6770 亿美元，比上年增长 18%。经常账户连续保持盈余，资本账户除 2004 年外也保持盈余。外汇储备增加，外债逐年减少，外部脆弱性降低。五年来，拉美国家初级产品出口价格连续上涨，贸易比价累计改善 19%。

1. 财政政策

2003—2007 年拉美各国经济脆弱性降低首先得益于财政收支的改善和公共债务占 GDP 比重的降低。"2002—2003 年，尽管仍未从衰退中彻底脱身，但各国所实施的财政政策的目的并不是要拉动经济复苏，而是更关注当时所存在的高额公共债务，关注短期内获得资金的重要性。……

公共预算此时不再作为反周期手段。"① 拉美各国开始着手实施一系列措施来改善财政收支。阿根廷继续实施对农业产品的出口税，同时严格控制中央政府的支出，尤其是公务员工资支出。在延期偿还公共债务的同时，中央政府为地方政府筹措资金，并重组地方财政。此外，在与IMF签订的为期三年的协议中，明确承诺对财政进行结构性改革，尤其是对社保体系的改革。巴西新当选政府于2003年初开始着手深化财政体系调整，减少公务员工资和退休金等高额公共支出，同时增加消费税等税收。九个月后，初级财政盈余占GDP比重达到5.1%，完成了2002年向IMF承诺的目标。货币重新升值，同时外债减少，稳定在占GDP 57%的比重。智利虽然基本没有公共债务负担（仅占GDP的15%），但仍然实施了严格的财政纪律，减少支出，将增值税税率提高了一个百分点。

随着宏观经济的改善，生产活动的恢复和贸易比价的改善，各国财政收入不断增加。同时，"并未出现传统的现象，即政府在宏观经济指标出现好转后进行财政支出的扩张。……由于大部分拉美国家政府在经济增长期依然实施了谨慎而自主的财政政策，因此基本都获得了较大的初级财政盈余，债务减少，国际储备增加"②。

2. 货币政策、汇率政策以及对短期资本流动的控制

2003年，随着通胀压力的降低和财政纪律的实施，在完成通胀目标的前提下，拉美大部分国家的货币政策开始变得宽松。"在那些通胀率相对较低而且比较稳定的国家，货币当局的关注点集中在货币政策的名义比率上，而在那些通胀情况严重的国家，当局则主要调整实际利率，以减缓通胀发展的速度。"③ 智利、哥伦比亚、墨西哥和秘鲁等国拥有灵活的汇率制度，并实施了通货膨胀目标制，在2002年未发生经济危机，通胀率维持在一位数，因此在2002年降低了利率，并在2003年继续实施这一货币政策。曾遭遇了严重危机的南共市国家如阿根廷、巴西、乌拉圭和巴拉圭在2002年为控制通胀而升高了利率，而在2003年由于实施了财政调

---

① CEPAL: *Balance preliminar de las economías de América Latina y el Caribe* 2003, Santiago de Chile, dic. 2003, p. 33.

② CEPAL: *Balance preliminar de las economías de América Latina y el Caribe* 2005, Santiago de Chile, dic. 2005, pp. 49, 63.

③ CEPAL: *Balance preliminar de las economías de América Latina y el Caribe* 2003, Santiago de Chile, dic. 2003, p. 46.

整，通胀率下降，因此利率随之降低。

　　控制通胀始终是各国货币政策的主要目标。到了 2005 年，由于石油价格上涨，经济发展态势良好，因此物价有所上升；但由于各国货币普遍升值（央行必须干预外汇市场以避免货币过快升值），因此物价上涨的幅度并不大。顺利实现通胀目标的国家开始继续实施宽松的货币政策，不断降低利率，以刺激经济发展；在这一目标基本实现后，为避免与国际利率相差过多，又小幅提高利率，但仍维持在历史相对较低水平。

　　在防范金融风险方面，拉美国家，尤其是曾经资本账户开放过快的国家充分认识到了危机带来的教训，特别关注短期外债的增长变化。因此，"在增长周期即资金流入高潮期控制资本流动"就成为了此时各国预防危机的重要措施（尽管 IMF 对此极力反对）。"浮动汇率制有利于抑制短期资本的流动。但在浮动汇率制下，资本流动的随意性又会使名义和实际汇率变得非常不确定。因此就有必要实施直接管控——或者按照智利和哥伦比亚在 90 年代上半期的做法，对资本流入实行储备金制度——来稳定汇市，控制资本流入，同时还能改变流入资本的特点，抑制短期资本投机。此外，实施宏观调控政策还可以使资本流入更稳定、后果更可预见。"[1]在汇率政策和宏观调控的共同作用下，2003—2010 年，拉美证券等资本市场上并未出现之前的现象，即金融资本在高潮期大量涌入，危机时又大量流出。资本市场相对稳定，脆弱性减小（表 4）。

表 4　　　　拉美资本账户变化（百万美元，2001—2010 年）

年份	2001	2002	2003	2004	2005	2006	2007	2008	2009	2010
资本账户	40902	-10286	820	-6651	24265	14767	110716	66938	63303	112749
净 FDI	68495	51109	38136	50407	55205	31979	92137	96303	66442	66000
其他资本流动	-27593	-61395	-37316	-57058	-30941	-17212	18579	-29365	-3139	46749

资料来源：CEPAL: *Balance preliminar de las economías de América Latina y el Caribe* 2010, Santiago de Chile, dic. 2010, p. 97。

---

[1] Roberto Frenkel: "Globalización y crisis financieras en América Latina", *Revista de la CEPAL* 80, ago. de 2003, p. 51.

(三) 全球经济危机后的经济调整

2008—2009 年全球金融危机和经济危机对拉美所有国家都造成了较为严重的影响。在连续六年增长后，2009 年拉美经济出现 1.9% 的衰退，人均 GDP 下降 2.8%，失业率达 8.3%。由于私人银行信贷收缩和经济预期不佳，因此国内消费和投资均出现下降。为此许多国家实施了逆周期的财政和货币政策，增加公共支出。2009 年第二季度，拉美经济开始缓慢复苏。2009 年，拉美实行通胀目标制的国家（即巴西、智利、哥伦比亚、巴拉圭、秘鲁和墨西哥）除墨西哥外，均出现通胀率下降，或者说处于央行所设定的目标区间之中。

全球经济低迷和需求不振导致拉美国家出口严重下降，而初级产品价格的下降导致主要初级产品出口国贸易比价恶化。同时，侨汇收入和旅游收入的下降影响着墨西哥、中美洲和加勒比等主要移民输出国和以旅游业为支柱的国家。2009 年第二季度，世界经济有所恢复，尤其是中国经济需求强劲导致拉美贸易量回升，初级产品价格重新上升，贸易比价改善。

2010 年国际经济迅速恢复，拉美经济重新快速增长，增长率达 6%，人均 GDP 增速为 4.8%，失业率下降到 7.6%。由于粮食和石油等国际初级产品价格上涨，通胀率由 2009 年的 4.7% 上升到 6.2%。就业状况的改善、信贷的增加以及经济预期的好转导致私人消费和固定资本投资显著增加。

国际环境的改善使得拉美出口量和出口价格均得到提高，而进口增幅更大。初级产品出口国贸易比价进一步得到改善。

1. 财政政策

全球金融危机发生后，拉美许多国家实施了逆周期的财政政策，不仅部分地弥补了国内需求下降所带来的损失，而且有力地促进了经济的恢复。各国的反危机政策之所以能够较为顺利地实施，主要是得益于在 2003—2007 年经济增长周期中各国实施了较为谨慎的财政货币政策，制定了较为严格的财政纪律，使得财政状况和宏观经济基本面得以不断改善，这为此时实施逆周期政策、增加公共开支创造了良好的条件。另外，2009 年危机时通胀率出现下降与以往危机中衰退与通胀加重并存的现象形成鲜明对比，这也让逆周期政策少了后顾之忧。2008 年拉美初级财政盈余占 GDP 比重为 1.4%，而 2009 年变为赤字占 GDP 比重为 1%。其中，随着经济的衰退和初级产品价格的下降,各国财政收入减少;同时,为刺激总需求,减轻最脆弱部门所遭受的影响,公共支出显著增加,同时还增加了对地方政府、家庭和企业的转移支付。虽然在一些国家财政责任法对财政结构收支有着严格规定(如智利),或者对公共支出和债务存在限定(如阿根廷、巴西和秘鲁),但这些国家在2009年都放松了原先所设定的标准以保证逆周期政策的实施。如巴西将预算法规定的公共部门的盈余由占GDP的3.8%下调到2.5%,哥伦比亚将公共部门的赤字占GDP的比重由1.5%上调到2.5%。

另外,"在进行反危机政策调整的过程中,多数国家政府注重政策调整的社会效果,因此调整举措中包括了较多的社会政策内容,涉及消费补贴(燃料、食品、交通、电力等)和救助贫困家庭计划(包括住宅、医疗和教育等)"①。

在2009年实施积极财政政策的国家在2010年继续(至少部分地)实施了这一政策。同时,随着经济的恢复和初级产品价格的上升,2010年财政收入有所增加,在此基础上,政府还通过法律改革增加税收。以上收支两方面的因素使得这些国家公共账户的情况得以改善。

2. 货币政策

拉美各国货币政策的灵活性在2008年9月即已显现。面对国际金融动荡,各国央行实行了各种措施,如降低参考利率,开放信贷特别额度以增加本国金融体系中的本国货币和美元流动性等。2009年,在国内通胀压力明显减轻的局面下,各国央行,尤其是实行通胀目标制的国家央行得以有能力继续实施扩张性的货币政策,调整银行准备金,大幅增加国有银行的贷款额度。2010年第一季度后,随着国内经济的恢复,实施通胀目标制的国家,如巴西、秘鲁和智利开始重新提高利率,目的是将通胀预期稳定在央行所设定的目标范围内。

三 对拉美国家宏观经济政策调整效果的测评

拉美在90年代经历了两个增长周期:1991—1994年(年均增长率为4.1%),1996—1998年(年均增长率为3.7%),分别被墨西哥危机和亚

---

① 吴国平:《2009年拉丁美洲和加勒比经济形势》,内部资料。

洲、巴西金融动荡打断。在这两个时期中，低增长伴随着通胀压力（第一时期 CPI 年平均为 400%，第二时期为 13%），外债偏高（第一时期外债占货物和服务出口额比重为 260.4%，第二时期为 210.7%），因此增长的同时，内部风险和外部脆弱性较高，局部地区出现金融危机即会导致整个地区增长停滞。与此相对照，2003—2007 年拉美增长周期较为健康，增长率较高，同时通胀和外债压力较小。当规模空前的全球经济危机到来时，由于之前宏观经济局面良好，而且各国及时地采取了逆周期反危机政策，因此拉美经济虽受到影响，但得以较快恢复。

（一）宏观经济基本保持稳定

1998—2002 年拉美国家财政状况恶化，这是因为一些主要国家财政赤字增加，中央和地方政府债务庞大。如巴西的雷亚尔计划使通胀率下降，政府所实际支出的公务员工资以及医疗、农业改革计划和银行体系重

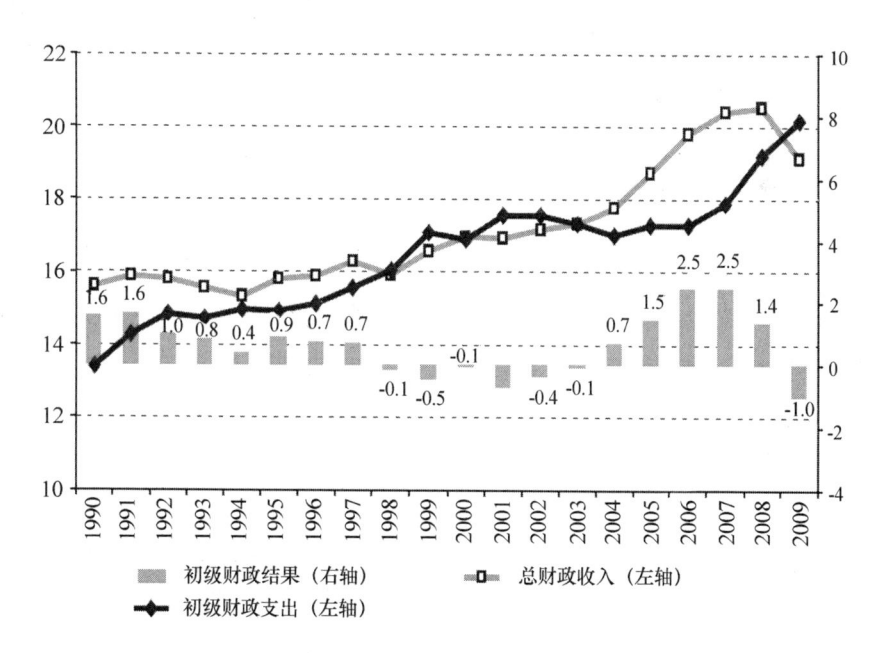

图 1 拉美初级财政收支状况（简单平均数，占 GDP 比重，1990—2009 年）

资料来源：CEPAL: *Balance preliminar de las economías de América Latina y el Caribe* 2009, Santiago de Chile, dic. 2009, p. 23.

组费用大幅增加；而阿根廷将大量政府资金用于养老金和退休金等社保支出，同时实行减税以提高因货币高估而受影响的生产竞争力。这些因素使经济脆弱性增加，构成了导致金融危机的主要原因。而在 2003—2007 年的持续增长期，拉美主要国家并没有实施顺周期政策，而是吸取教训，未雨绸缪，实施了严格的财政纪律，在控制支出的同时增加税收，使得初级财政连年保持盈余，债务减少，储备增加。2008 年全球金融危机带给拉美的衰退和出口减少使财政收入锐减，而逆周期财政政策使公共支出大幅增加。总之，21 世纪以来大部分时间拉美国家财政状况良好，减弱了经济脆弱性，并为 2009 年经济迅速恢复创造了条件（图 1）。

阿根廷金融危机的"探戈效应"使 2002 年拉美整体通胀率陡升。由于各国实施了紧缩性财政货币政策，使通胀得以迅速回落。2003—2006 年得益于主要国家实施通胀目标制以及财政状况持续良好，通胀率稳步下降。2007 年第三季度到 2008 年第二季度受国际粮食和石油市场波动影响，

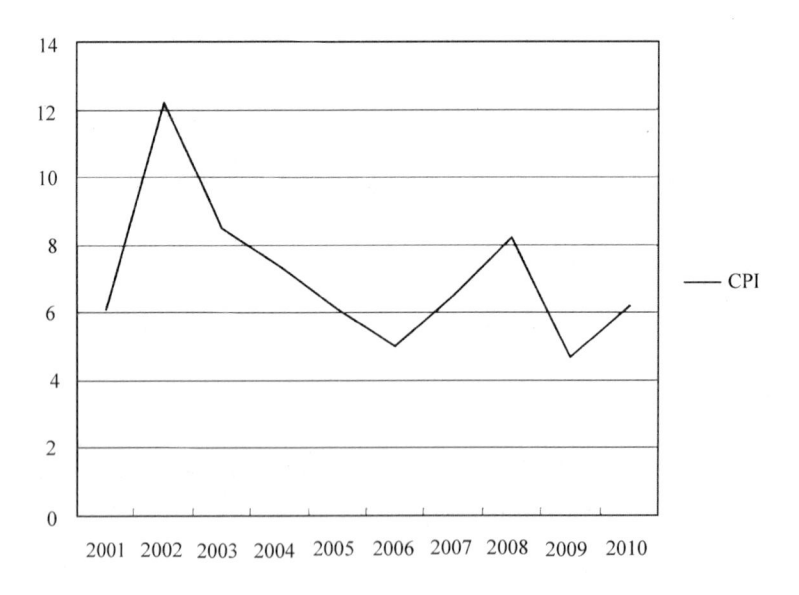

图 2　拉美消费者物价指数变化（2001—2010 年）

资料来源：作者根据 CEPAL：*Balance preliminar de las economías de América Latina y el Caribe* 2010, Santiago de Chile, dic. 2010 数据绘制。

初级产品价格上涨,通胀有所抬头。2009 年随着初级产品国际价格的下降和危机下各国经济衰退导致的消费需求的减弱,通胀率显著下降,这为各国实施逆周期政策提供了条件。总体而言,21 世纪第一个十年中在通胀方面拉美整体基本稳定,没有出现 20 世纪八九十年代的严重不利局面,为经济恢复和平稳增长创造了良好的环境(图 2)。

2003—2007 年由于财政状况改善,经常账户和资本账户均保持盈余,因此拉美国家对外资的依赖性和外部脆弱性降低,外债占 GDP 和出口比重逐年减少。2009 年国际市场需求减弱,拉美出口受挫,贸易条件恶化,因此外债占出口额的比重上升幅度较为明显(图 3)。

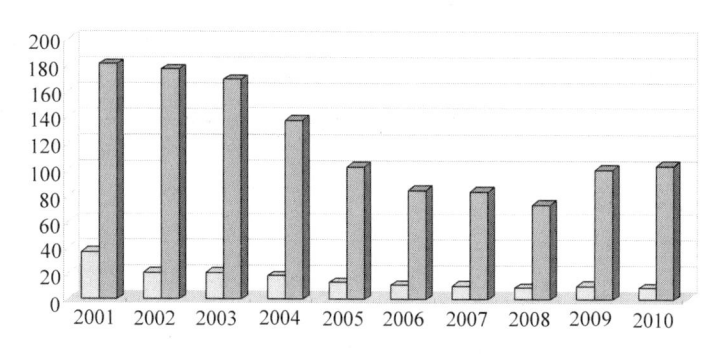

图 3 拉美外债变化(%,2001—2010 年)

注:按当时美元价格计算;不包括古巴。

资料来源:作者根据 CEPAL: *Balance preliminar de las economías de América Latina y el Caribe* 2010, Santiago de Chile, dic. 2010 数据绘制。

(二)经济实现了较为长期的持续增长,国际收支状况改善

2001—2010 年拉美经济年平均增长率为 3.3%,与 1991—2000 年的平均水平相同。但 2003—2007 年出现了一个较稳定的持续增长周期,平均增长率为 4.8%,高于上一个增长周期 1996—1998 年 3.7% 的平均水平。十年中的头和尾受两次金融危机影响拉美经济出现了较严重的衰退,但由于反危机政策及时而适当,经济得以较快恢复(图 4)。

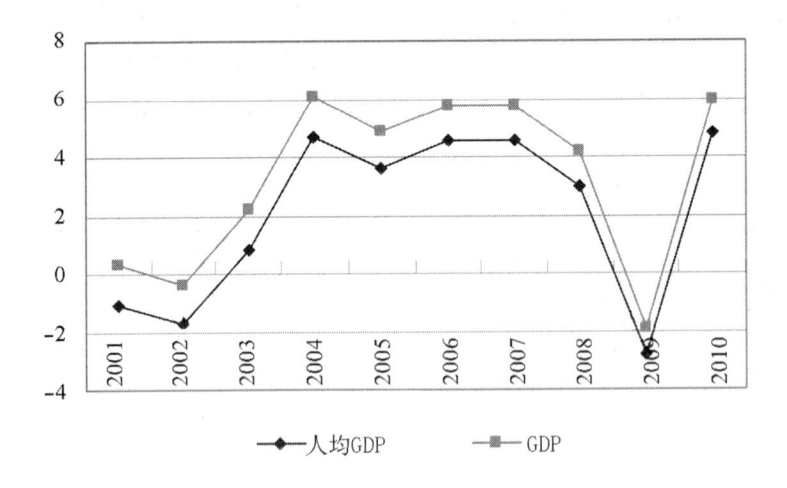

图 4　拉美 GDP 和人均 GDP 增长率变化（2001—2010 年）

资料来源：作者根据 CEPAL：*Balance preliminar de las economías de América Latina y el Caribe* 2010, Santiago de Chile, dic. 2010 数据绘制。

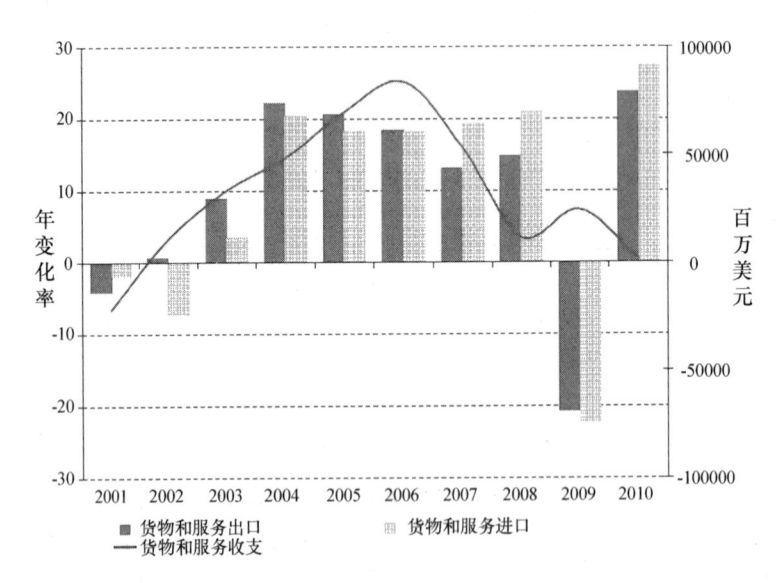

图 5　拉美货物和服务进出口变化（百分比，百万美元，2001—2010 年）

资料来源：CEPAL：*Balance preliminar de las economías de América Latina y el Caribe* 2010, Santiago de Chile, dic. 2010, p. 86.

图 5 显示，从 2002 年扭转贸易赤字以来，拉美连续 8 年保持贸易盈余，其中 2002—2006 年出口额增幅高于进口额，出口数量和价格都明显增长，尤其是粮食、能源和矿产品等初级产品价格上涨迅速。2007 年由于委内瑞拉、墨西哥和厄瓜多尔等石油出口国出口量减少，同时拉美主要进口产品——制造业产品和消费品进口量大幅增加，因此进口额增幅超过出口额。全球金融危机后，初级产品价格下降（图 6），贸易比价恶化，贸易盈余进一步减少。

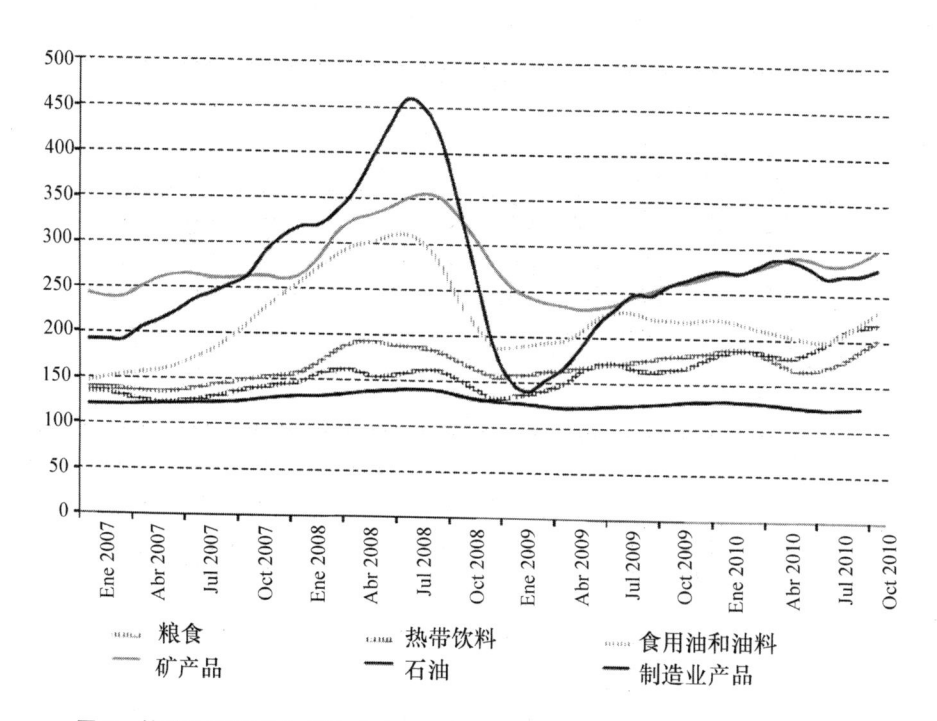

图 6　拉美初级产品和制造业产品价格指数变化（2000 年 = 100，每三个月的动态平均数，2007—2010 年）

资料来源：CEPAL: *Balance preliminar de las economías de América Latina y el Caribe* 2010, Santiago de Chile, dic. 2010, p. 87.

从 2000 年开始，拉美外国直接投资（FDI）开始下降，2003 年降到 290 亿美元，远低于 1990—2002 年 380 亿美元的平均水平。这一下降趋势一方面是源自 2001—2002 年南共市国家不稳定的经济局势，另一方面是源自到 2002 年很多国家私有化进程的结束以及一些跨国公司扩张战略的减速导致外国居民对拉美资产购买的减少。随着经济形势的好转，FDI 开始增加，但是随着以智利矿业和委内瑞拉石油企业为代表的拉美公司的扩张，尤其是2006年巴西企业斥巨资收购加拿大一家大型金属企业，拉美对海外直接投资迅速增加，导致净FDI减少。另外，尽管拉美在证券等资产方面连续数年保持净流出状态，但由于FDI较高，因此资本账户始终保持在盈余状态。加上2003—2007年经常账户一直盈余，因此国际储备在这一阶段连年增加（图7）。

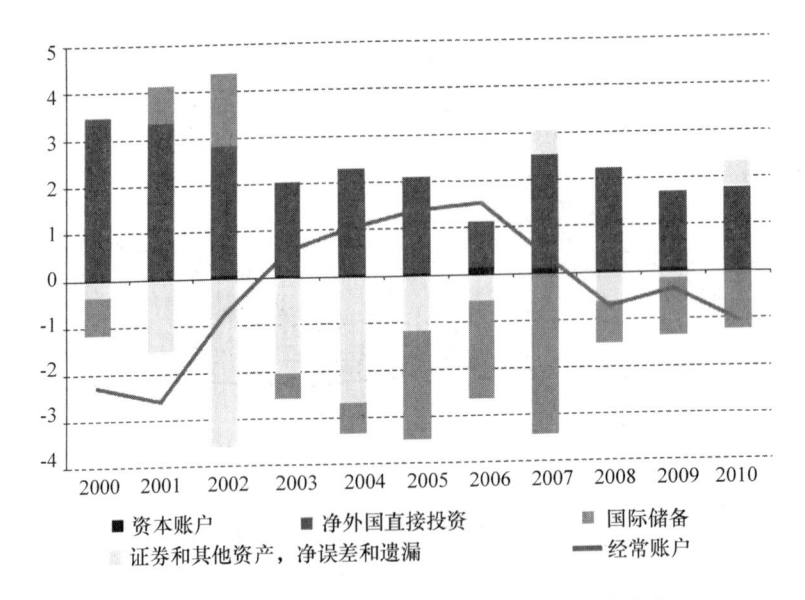

图7 拉美（19国）经常账户收支和资本账户构成
（GDP占比，2000—2010年）

资料来源：CEPAL: *Balance preliminar de las economías de América Latina y el Caribe* 2010, Santiago de Chile, dic. 2010, p.93.

（三）社会基本保持稳定

2002年拉美从危机中恢复后就业率稳步上升，2009年仅有小幅下降，随后又继续上升（图8）。2002—2008年，贫困人口和比例显著降低，降幅大于90年代。2008年后受全球经济危机影响，减贫效果减弱（图9）。

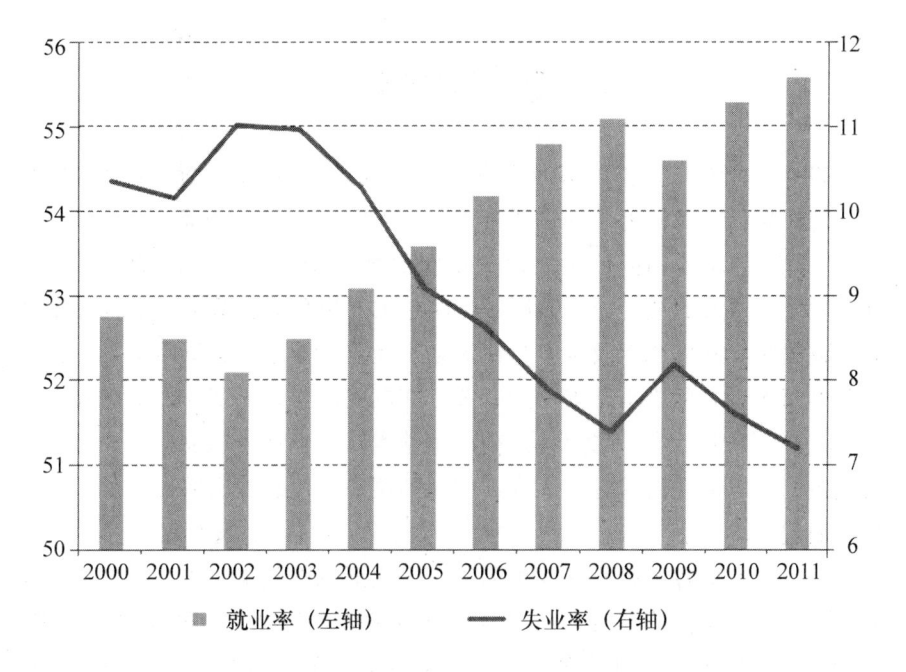

附录 2：2001—2010 年拉美宏观经济改革的深化与再调整　233

图 8　拉美就业和失业状况（2000—2011 年）

资料来源：CEPAL：*Balance preliminar de las economías de América Latina y el Caribe* 2010, Santiago de Chile, dic. 2010, p. 21.

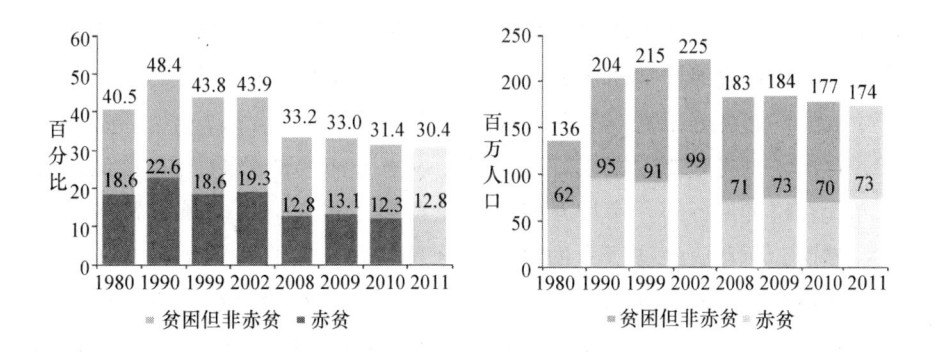

图 9　拉美 19 国贫困状况变化（1980—2011 年）

资料来源：CEPAL：*Panorama social de América Latina* 2011, Capítulo I, p. 5, Santiago de Chile, ene. 2012.

四 简单结论

2001—2010年拉美国家的宏观经济政策再调整为什么能够取得比较理想的效果？笔者认为原因主要有以下几点。

首先，拉美各国抓住了之前失误的症结。如上文所述，2001年阿根廷金融危机爆发的主要原因是财政赤字过大导致公共债务猛增、固定汇率制导致国际收支失衡以及资本自由流动不受监管导致金融风险加剧。拉美之前的两次金融危机也基本与此有关。在沉痛的教训面前，拉美主要国家能够认清问题并反省，在坚持之前改革基本路线不动摇的前提下，有的放矢地专门针对上述失误进行了大刀阔斧的调整，使这些领域出现了焕然一新的面貌。

其次，拉美各国政府在改革的磨炼中逐渐成熟起来。进口替代工业化时期和新自由主义改革时期，拉美主要国家都或多或少地犯过"大跃进"式的、"急功近利"的错误，改革目标过大、节奏过快，改革路线极端化。在出现危机后又倾向于全盘否定之前的改革方案。这些都使改革走了很多弯路。而在2001年危机后，拉美主要国家并未彻底推翻之前的改革路线，而是有目的地进行调整，稳扎稳打，并将财政、货币、汇率、金融政策作为一个有机的整体进行全盘考虑，避免了顾此失彼的错误。在繁荣期也没有像过去那样被冲昏头脑，而是审慎冷静地实施逆周期政策，保证了宏观经济始终处于基本平衡的状态。

再次，拉美主要国家较好地处理了国家与市场的关系。20世纪八九十年代在拉美流行的"市场万能"理论颠覆了过去国家干预经济的旧模式。然而，在释放经济活力的同时，这只"看不见的手"却增加了经济的无序性和盲目性。21世纪以来，拉美主要国家在继续发挥市场配置资源作用的同时，适当地加强了国家对宏观经济的干预作用，如适时地实施逆周期财货政策，并制定一系列政策如严格的财政纪律、通胀目标制以及对金融市场的有力监管以维持宏观经济的平衡。去意识形态化和实用主义已成为主流。

拉美国家宏观经济基本面的改善不仅有利于降低其内外部风险和脆弱性，促进经济平衡，增强经济的可持续性和抵御危机的能力，从而使经济健康、稳定地增长，而且可以使国家有充足的财力、在一个相对宽松的环境下履行自己的基本义务，即提供公共服务，并着重解决和改善社会问题。

参考文献：

1. CEPAL：*Balance preliminar de las economías de América Latina y el Caribe* 2001 - 2010，Santiago de Chile.

2. CEPAL：*Estudio económico de América Latina y el Caribe* 2009 - 2010，Santiago de Chile，sep. 2010.

3. CEPAL：*Panorama social de América Latina* 2010，2011，Santiago de Chile.

4. Frenkel，Roberto：" Globalización ycrisis financieras en América Latina"，*Revista de la CEPAL* 80，ago. de 2003.

5. ［危］格特·罗森塔尔：《2008年金融和经济危机及其对经济思想的影响》，《拉丁美洲研究》2011年第1期。

6. 苏振兴主编：《拉丁美洲的经济发展》，经济管理出版社2000年版。

7. 吴国平：《2009年拉丁美洲和加勒比经济形势》，内部资料。

8. ［美］约翰·威廉姆森：《"华盛顿共识"与金融改革——访美国国际经济研究所高级研究员约翰·威廉姆森》，《中国金融》2006年第5期。

附录 3：2001—2010 年拉美国家经济改革道路的分化
——以委内瑞拉和巴西为例

The disintegration of the reform patterns of Latin American countries 2001 – 2010: the comparison of the experiences of Venezuela and Brazil

黄乐平

内容提要：2001 年阿根廷金融危机使整个拉美地区陷入衰退。危机促使拉美各国对已持续近 20 年的新自由主义改革进行反思并导致各国改革道路出现分化。以委内瑞拉为代表的极端左派国家主张彻底推翻新自由主义改革方案，以巴西为代表的主要拉美国家主张在坚持过去改革道路的基础上进行调整和深化。而双方都将改善社会公正作为其改革的重要目标。从改革成效来看，21 世纪头十年巴西宏观经济状况较委内瑞拉更为稳定，而后者社会改革成就相对更为突出。

关键词：阿根廷金融危机，拉美国家经济改革，委内瑞拉，巴西

Abstract: The 2001 Argentina financial crisis has caused depression through the whole Latin America area. The crisis leads to a reflection on the neo-liberal reforms which have lasted for about 20 years and disintegration about the ways of reform in all these countries. Some extreme left-wing countries such as Venezuela advocate overturning the old programs thoroughly, while major Latin American countries such like Brazil advocate maintaining the way of reform and to adjust and deepen the program. However, what they have in common is that they both regard improving social equality as their most important goal. As for the effect, the macroeconomic condition in Brazil is more stable than in Venezuela, and the latter has make more prominent success in the social reform in the first decade of the 21st century.

Key Words：Argentina financial crisis, Economic reform in Latin American countries, Venezuela, Brazil

21世纪伊始，在西方正统自由主义经济流派指导下进行的拉美国家经济结构性改革走过了近20年。改革的快车一路疾驰狂奔，在人们为其所显现出的速度和力量而交口称赞时，却发现大刀阔斧的大手笔并未带来经济的大踏步前进，相反，90年代以来一次次的金融危机和动荡不断地挑战着人们脆弱的神经，21世纪初拉美更是遭到了近年来最严重的一记当头棒喝：2001年底，阿根廷爆发了自1982年债务危机以来最严重的一次金融危机，并迅速演变为经济、政治和社会的全面危机。这场危机所产生的"探戈效应"席卷了几乎整个地区，使拉美在2002年陷入衰退（2001年GDP增长率为0.4%，2002年为-0.4%），2003年才开始缓慢恢复。

曾经笃信新自由主义信条的拉美各国开始进行反思：改革是成功的还是失败的？接下来该往何处去？是继续还是推翻重来？在对改革路线进行反思和争论的大背景下，曾在进口替代工业化时期和新自由主义改革时期都基本步调一致的拉美各国此时开始出现分化，有的走向了新自由主义的对立面，而有的则选择了在坚持过去改革基本路线的基础上对改革进行深化和再调整。委内瑞拉和巴西可以看作是这两方的代表。

一 关于新自由主义改革道路的争论

（一）争论的一方：新自由主义应该彻底被新的改革替代

委内瑞拉查韦斯政府认为新自由主义改革是失败的，该理论应该被替代。如果说拉美国家是新自由主义的"受害者"的话，那么委内瑞拉也许是受害较为严重的一个。20世纪80年代是拉美"失去的十年"，委内瑞拉也不例外；90年代改革过程中拉美经济开始恢复增长，而委内瑞拉又几乎经历了第二个"失去的十年"：90年代平均增长率仅为2%，不仅低于地区大国，也低于地区平均水平，失业率居高不下（表1）；贫困率由1990年的40%上升到1999年的49.4%。

238 "包容性发展"与收入分配：智利案例研究

表1　拉美七国 GDP 增长率和城市失业率（%，1981—2000 年）

	GDP 增长率		城市失业率
	1981—1990 年平均值	1991—2000 年平均值	（1991—2000 年平均值）
阿根廷	-0.7	4.2	12.7
巴西	1.6	2.6	6.0
墨西哥	1.9	3.5	3.6
智利	3.0	6.6	7.5
哥伦比亚	3.7	2.6	12.5
秘鲁	-1.2	4.2	8.7
委内瑞拉	-0.7	2.0	10.7
拉美平均	1.2	3.3	7.4

资料来源：CEPAL：*Balance preliminar de las economías de América Latina y el Caribe* 2000，Santiago de Chile，dic. 2000，pp. 85，89.

新自由主义改革在委内瑞拉的"彻底失败"以及由此带来的严重社会不公在一定程度上促成了 1998 年 12 月倡导社会公正的左派领导人查韦斯在大选中获胜。查韦斯是新自由主义最坚定的批判者，他认为这场改革是帝国主义对拉美的剥削，正是美国等西方国家所倡导的新自由主义及全球化等政策使拉美经济的脆弱性和不平衡加剧，社会不公正和贫困日益严重。因此他主张对新自由主义，进而通过建立"21 世纪社会主义"对资本主义制度进行替代。其主要措施为：在政治上用参与式民主替代代议制民主；在经济上通过石油业等主要产业的国有化加强国家对经济的干预；促进"内生发展"以转变经济发展模式；提出"美洲玻利瓦尔替代"（ALBA）以加强拉美内部团结和一体化，对抗美国倡导的美洲自由贸易区（ALCA）；加大社会投入，改善不公正状况。在委内瑞拉的引领下，拉美其他左派政府也相继提出类似的激进改革方案，如玻利维亚的"社群社会主义"和厄瓜多尔的"21 世纪社会主义"。

（二）争论的另一方：改革应该继续，但必须进行调整和深化

相对于持以上极端立场的少数国家，大多数拉美国家试图在继续融入全球经济的前提下对改革进行调整。在它们看来，之前的改革措施总体上是相对正确和行之有效的：国有企业私有化不仅为整个经济注入了生命力和竞争力，还为国家卸掉了沉重的财政负担；通过放开对价格、利率、汇率的控制以及一系列金融自由化改革，国家对经济的干预大大减弱，市场机制得到强化，资源得到了更为有效的配置；贸易自由化、区域经济一体化、资本账户更多地向外国直接投资开放，都标志着经济打开封闭，积极融入了经济全球化之中。"改革促成了拉美地区由长期的内向发展模式向外向发展模式的转变，加速了与国际经济接轨的进程，使拉美地区走出了 80 年代的危机，迎来了 90 年代经济的稳步恢复。可以说，这场改革既是拉美经济自身发展进程的需要，也适应了经济全球化的大趋势。"①

总之，"华盛顿共识"所提出的"国有企业私有化、贸易自由化、放开外国直接投资、允许市场设定利率水平"等措施在当时的历史条件下是有利于拉美经济发展的，改革的基本路线应当坚持。同时，改革速度过快、幅度过大等问题及其造成的后果也得到人们的重视，而数次危机中暴露的弊端更是未来改革调整的重点。

阿根廷危机的主要成因一般被认为有三条：庞大的财政赤字、固定汇率和资本账户过快开放。事实上，这三条与最初所提出的"华盛顿共识"中的"严格财政纪律"、"采用更具'竞争力'的汇率制度"以及"直接投资自由化中并不包括资本账户自由化"等内容并不一致②，这些都是改革中出现的失误。21 世纪的第一个十年中，拉美各国针对上述教训重点调整宏观经济政策：实施严格的财政纪律，改善财政收支；实施通货膨胀目标制以控制通胀；实行浮动汇率制，促进出口，改善国际收支；对金融体系加强监管，增强抗风险能力。

另一个需要深化的是对社会公正的改善。改革 20 年来，曾在进口替代时期被忽视的收入分配等问题不但没有解决，反而有恶化的趋势，这也是新自由主义成为众矢之的的主要原因之一。"按照正统学派的观点，与'神奇的市场'相结合，经济增长就会通过滴漏效应（trickle-down）将其福利向下流动，从而惠及所有收入阶层。这一理论早已失信于民了。"③

---

① 苏振兴主编：《拉丁美洲的经济发展》，经济管理出版社 2000 年版，第 164 页。
② [美] 约翰·威廉姆森：《"华盛顿共识"与金融改革——访美国国际经济研究所高级研究员约翰·威廉姆森》，《中国金融》2006 年第 5 期，第 9—10 页。
③ [危] 格特·罗森塔尔：《2008 年金融和经济危机及其对经济思想的影响》，《拉丁美洲研究》2011 年第 1 期，第 72 页。

其"先增长、后分配"的理论和重效率、轻公平的实践导致了对社会公正的忽视,此外,改革中国家作用的不断弱化导致国家在社会领域投入的不断减少更加剧了不公正。在一系列危机使这一矛盾进一步凸显后,各国开始真正意识到社会公正的重要性及其对增长的反作用。21世纪以来,巴西、阿根廷等温和左派执政的国家重点利用公共政策来解决社会公正问题,而其他国家也将其作为改革的主要目标之一,并通过加快增长来间接改善这一问题。

从以上的分析中可以看出,委内瑞拉代表的极端左派一方主张在经济政策上推翻新自由主义,同时将改善社会公正作为改革的中心目标。而另一方主张坚持过去的经济政策并纠正失误,同时将改善社会公正作为21世纪改革的重点。可见,虽然双方在经济政策上相对立,但"改善民生,实现包容性发展"已经成为拉美所有国家在21世纪的改革共识。

下文介绍两种改革模式的代表——委内瑞拉和巴西的改革经验,尤其是其在社会保障方面所做的创新,并对其作出评价。

二 21世纪以来委内瑞拉和巴西的经济改革再调整

(一) 委内瑞拉的经济改革:对新自由主义的替代和对社会公正的追求

查韦斯政府所实施的改革有两个方面非常有特色:第一,明确提出要根本转变经济发展模式。我们知道,虽然拉美各国在经历了一系列经济危机后已经对八九十年代所实行的新自由主义改革产生了一些质疑,但目前为止基本还在延续这一模式,而查韦斯却率先提出要彻底替代新自由主义,对改革进行再改革。转变发展模式的途径主要是国有化和内生发展。第二,明确提出改革的主要目标之一是满足人民基本需求和实现社会公正。除了社会政策可以直接促进社会平等以外,其他改革措施(如国有化、发展合作社、土地改革)的最终目的都是对社会财富进行再分配,从而实现社会公正。社会公正之所以被提到如此高的地位,是因为"不公正会阻碍发展的可能性,对增长的速度和质量、社会稳定产生重大的负面影响，给社会各阶层带来紧张和痛苦"①。

1. 对改革的再改革：国有化和内生发展

新自由主义主张进行私有化，最大限度地减少国家对经济的干预。而查韦斯认为，要实现民族经济的独立、改变贫穷落后的处境并摆脱殖民主义的剥削，必须通过国有化等途径重新加强国家对经济的主导作用。这不仅能为转变发展模式创造必要的条件，逐步建立有竞争力的、多元的现代经济模式，而且能缩小私有制的规模，使生产的目的更多地集中在满足人民需求上，国家通过对核心经济部门的控制可以获得更多的资金来发展社会事业，这与其提出的"21世纪社会主义"构想的原则是一致的。作为委内瑞拉的支柱产业，石油业成为国有化首当其冲的目标。2001年颁布的《碳氢化合物法》规定，在碳氢化合物部门进行生产开发的国家与私人投资者的合资企业中，国家必须拥有至少51%的股份。2005年又宣布将这一份额提高到60%，并要求所有本国和外国私人企业在年底前与委内瑞拉国家石油公司（PDVSA）签署合资临时协议。

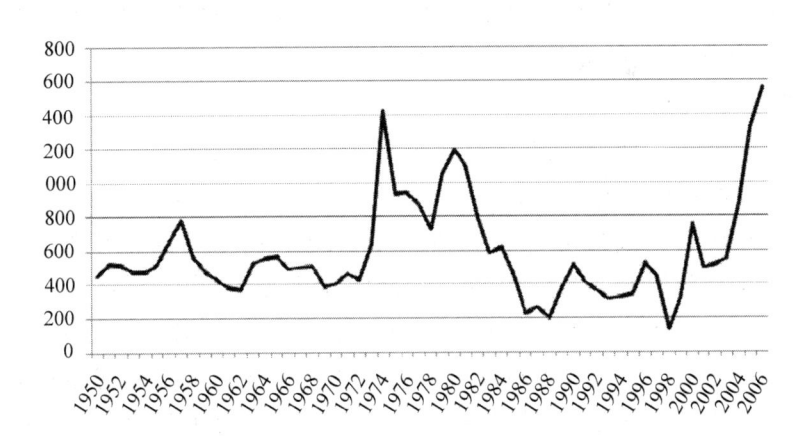

图1　委内瑞拉人均石油收入（1950—2006年）

（单位：美元，1997年价格）

资料来源：Margarita López Maya："Venezuela: Hugo Chávez y el bolivarianismo", *Revista Venezolana de Economía y Ciencias Sociales*, 2008, Vol. 14, No 3 (sept. – dic.), p. 62.

---

① Rodolfo Magallanes: *La igualdad en la República Bolivariana de Venezuela* (1999 – 2004), Revista Venezolana de Economía y Ciencias Sociales Vol. 11, No 2, Caracas, mayo 2005.

可以看出，委内瑞拉这一轮国有化与拉美各国在 20 世纪六七十年代所实施的国有化是不同的，它只是调整了与外资和私企的股权和利润分成比例，并没有通过武断地没收其资产实现彻底国有化，同时还不断出台一系列法律法规作为政策的法律依据。通过石油业国有化并提高矿区使用费和开采税等税种的额度，再加上国际油价不断攀升，国家的石油收入大幅增加（图1）。继石油业后，委内瑞拉政府通过收购股票从而以绝对优势控制股权的方式对电信、电力、金融、钢铁、水泥、矿业、食品等部门进行了国有化。

查韦斯经济改革的另一项重要主张是促进"内生发展"，即委内瑞拉应当依靠自身力量发展经济，逐步摆脱对外部的严重依赖；同时能够充分利用丰富的资源，将其转化为社会消费产品，满足人民需求，最终实现社会公正。实现内生发展的途径之一是发展生产合作社。合作社具有集体所有制性质，有利于扩大就业，并与私人企业竞争。另一条重要途径是土地改革。对长期闲置的、被大地产主占有的土地征税，或将其分给无地农民，有利于解决土地集中和收入分配不均衡等问题，还有利于增加粮食产量，减少进口，保证粮食主权。

2. 社会政策

（1）社会发展目标与公共社会支出

在"玻利瓦尔替代计划"（AAB）中提到，新自由主义最不人道的一条原则是"最好的社会政策在于实施一项好的经济政策"，而AAB所坚持的原则是"最好的社会政策是满足人民的需要"[①]。社会政策是实现社会公正的主要途径，它不应当成为经济政策的附属品，而应当具有独立性和重要的政治意义。可见在查韦斯的玻利瓦尔革命理念中，社会公正是不可能随着经济的增长而自动实现的，两者应当协调发展。为此，查韦斯政府设定了 2001—2013 年详细的社会发展目标：

---

① Dick Parker，"¿ Representa Chávez una alternativa al neoliberalismo？" *Revista Venezolana de Economía y Ciencias Sociales*，2003，Vol. 9，No 3（mayo – agosto），p. 105.

附录3：2001—2010年拉美国家经济改革道路的分化　243

表2　　　　　　　　　　委内瑞拉2001—2013年社会发展目标

	2001—2007年计划	2004年战略规划	2007—2013年计划
总目标	实现社会平等	在形成新的社会结构方面有所进展	形成包容性的社会结构（最高社会福祉）
具体目标	保证人民全面平等地享有社会权利；改善收入分配，促进社会参与，在公共领域形成一种公民力量	赋予穷人以力量；巩固各项"使命"	彻底消除赤贫，加快减贫速度；转变社会生产关系，建立公有制的社会主义生产关系；增强人民生产劳动的基本能力；加强与拉美各国被排斥群体的团结

资料来源：Antonio J. González Plessmann: "La desigualdad en la revolución bolivariana: una década de apuesta por la democratización del poder, la riqueza y la valoración del estatus", Revista Venezolana de Economía y Ciencias Sociales, 2008, Vol. 14, No 3 (sept. – dic.), p. 182.

为了实现上述目标，查韦斯政府利用财政预算、国家发展基金（FONDEN）和国家石油公司提供的社会资金等资源加大医疗、教育和住房等基础设施支出以及各项名为"使命"的转移支付等公共社会支出。但从图2中可以看出，虽然查韦斯执政以来委内瑞拉公共社会支出显著增加，但仍远低于地区主要大国和古巴、哥斯达黎加、乌拉圭等国。另外，

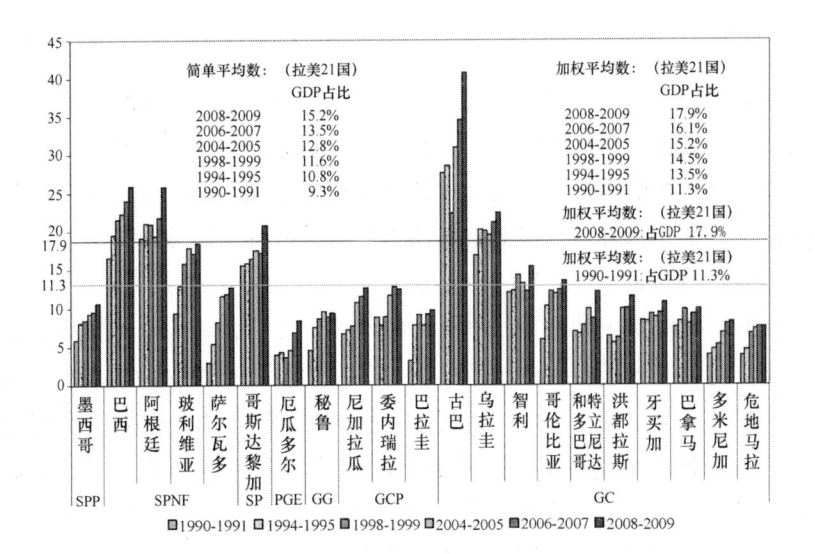

A. GDP占比

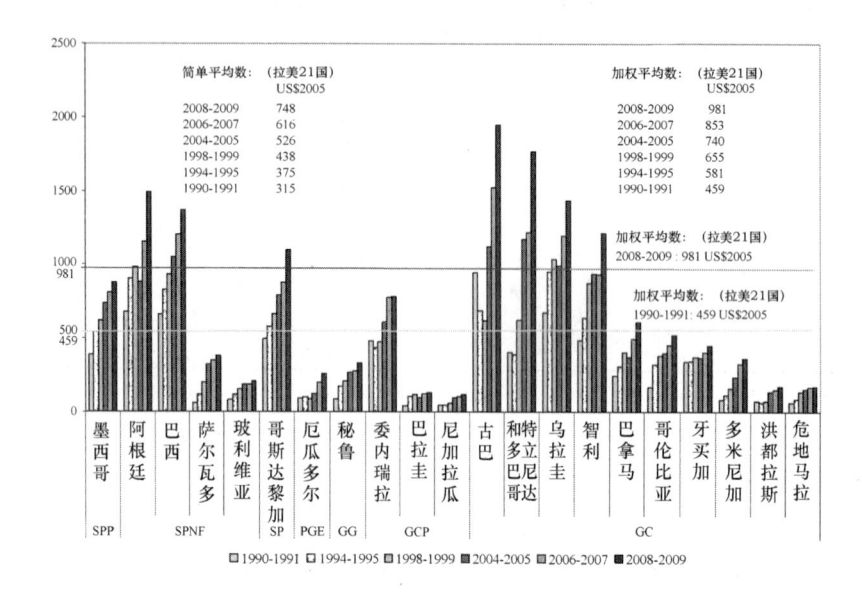

B. 人均支出（美元）

图2 拉美21国公共社会支出变化

资料来源：CEPAL：*Panorama social de América Latina* 2011，Capítulo V，p. 6，Santiago de Chile，ene. 2012.

2008—2009年全球经济危机中各国为减小危机对民众造成的影响而普遍增加了社会投入，但委内瑞拉因石油收入减少导致财政收入锐减，因而社会投入减少。然而，虽然委内瑞拉社会支出比重在拉美不是最高的，但支出中转移支付比例较高，因此对于改善收入分配和减贫效果显著。

（2）社会救助："使命"的力量

查韦斯政府执政初期（1999—2003年），其社会政策基本延续了传统的路线，同时开始进行一些改革实验，如努力扩大社会保险覆盖面和入学率。2003年以来，为了更快、更有效地解决严重的社会问题，政府开始实施一系列被称为"使命"的社会救助政策，如旨在消除文盲、让成年人接受基础教育的"罗宾逊使命"；提高中学和大学入学率的"苏克雷和里瓦斯使命"；进行再就业培训的"重返工作使命"；请古巴医生到贫困地区提供疾病预防服务以保障穷人享有医疗权利的"走进社区使命"；治疗眼部疾病的"奇迹使命";使近一半人口以国家补贴价格获得生活基本食品的"梅卡尔使命";为穷人提供免费住房的"住所使命";减少赤贫人口的"基督使命";使印第安人获得基本权利的"瓜依开布罗使命";等等。随着石油收入的增加,国家财政资金充足,2006年后,"使命"增加到20多项。

"使命"政策不仅力度大,覆盖范围广,而且具有设计思维创新、不拘传统、高效实用等特点。"这些政策的实施被认为是在公共管理体系中引入了一种灵活机制,与以前的官僚机制不同,这种机制可以使办事程序更灵活更简化,使多部门协同运作,更高效地解决医疗、教育、住房、就业和土地等方面的问题。"①

就成效而言,查韦斯执政以来委内瑞拉贫困家庭比例显著下降(由2001年阿根廷危机以及2002军事政变和石油工人罢工等因素导致的衰退使这一比例在2002—2003年出现反弹,图3),各阶段入学率也稳步上升(表3),基本医疗服务覆盖率上升(2006年73%的人口被纳入"走进社区使命")。然而在某些方面仍然不尽如人意,如2009年的儿童死亡率仅比20世纪90年代初降低1/3左右,而拉美平均降低一半以上,智利、墨西哥等一些主要国家降幅更大;儿童接种麻疹疫苗的比例不但没有提高,反而下降了(表4)。主要疾病之一结核病的患病率以及死亡率近二十年来基本无变化,而其他国家变化则非常明显(表5)。

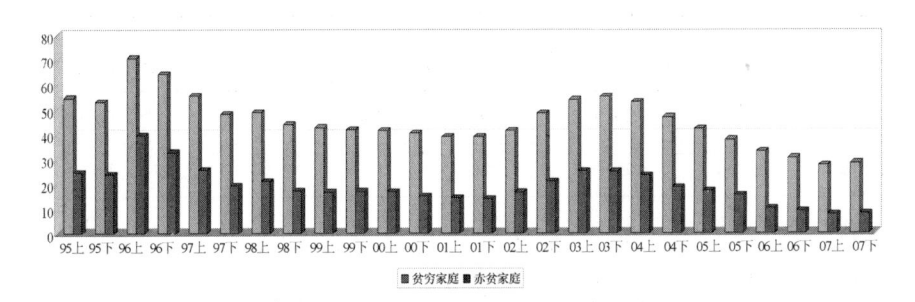

图3 委内瑞拉贫困家庭比例(%,1995—2007年)

资料来源:同表2,pp.193 - 194。

---

① Antonio J. González Plessmann:"La desigualdad en la revolución bolivariana: una década de apuesta por la democratización del poder, la riqueza y la valoración del estatus", *Revista Venezolana de Economía y Ciencias Sociales*, 2008, Vol. 14, No 3 (sept. – dic.), p. 189.

表3　　　　　　　委内瑞拉学校入学率（%，1994—2006年）

年份	学前教育	基础教育	中等、职业教育	高等教育
1994—1995	43.6	92.9	24.5	21.4
1995—1996	42.1	88.5	23.5	21.6
1996—1997	44.7	90.6	26.6	22.0
1997—1998	45.9	92.0	26.9	22.6
1998—1999	44.7	89.7	27.3	21.8
1999—2000	48.5	91.9	28.3	20.9
2000—2001	50.6	95.1	30.1	25.0
2001—2002	52.2	98.5	32.4	27.6
2002—2003	53.3	97.8	32.7	28.4
2003—2004	55.1	98.7	35.9	29.3
2004—2005	58.6	99.0	38.5	30.3
2005—2006	60.6	99.5	41.0	30.2

资料来源：同表2，p.190。

表4　　　　　　拉美部分国家儿童死亡率和接种麻疹疫苗比例

	5岁以下儿童死亡率（每1000人中）		出生死亡率（每1000人中）		1岁儿童接种麻疹疫苗的比例（%）	
年份	1991	2009	1990	2009	1990	2007
委内瑞拉	31.6	21.1	25.0	16.4	61.0	55.0
巴西	60.1	27.6	47.5	22.5	78.0	99.0
墨西哥	44.2	18.9	36.3	15.6	75.0	96.0
阿根廷	30.1	14.9	25.8	12.9	93.0	99.0
智利	19.1	8.5	16.3	7.0	97.0	91.0
拉美平均	55.5	26.2	42.7	20.4	76.3	93.0

资料来源：CEPAL：*Panorama social de América Latina* 2010, Anexo estadístico, Cuadro 48, Santiago de Chile, mar. 2011.

表5　　　　　拉美部分国家结核类疾病患病率、死亡率和治愈率

	结核类疾病患病率		结核类疾病死亡率		接受督导短程化疗(DOTS)后被治愈率	
年份	1990	2007	1990	2008	1994/2003	1995/2006
委内瑞拉	35	34	4.3	4.3	68	82
巴西	84	48	12	3.8	91	72
墨西哥	61	20	15	1.4	75	80
阿根廷	60	31	9.1	3.1	55	63
智利	38	12	3	0.5	83	85
拉美平均	87.8	49.1	14.7	4.8	78.8	76.1

资料来源：CEPAL: *Panorama social de América Latina* 2010, Anexo estadístico, Cuadro 51, Santiago de Chile, mar. 2011.

（二）巴西经济改革的深化与调整：以社会政策为重点

1. 经济改革调整

2002年上台的巴西总统卢拉属于温和左派，尤其重视在改革中调整收入分配和缩小贫富差距。他与查韦斯等激进左派不同，并没有推翻自由主义的改革方案，而是基本延续了之前的改革道路：首先，卢拉政府虽然强调国家调控对经济的重要作用，但并没有重新实行国有化政策，而是继续坚持私有化道路。其次，卢拉政府坚持贸易自由化原则，立足南共市，大力推动自由贸易，但抵制美洲自由贸易区的发展；积极发展同欧洲、亚洲国家，特别是同中国的经贸合作。

在坚持改革基本路线的前提下，针对阿根廷危机的教训，巴西对财政、货币、汇率和金融政策进行了调整。

巴西1999年出现货币危机，后又受到2001年阿根廷金融危机的冲击，导致外资抽离，货币贬值，通胀加剧，经济增长下滑，1999年GDP增长率为0.8%，2001年为1.3%。2002年卢拉政府上台后大力整顿经济，发展出口，实行浮动汇率制，削减公共开支，实现初级财政盈余，实行通货膨胀目标制，有效控制通胀。这些措施使外资重新回流，国际收支改善，外汇储备增加，GDP增长率于2004年恢复到4.9%。

进入2003—2007年增长期后，巴西着手实施一系列措施来进一步改善财政收支。2003年初开始深化财政体系调整，减少公务员工资和退休金等高额公共支出，同时增加消费税等税种的收入。九个月后，初级财政

盈余占 GDP 比重达到 5.1%，完成了 2002 年向 IMF 承诺的目标。货币重新升值，同时外债减少，稳定在占 GDP 57% 的比重。在宏观经济改善、生产活动恢复、贸易比价改善、财政收入不断增加的同时，"并未出现传统的现象，即政府在宏观经济指标出现好转后进行财政支出的扩张。……由于在经济增长期依然实施了谨慎而自主的财政政策，因此基本获得了较大的初级财政盈余，债务减少，国际储备增加"[1]。

在防范金融风险方面，曾经资本账户开放过快的巴西充分认识到了危机带来的教训，特别关注短期外债的增长变化。因此，"在增长周期即资金流入高潮期控制资本流动"就成为了此时预防危机的重要措施。在浮动汇率制和直接管控的共同作用下，短期资本投机得到抑制，资本流入更稳定、后果更可预见。

全球金融危机发生后，巴西实施了逆周期的财政政策，放松了原先所设定的公共支出标准，将公共部门的盈余由占 GDP 的 3.8% 下调到 2.5%，同时实施扩张性的货币政策，调整银行准备金，大幅增加国有银行的贷款额度。这些措施不仅部分地弥补了国内需求下降所带来的损失，而且有力地促进了经济的恢复。反危机政策之所以能够较为顺利地实施，主要得益于 2003—2007 年财政状况和宏观经济基本面的不断改善，另外，2009 年危机时通胀率出现下降与以往危机中衰退与通胀加重并存的现象形成鲜明对比，这也让逆周期政策少了后顾之忧。

2. 社保改革

21 世纪以来巴西所实施的各项改革调整措施中最引人瞩目的或许是它的社会保障政策，具体主要分为社会保险政策和社会救助政策。

(1) 渐进式的社会保险改革

自 1981 年智利实施激进的社会保险私有化以来，拉美许多重要国家，包括墨西哥、阿根廷、秘鲁都陆续实行了这一性质的改革，将传统的现收现付制改为完全的个人积累制。这种新制度虽然"强化了个人的精算公平，提高了社保制度的财务可持续性，但弱化了社保的社会再分配和社会共济的功能，不利于缓解两极分化和贫困化。此外，由于许多国家的社保覆盖面在改革后并未扩大，甚至反而减小了，因此导致相当部分的群体被

---

[1] CEPAL: *Balance preliminar de las economías de América Latina y el Caribe* 2005, Santiago de Chile, dic. 2005, pp. 49, 63.

附录 3：2001—2010 年拉美国家经济改革道路的分化   249

社保制度'排斥'在外，加剧了'社会排斥'，不利于'社会凝聚'"①。

巴西并未完全跟随这一潮流，虽然在辅助性的私营保险计划中引入了基金积累制的个人账户，但在占主体地位的强制性国家社会保险中依然保留了现收现付制，因此社会各个收入阶层基本都能够被较为公正地纳入国家保险体系中。20 世纪 90 年代后，巴西的社保覆盖面一直在拉美国家中名列前茅，即使在较低的 2002 年依然达到 61.7%，而同年在实施社保私有化的拉美国家中覆盖面最高的乌拉圭为 60%，墨西哥为 30%，阿根廷为 24%，秘鲁仅为 11%。然而从图 4 中我们看到，2009 年巴西社会保险在高收入人群中的覆盖率相对较高，而在最低收入人群中的覆盖率虽高于大部分实施社保私有化的国家，却仍低于智利、乌拉圭等国。

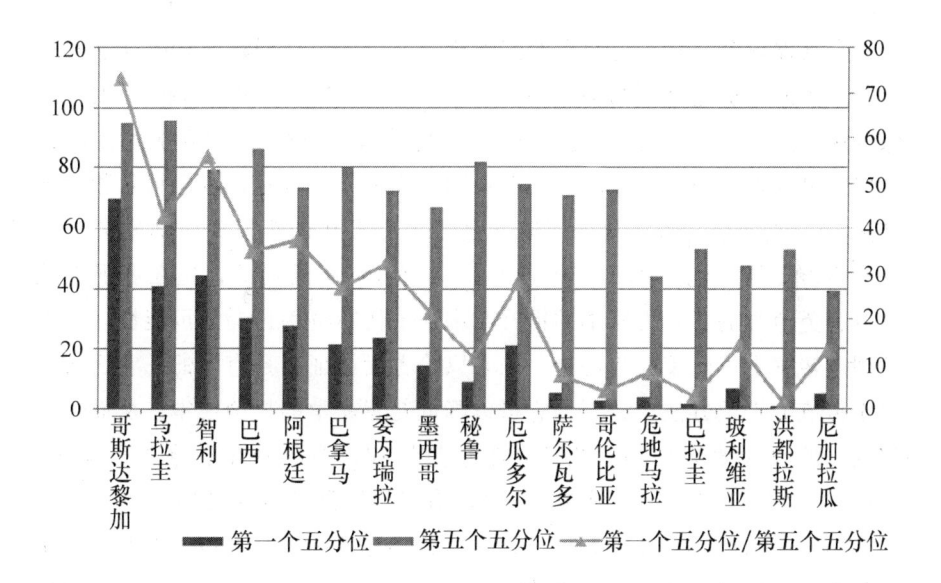

图 4　拉美 17 国：其家庭至少参加一项社会保险的 15 岁以下群体的百分比
（收入五分位中两端部分进行比较，2009 年）

注：墨西哥、危地马拉数据采集年份为 2006 年，洪都拉斯为 2007 年，委内瑞拉为 2008 年。
资料来源：CEPAL：*Panorama social de América Latina* 2011，Capítulo IV，p. 13，Santiago de Chile，ene. 2012.

---

①　郑秉文：《社保改革应统筹兼顾——来自"拉美现象"的一个重要启示》，《红旗文稿》2008 年第 17 期，第 28 页。

虽然这一制度有利于社保的公平性，但无法解决社保收支亏损的问题。此外，虽然公务员不再免费享受社保，但国家依然要在公共部门社保上支付巨额补贴。对此，卢拉政府在之前改革的基础上对社保政策的细节进行了一系列渐进式的调整：对公务员提高其缴费上限，改变退休金待遇计算公式，提高退休年龄等。这些措施都有助于减轻财政负担。

（2）以"有条件现金转移支付"为特色的社会救助政策

有条件现金转移支付指的是国家向符合条件的家庭提供现金资助，同时这些家庭必须承诺定期带儿童去医疗机构进行体检并接受医疗服务（如种牛痘），保证儿童有足够的上学时间。这一政策旨在让家庭与国家一道承担起减贫的责任，同时把重点放在长远的减贫目标上，而不仅是眼前。

有条件现金转移支付政策的实施背景是拉美在社保方面新的理念的产生。一系列经济危机和结构调整在社会领域造成的不良后果引发了关于社保合理性的争论。"经过争论，人们看到，社会保障不仅要在短期内减少贫困，更要控制未来的风险：要在长期内改善人力资本，从而消除和超越贫困。"[①] 之所以存在未来的风险，是因为穷人在危机发生时通常会采取一些不得已的措施（如让孩子辍学）来应对不利的局面，这在客观上就不可避免地影响了人力资本的提升并增加了代际贫困传递的可能性。有条件现金转移支付政策在控制这一未来风险方面被证明是有效的，它之所以优于传统的干预方法，是因为它可以降低儿童就学的机会成本，从而使转移支付的收入效应加强。儿童就学数量增加，童工数量就会相应减少。"入学资助"计划就是一项有代表性的有条件转移支付项目。

"入学资助"计划（Bolsa Escola）开始于 1995 年。2003 年巴西开始实行全国性反贫困战略"零饥饿"计划（Fome Zero）后，"入学资助"计划被纳入用于统筹所有有条件转移支付措施的"家庭资助"计划（Bolsa Familia）当中。"入学资助"计划面向的是人均月收入不足 90 雷亚尔的家庭，目的是保证这些家庭中 6—15 岁的儿童在小学和中学的学习时间（不少于学校授课时间的 85%），从而减少童工的数量并通过教育提升未来的人力资本，最终减少贫困。

[①] Pablo Villatoro：" Programas de transferencias monetarias condicionadas：experiencias en América Latina"，*Revista de la CEPAL* 86，ago. de 2005，p. 88.

针对过去对受助者目标定位不准确的问题，巴西政府采用了新的目标定位体系，将各种用于测定生活水平的标准和指标整合在一起，先通过地域定位选出全国最贫困的地区，然后再从中选出最脆弱的家庭；此后还在全国范围内设立受助登记册来记录各家庭受助历史信息。事实证明该计划在目标定位方面是有成效的，使有限的资源得到了相对高效的利用，儿童辍学率显著降低。但由于该计划所需资金主要由地方财政筹集，因此贫困地区的受助覆盖面难以有效扩大。

从表6中可以看出，20年间巴西青少年在小学期间和毕业后的辍学率降幅远大于在中学期间辍学率的降幅，恰好符合上述计划6—15岁的目标年龄段，可见有条件现金转移支付在提高入学率方面的效果是明显的。

表6　　　　　　　　巴西15—19岁青少年辍学率（%）

年份	早期辍学率（小学期间）	小学毕业后辍学率	中学期间辍学率
1990	13.3	14.1	27.4
2009	1.3	1.8	16.4

资料来源：CEPAL：*Panorama social de América Latina* 2010，Anexo estadístico, Cuadro 35, 36, 37, Santiago de Chile, mar. 2011.

三　巴西和委内瑞拉改革成效比较

正如上文所述，21世纪以来随着阿根廷危机的出现和左派的崛起，西方正统经济流派所倡导的新自由主义在拉美遭到质疑并逐步退潮。"就国家的作用及其与市场的关系以及融入全球经济的性质和程度这两个问题，拉美国家基本分为两派：一派是极力承诺开放和贸易自由化的国家，另一派是（在国际经济尤其是美国经济中）寻求更大自主权、较少对市场信号依赖的国家。"[①] 然而，在改善社会公正方面两派所追求的目标是

---

① ［危］格特·罗森塔尔：《2008年金融和经济危机及其对经济思想的影响》，《拉丁美洲研究》2011年第1期，第69—70页。

基本一致的。委内瑞拉和巴西基本代表了这两种改革模式①。那么，对改革进行再改革的方案和坚持改革路线并作调整的方案各自成效如何呢？

（一）宏观经济状况与经济的可持续性

21世纪头两年巴西经济低速增长，之后缓慢恢复，增长速度虽然不快，但较为稳定。2009年受全球经济危机影响出现小幅衰退，次年便强劲恢复。通胀方面，十年来基本始终为低通胀，2008—2009年也不例外。而委内瑞拉经济在2002—2003年出现严重衰退，通胀率陡升。之后因国际初级产品需求上升而出现连续四年的高速增长，通胀率下降，但仍维持在两位数。2009年出现衰退，通胀率再次上升，次年仍难以恢复（图5、6）。相比巴西而言，委内瑞拉十年来经济起伏波动较大。

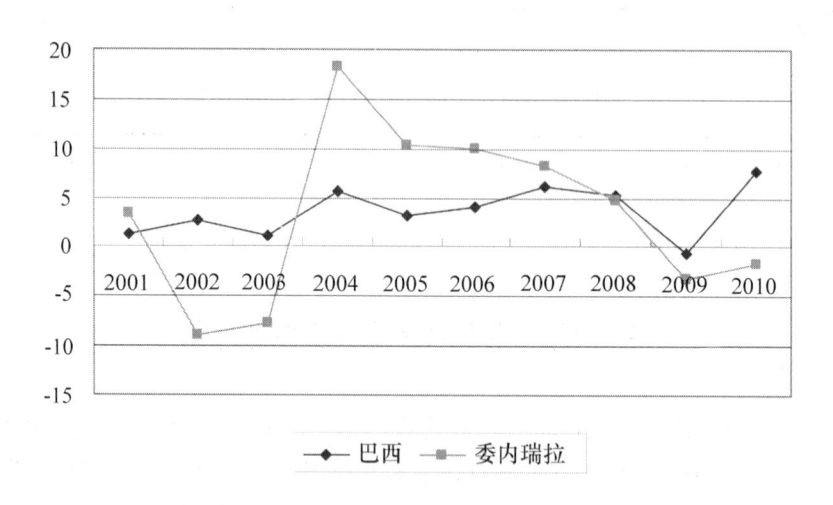

图5 巴西和委内瑞拉GDP增长率变化（%，2001—2010年）

资料来源：作者根据CEPAL：*Balance preliminar de las economías de América Latina y el Caribe 2010*, Santiago de Chile, dic. 2010 数据绘制。

---

① 巴西虽然坚持私有化和贸易自由化等市场经济政策，但越来越重视国家和公共政策对经济和社会的作用；此外，巴西主要立足南共市，在地区中发挥大国主导作用，对美国所倡导的美洲自贸区持消极抵制态度。

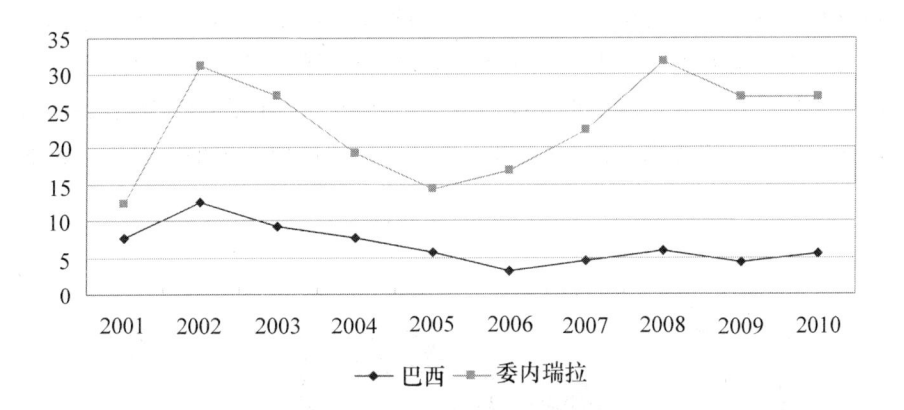

附录3：2001—2010年拉美国家经济改革道路的分化　253

图6　巴西和委内瑞拉消费者物价指数变化（2001—2010年）

资料来源：作者根据 CEPAL：*Balance preliminar de las economías de América Latina y el Caribe* 2010, Santiago de Chile, dic. 2010 数据绘制。

财政状况方面，由于委内瑞拉重新对石油业等产业实施国有化，因此在石油出口繁荣期财政收入大幅增加，经济危机时又大幅降低。而巴西财政收支在各时期相对比较稳定（图7）。

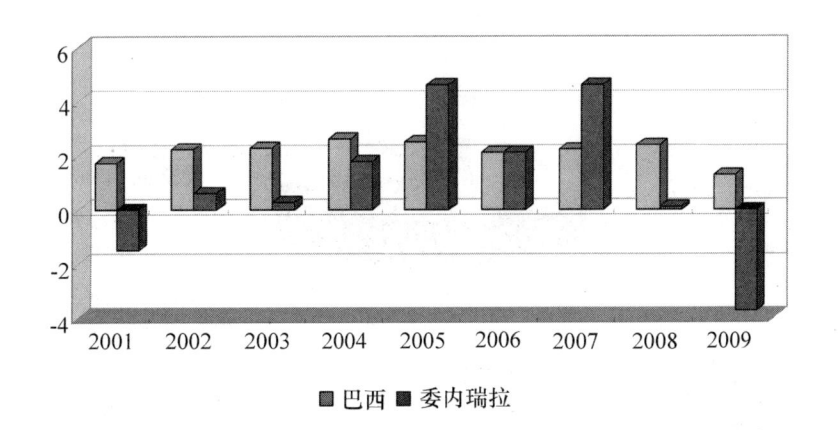

图7　巴西和委内瑞拉中央政府初级财政收支占GDP比重(2001—2009年)

资料来源：作者根据 CEPAL：*Estudio económico de América Latina y el Caribe* 2009 – 2010, Santiago de Chile, sep. 2010 数据绘制。

两国宏观经济稳定程度之所以对比如此明显，一个重要的原因是委内

254　"包容性发展"与收入分配：智利案例研究

瑞拉石油业在其国内生产总值中所占比例相当高（图8），因此整个国家的经济走势受石油出口形势的影响非常大。全球经济繁荣和危机所形成的周期变化导致世界能源需求大起大落，矿产品和石油出口国贸易比价显著改善而后又突然恶化（图10，相比而言，包括巴西在内的南共市国家贸

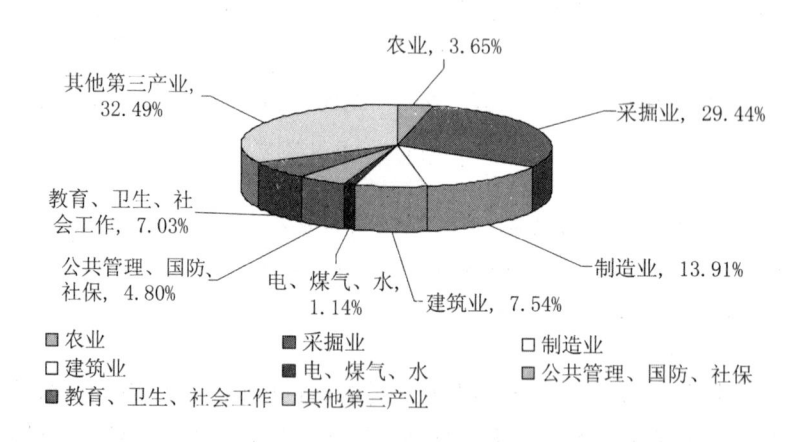

图8　2006年委内瑞拉各产业占GDP比重（%，按当年价格计算）

资料来源：作者根据中华人民共和国国家统计局《国际统计年鉴2010》数据绘制。

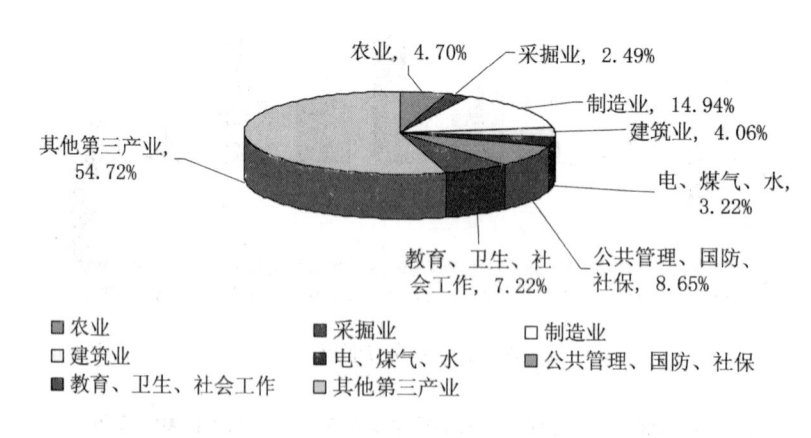

图9　2006年巴西各产业占GDP比重（%，按当年价格计算）

资料来源：作者根据中华人民共和国国家统计局《国际统计年鉴2010》数据绘制。

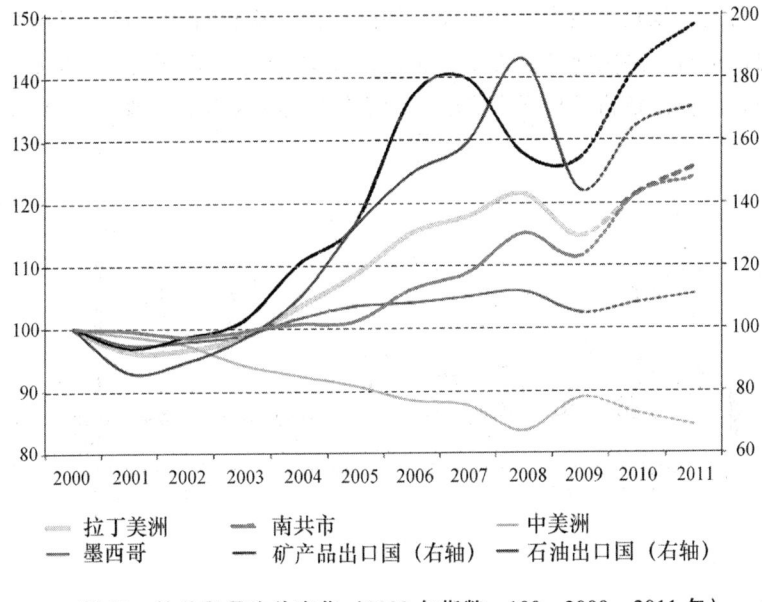

附录3：2001—2010年拉美国家经济改革道路的分化　255

图10　拉美贸易比价变化（2000年指数=100，2000—2011年）

图例：拉丁美洲　南共市　中美洲　墨西哥　矿产品出口国（右轴）　石油出口国（右轴）

资料来源：CEPAL: *Balance preliminar de las economías de América Latina y el Caribe* 2010, Santiago de Chile, dic. 2010, p.23.

易比价起伏并不明显），因此委内瑞拉经济波动巨大。而巴西产业结构优化程度在拉美处于较高地位（图9；2005年，巴西三大产业占GDP的比重分别为5.71%，29.28%，65.02%，产业结构优化程度接近美国和日本的水平。而第三产业的比重不仅高于墨西哥、阿根廷、委内瑞拉等主要拉美国家，更高于韩国、印度、中国等新兴市场国家），此外，巴西注重开发国内市场，外贸依存度较低（2006年巴西货物出口占GDP比重为17.92%，而委内瑞拉为45.77%），因此巴西经济整体抗风险能力较强。

委内瑞拉十余年的激进性改革措施使其国际投资环境有所恶化。查韦斯政府实施国有化政策，要求所有外国石油公司必须与委内瑞拉国家石油公司（PDVSA）合资经营，且后者股份不得低于51%（后提高为60%），不愿就范的外国公司只得选择离开。合资关系中，由于PDVSA资金匮乏，外国公司通常需要为其垫付资金并负责融资。此外，矿区使用费和各种其他税费大幅度提高。这些都增加了外国公司的经营成本和负担。其他行业的国有化过程也采取了类似的措施。由于在委投资风险加大，外国直接投资持续减少，整个资本账户十年来也基本处于净流出状态。而巴西由于宏观经济稳定，投资环境宽松，因此净外国直接投资相对较为稳定（2006 年由于巴西进行大规模海外投资而出现负值），2009 年危机期间反而增加。资本账户在阿根廷危机后出现净流出，2005 年后即恢复流入（图 11、图 12）。

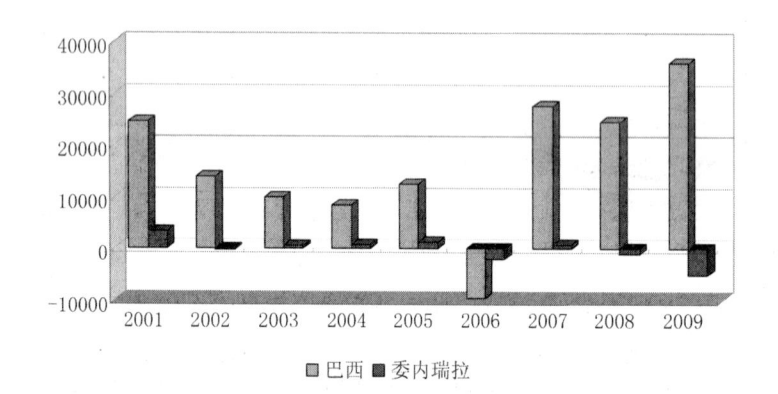

图 11　巴西和委内瑞拉净外国直接投资变化（百万美元，2001—2009 年）

资料来源：作者根据 CEPAL：*Balance preliminar de las economías de América Latina y el Caribe* 2010, Santiago de Chile, dic. 2010 数据绘制。

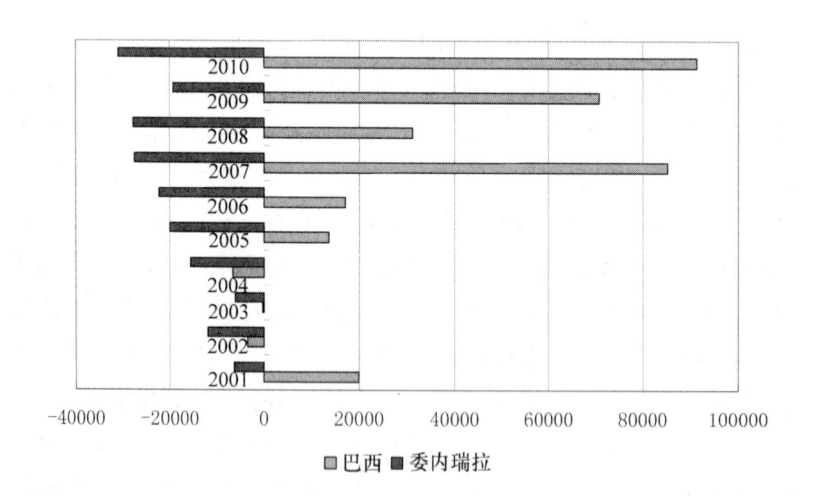

图 12　巴西和委内瑞拉资本账户余额变化（百万美元，2001—2010 年）

资料来源：作者根据 CEPAL：*Balance preliminar de las economías de América Latina y el Caribe* 2002 - 2010, Santiago de Chile 数据绘制。

除宏观经济稳定程度以外，进口货物构成也可在一定程度上反映经济的可持续性和抗风险能力。在这方面两国对比较明显的领域是食品和燃料。巴西食品进口比重较低，2009年危机时更低。同时燃料进口也未增加。委内瑞拉由于石油产量丰富，因此燃料并不依赖进口，但食品进口比重偏高。查韦斯政府曾因本国粮食过分依赖进口而倡导"内生发展"，加强粮食主权，但效果并不明显，2009年危机时食品进口增加幅度较大（图13）。

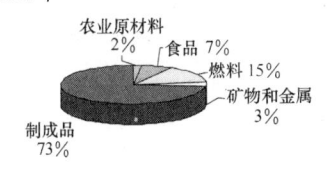

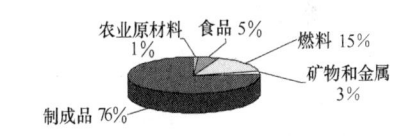

巴西 2002年
农业原材料 2%
食品 7%
燃料 15%
矿物和金属 3%
制成品 73%

巴西 2009年
农业原材料 1%
食品 5%
燃料 15%
矿物和金属 3%
制成品 76%

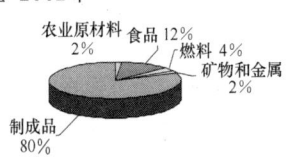

委内瑞拉 2002年
农业原材料 2%
食品 12%
燃料 4%
矿物和金属 2%
制成品 80%

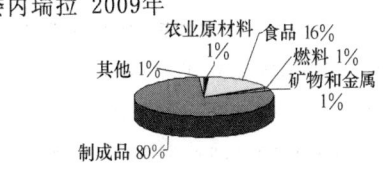

委内瑞拉 2009年
农业原材料 1%
食品 16%
燃料 1%
矿物和金属 1%
其他 1%
制成品 80%

图13　巴西和委内瑞拉进口货物构成变化

资料来源：作者根据中华人民共和国国家统计局《国际统计年鉴2002，2010》数据绘制。

综上所述，十年来，巴西由于成功地实施了宏观经济政策调整，因而经济基本面得以保持稳定，较平稳地渡过了2008—2009年全球经济危机。而委内瑞拉由于过于依赖石油出口，经济发展波动较为明显。从宏观经济稳定程度、产业结构、外贸依存度、投资环境、进口货物构成等方面来看，巴西经济在未来的可持续性和抗风险能力优于委内瑞拉。

（二）社会状况

就业方面，委内瑞拉受2002—2003年严重衰退影响，失业率陡升，之后逐步下降，2009 年后受危机影响又小幅回升。而巴西就业状况较为稳定，受两次危机影响相对较小，尤其是 2009 年后失业率反而下降；增长期失业率基本保持在 10% 左右（图 14）。这主要还是得益于巴西高效的反危机政策所带来的宏观经济稳定。

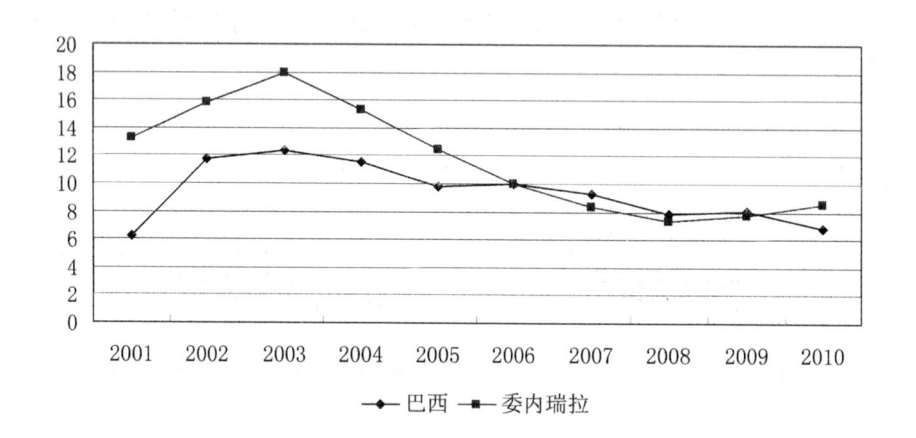

图 14　巴西和委内瑞拉城市公开失业率变化（2001—2010 年）

注：巴西数据范围为其六大城市；委内瑞拉为全国。

资料来源：作者根据 CEPAL：*Balance preliminar de las economías de América Latina y el Caribe* 2010，Santiago de Chile, dic. 2010 数据绘制。

收入分配方面，2002 年以来，委内瑞拉加大公共转移支付力度，并将其作为工资的一部分，努力改善收入分配，因此基尼系数下降幅度在整个拉美最为明显（2002 年为 0.5，2008 年为 0.412），2009 年左右基本为全地区最低水平。巴西基尼系数在 21 世纪初处于地区最高水平，经过大力开展社会政策、大幅度提高最低工资标准而有所下降，幅度较为明显（2002 年为 0.634，2009 年为 0.576,），但 2009 年依然处于地区高水平行列（图 15）。

从各收入水平群体对比的角度来看，近十年来，巴西最贫困的 40% 群体家庭人均收入增长 3%，委内瑞拉增长近 5%；巴西 10% 最富群体家庭人均收入下降 5.8%，委内瑞拉下降 6.6%；两国介于最穷和最富之间的群体收入变化均不明显（表 7）。从图 16 中可以看出，2009—2010 年委内瑞拉收入分配公正程度在拉美 18 个主要国家中最高，而巴西的贫富差距依然非常明显。

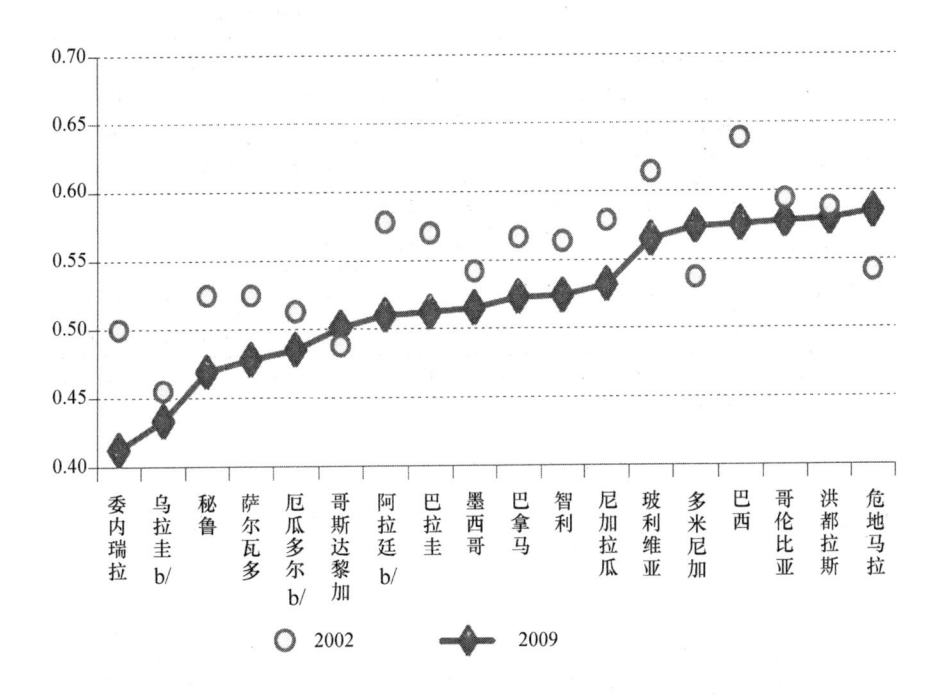

图 15　拉美各国基尼系数变化（2002—2009 年[a/]）

注：a/ 各国数据始末年份在 2000—2002 年以及 2006—2009 年之间有所不同。　b/ 城市地区。

资料来源：CEPAL: *Panorama social de América Latina* 2010, Santiago de Chile, mar. 2011, p. 15.

表 7　巴西和委内瑞拉家庭人均收入分配水平变化（%，1999—2009 年）

	巴西				委内瑞拉			
	收入中各比例人群				收入中各比例人群			
年份	40%最贫困	接下来的30%	10%最富以下20%	10%最富	年份	40%最贫困	接下来的30%	10%最富以下20%	10%最富
2001	10.2	17.5	25.5	46.8					
2002	10.7	17.4	24.8	47.1					
2003	11.2	18.2	25.7	44.9	1999	14.5	25.1	29.0	31.4
2004	11.7	18.7	25.5	44.1	2002	14.3	24.9	29.5	31.3

260　"包容性发展"与收入分配：智利案例研究

续表

巴西				委内瑞拉			
收入中各比例人群				收入中各比例人群			
年份	40%最贫困	接下来的30%	10%最富以下20%	10%最富	年份	40%最贫困	接下来的30%	10%最富以下20%	10%最富
2005	11.8	18.5	25.0	44.7	2004	16.1	26.5	28.9	28.5
2006	12.1	18.8	25.1	44.0	2005	14.8	26.1	28.3	30.8
2007	12.6	19.6	25.5	42.3	2006	17.4	27.0	28.3	27.3
2008	12.7	19.3	24.7	43.3	2007	18.4	27.5	28.4	25.7
2009	13.2	20.3	25.5	41.0	2008	19.2	27.9	28.1	24.8

资料来源：CEPAL：*Panorama social de América Latina* 2010，Anexo estadístico，Cuadro 13，Santiago de Chile，mar. 2011.

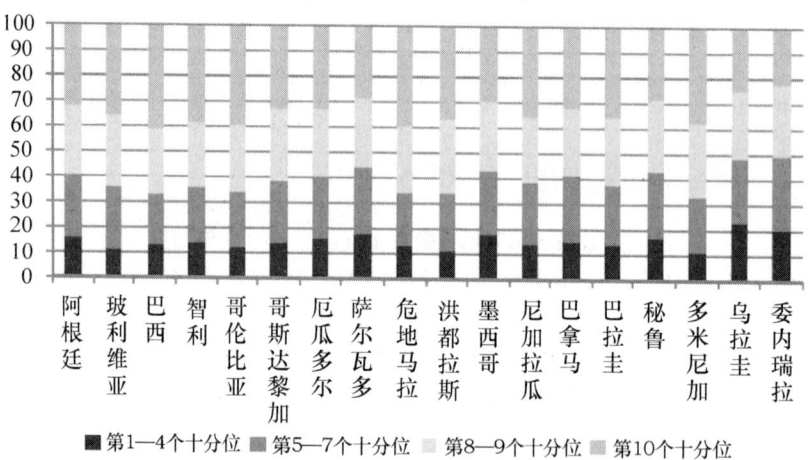

图 16　拉美 18 国家庭十分位收入比例（%，2010 年[a/]）

注：a/ 尼加拉瓜数据为 2005 年，危地马拉为 2006 年，玻利维亚为 2007 年，巴西、智利、哥斯达黎加为 2009 年。　b/ 城市地区。

资料来源：CEPAL：*Panorama social de América Latina* 2011，Capítulo I，p. 15，Santiago de Chile，ene. 2012.

2002—2010 年，两国减贫效果均十分明显，而委内瑞拉成果更是相当突出。就经济增长和收入分配政策这两项因素对减贫的贡献率而言，两国分配政策的贡献率都占有相当大的比重，尤其在 2009 年全球经济危机时所占的比重更大（表 8）。这说明两国虽然在经济改革指导路线上有所差异，但在改善社会公正方面形成了一种共识：不仅在危机时要加大社会政策的力度，即使在繁荣增长期也不应当继续过去那种"先增长、后分配"、完全依赖增长带动分配的观念，而应当促增长和调分配并举，经济政策和社会政策双管齐下，才能真正实现增长与社会公正的双赢。

表 8　巴西和委内瑞拉贫困率变化以及增长和分配效应对其的贡献率（%）

年份	2002—2008			2002—2010		
项目	贫困率变化	增长的贡献率	分配的贡献率	贫困率变化	增长的贡献率	分配的贡献率
巴西	-11.7	56	44	-12.7	46	54
委内瑞拉	-21.0	56	44	-20.8	45	55

资料来源：CEPAL：*Panorama social de América Latina* 2011，Capítulo I，p. 11，Santiago de Chile，ene. 2012.

总体看来，社会形势方面，由于两国都将改革重心向社会领域倾斜，因此在改善收入分配和减贫方面都取得了令人瞩目的成就。而查韦斯政府所秉承的经济为社会服务的理念以及倾全国之力改善社会公正的决心使其社会改革成果尤为突出。然而，委内瑞拉的社会改革在未来面临着巨大的挑战。首先，由于其宏观经济波动较大，经济的可持续性和抗风险能力较低，因此未来社会改革的基础不够稳固。其次，其慷慨的社会投入基本源自石油业国有化后国家取得的巨额收入，2003—2008 年不断走高的国际油价为其提供了有力保障；但这种相对不均衡的产业结构和发展模式增加了其经济在未来的不确定性和脆弱性，国际油价的起伏必将直接影响着委内瑞拉的财政收入和社会支出。未来委内瑞拉政坛的走势也直接决定着其现行社会改革路线能否得以继续。

参考文献：

1. CEPAL：*Balance preliminar de las economías de América Latina y el Caribe* 2001 - 2010，Santiago de Chile.
2. CEPAL：*Estudio económico de América Latina y el Caribe* 2009 - 2010，Santiago de Chile，sep. 2010.
3. CEPAL：*Panorama social de América Latina* 2010，2011，Santiago de Chile.
4. Frenkel, Roberto："Globalización ycrisis financieras en América Latina"，*Revista de*

la CEPAL 80, ago. de 2003.

5. González Plessmann, Antonio J.: "La desigualdad en la revolución bolivariana: una década de apuesta por la democratización del poder, la riqueza y la valoración del estatus", *Revista Venezolana de Economía y Ciencias Sociales*, 2008, Vol. 14, No 3 (sept. – dic.).

6. López Maya, Margarita: "Venezuela: Hugo Chávez y el bolivarianismo", *Revista Venezolana de Economía y Ciencias Sociales*, 2008, Vol. 14, No 3 (sept. – dic.).

7. Magallanes, Rodolfo: "La igualdad en la República Bolivariana de Venezuela (1999 – 2004)", *Revista Venezolana de Economía y Ciencias Sociales*, Vol. 11, No 2, Caracas, mayo 2005.

8. Parker, Dick: "? Representa Chávez una alternativa al neoliberalismo?", *Revista Venezolana de Economía y Ciencias Sociales*, 2003, Vol. 9, No 3 (mayo – agosto).

9. Santeliz Granadillo, Andrés: "1999 – 2009, la economíaen diez años de gobierno revolucionario", *Revista Venezolana de Economía y Ciencias Sociales*, 2008, Vol. 14, No 3 (sept. – dic.).

10. Villatoro, Pablo: "Programas de transferencias monetarias condicionadas: experiencias en América Latina", *Revista de la CEPAL* 86, ago. de 2005.

11. [危] 格特·罗森塔尔:《2008 年金融和经济危机及其对经济思想的影响》,《拉丁美洲研究》2011 年第 1 期。

12. 苏振兴主编:《拉丁美洲的经济发展》,经济管理出版社 2000 年版。

13. 吴国平:《2009 年拉丁美洲和加勒比经济形势》,内部资料。

14. [美] 约翰·威廉姆森:《"华盛顿共识"与金融改革——访美国国际经济研究所高级研究员约翰·威廉姆森》,《中国金融》2006 年第 5 期。

15. 郑秉文:《社保改革应统筹兼顾——来自"拉美现象"的一个重要启示》,《红旗文稿》2008 年第 17 期。

16. 中华人民共和国国家统计局《国际统计年鉴 2002, 2010》。

参考文献

主要中文参考文献：

1. ［美］阿瑟·奥肯：《平等与效率：重大的抉择》，陈涛译，中国社会科学出版社 2013 年版。
2. ［英］安东尼·B. 阿特金森、［法］弗兰克伊斯·布吉尼翁主编：《收入分配经济学手册》，蔡继明等校译，经济科学出版社 2009 年版。
3. ［美］保罗·萨缪尔森、威廉·诺德豪斯：《经济学》，萧琛等译，商务印书馆 2012 年版。
4. CAF—拉丁美洲开发银行：《2011 年经济和发展报告——面向发展：推动拉丁美洲金融服务的可获性》，当代世界出版社 2012 年 5 月版。
5. 陈平：《新自由主义的兴起与衰落：拉丁美洲经济结构改革（1973—2003）》，世界知识出版社 2008 年版。
6. 陈宪：《包容性增长：兼顾效率与公平的增长》，2010 年 10 月 14 日《文汇报》第 5 版。
7. ［英］大卫·李嘉图：《政治经济学及赋税原理》，郭大力、王亚南译，译林出版社 2011 年版。
8. ［美］德隆·阿西莫格鲁、詹姆斯·A. 罗宾逊：《国家为什么会失败》，李增刚译，徐彬校，湖南科学技术出版社 2015 年版。
9. 高鸿业主编：《西方经济学》，中国人民大学出版社 2001 年版。
10. ［危］格特·罗森塔尔：《2008 年金融和经济危机及其对经济思想的影响》，《拉丁美洲研究》2011 年第 1 期。
11. ［美］J. B. 克拉克：《财富的分配》，陈福生、陈振骅译，商务印书馆 2009 年版。

12. [英] J. M. 凯恩斯:《就业、利息和货币通论》,高鸿业译,商务印书馆 1999 年版。
13. 江时学:《拉美发展模式研究》,经济管理出版社 1996 年版。
14. 经济合作与发展组织发展中心主编:《2011 年拉丁美洲经济展望》,当代世界出版社 2011 年版。
15. 马克思:《资本论》第三卷,人民出版社 1975 年版。
16. [美] 卡莱斯·鲍什:《民主与再分配》,熊洁译,王正毅校,上海人民出版社 2011 年版。
17. 刘国光:《改革开放新时期的收入分配问题》,《百年潮》2010 年第 4 期。
18. [英] 琼·罗宾逊、约翰·伊特韦尔:《现代经济学导论》,陈彪如译,商务印书馆 2009 年版。
19. 苏振兴主编:《拉丁美洲的经济发展》,经济管理出版社 2000 年版。
20. 苏振兴、徐文渊主编:《拉丁美洲国家经济发展战略研究》,经济管理出版社 2007 年版。
21. 苏振兴主编:《拉美国家社会转型期的困惑》,中国社会科学出版社 2010 年版。
22. 苏振兴:《增长、分配与社会分化——对拉美国家社会贫富分化问题的考察》,《拉丁美洲研究》2005 年第 1 期。
23. 吴白乙主编:《拉丁美洲和加勒比发展报告（2010—2011）》,社会科学文献出版社 2011 年版。
24. 吴国平主编:《21 世纪拉丁美洲经济发展大趋势》,世界知识出版社 2002 年版。
25. 吴敬琏:《缩小收入差距不能单靠再分配》,《IT 时代周刊》2011 年第 15 期。
26. [英] 亚当·斯密:《国富论》,谢祖钧译,新世界出版社 2007 年版。
27. 于同申主编:《发展经济学》,中国人民大学出版社 2009 年版。
28. [英] 约翰·穆勒:《政治经济学原理》,赵荣潜译,商务印书馆 1991 年版。
29. [美] 约翰·威廉姆森:《"华盛顿共识"与金融改革——访美国国际经济研究所高级研究员约翰·威廉姆森》,《中国金融》2006 年第 5 期。

30. 张勇：《拉美劳动力流动与就业研究》，当代世界出版社 2010 年版。
31. 郑秉文主编：《社会凝聚：拉丁美洲的启示》，当代世界出版社 2010 年版。
32. 郑秉文主编：《拉丁美洲城市化：经验与教训》，当代世界出版社 2011 年版。

主要外文参考文献：

1. Ahuja, V., B. Bidani, F. Ferreira and M. Walton: *Everybody's Miracle? Revisiting Poverty and Inequality in East Asia*, The World Bank, Washington D. C., 1997.
2. Alarcón, Cecilia y Giovanni Stumpo: "Políticas paraPequeñas y Medianas Empresas en Chile", *Revista de la CEPAL* 74, ago. de 2001.
3. Álvarez, Roberto, Claudio Bravo – Ortega y Lucas Navarro: "Innovación, Investigación y Desarrollo, y Productividad en Chile", *Revista de la CEPAL* 104, ago. de 2011.
4. Álvarez, Roberto and Ricardo López: *Financial Development, Exporting and Firm Heterogeneity in Chile*, working paper of Central Bank of Chile, N° 666, marzo 2012.
5. Arellano Marín, José Pablo: "La ReformaEducacional Chilena", *Revista de la CEPAL* 73, abr. de 2001.
6. Arenas de Mesa, Alberto, María Claudia Llanes y Fidel Miranda Bravo: *Protección Social Efectiva, Calidad de la Cobertura, Equidad y Efectos Distributivos del Sistema de Pensiones en Chile*, CEPAL, Serie Financiamiento del desarrollo, Santiago de Chile, 2006.
7. Arriagada, Irma y Charlotte Mathivet: *Los Programas de Alivio a la Pobreza Puente y Oportunidades: una Mirada desde los Actores*, CEPAL, Serie Políticas sociales, Santiago de Chile, 2007.
8. Ascúa, Rubén: *Financiamiento para Pequeñas y Medianas Empresas (pyme): el Caso de Alemania, Enseñanzas para Argentina*, CEPAL, Serie Estudios y perspectivas, Buenos Aires, 2005.
9. Atria, Raúl: *Estructura Ocupacional, Estructura Social y Clases Sociales*, CEPAL, Serie Políticas sociales, Santiago de Chile, 2004.

10. Barra, Patricio: "Simplicidad de los Sistemas de Imposición. El Caso de Chile", 2006, Servicio de Impuestos Internos de Chile (SII): http: // home. sii. cl/.

11. Bebczuk, Ricardo N. : *Acceso al Financiamiento de las Pymes en la Argentina: Estado de Situación y Propuestas de Política*, CEPAL, Serie Financiamiento del desarrollo, Santiago de Chile, 2010.

12. Bielschowsky, Ricardo: "Sesenta Años de la CEPAL: Estructuralismo y Neoestructuralismo", *Revista de la CEPAL* 97, abril 2009.

13. Bourguignon, F. and C. Morrisson: "Inequality and Development", *Document*, Delta, Paris, 1995, N. 95 - 32.

14. Braun-Llona, Juan, et. al. : *Economía Chilena 1810 - 1995. Estadísticas Históricas*, documento de trabajo, Instituto de Economía, Santiago de Chile, enero de 2000.

15. CAF: *Servicios Financieros para el Desarrollo: Promoviendo el Acceso en América Latina*, Panamericana Formas e Impresos, Bogotá, Colombia, 2011.

16. Carlson, Beverley: "Educación y Mercado delTrabajo en América Latina Frente a la Globalización", *Revista de la CEPAL* 77, ago. de 2002.

17. Castillo, Mario: "Responsabilidad en la Gestión de los Programas Gubernamentales de Fomento de las Pequeñas y Medianas Empresas", *Revista de la CEPAL* 79, abr. de 2003.

18. Cecchini, Simone y Aldo Madariaga: *Programas de Transferencias Condicionadas: Balance de la Experiencia Reciente en América Latina y el Caribe*, CEPAL, Santiago de Chile, 2011.

19. Cecchini, Simone y Rodrigo Martínez: *Protección Social Inclusiva en América Latina: una Mirada Integral, un Enfoque de Derechos*, CEPAL, Santiago de Chile, 2011.

20. CEPAL: *Balance Preliminar de las Economías de América Latina y el Caribe* 2000 - 2013, Santiago de Chile, 2000 - 2013.

21. CEPAL: *Estudio Económico de América Latina y el Caribe* 2003 - 2012, Santiago de Chile, 2003 - 2012.

22. CEPAL: *Panorama Social de América Latina* 2000 - 2013, Santiago de Chile, 2000 - 2013.

23. CEPAL: *La Protección Social de Cara al Futuro: Acceso, Financiamiento y Solidaridad*, Montevideo, Uruguay, 2006.
24. CEPAL: *Cohesión Social en América Latina. Una Revisión de Conceptos, Marcos de Referencia e Indicadores*, Naciones Unidas, 2010.
25. CEPAL: *Políticas de Apoyo a las Pymes en América Latina: entre Avances Innovadores y Desafíos Institucionales*, Santiago de Chile, julio de 2010.
26. CEPAL: *Panorama Fiscal de América Latina y el Caribe: Reformas Tributarias y Renovación del Pacto Fiscal*, Santiago de Chile, 2013.
27. CEPAL, SEGIB y AECI: *Cohesión Social: Inclusión y Sentido de Pertenencia en América Latina y el Caribe*, Santiago de Chile, 2007.
28. CEPAL, SEGIB y AECI: *Innovar para Crecer: Desafíos y Oportunidades para el Desarrollo Sostenible e Inclusivo en Iberoamérica*, Santiago de Chile, 2010.
29. Cetrángolo, Oscar y Carlos Grushka: *Sistema Previsional Argentino: Crisis, Reforma y Crisis de la Reforma*, CEPAL, Serie Financiamiento del desarrollo, Santiago de Chile, 2004.
30. Chacaltana, Juan: *Magnitud y Heterogeneidad: Políticas de Fomento del Empleo Juvenil y las Micro y Pequeñas Empresas*, CEPAL, Serie Macroeconomía del desarrollo, Santiago de Chile, 2009.
31. Chenery, H., M. Ahluwalia, C. Bell, J. Duloy and R. Jolly: *Redistribution with Growth*, Oxford University Press, 1974.
32. Cimoli, Mario, Annalisa Primi y Maurizio Pugno: "Un Modelo de Bajo Crecimiento: la Informalidad Como Restricción Estructural", *Revista de la CEPAL* 88, abr. de 2006.
33. Cisterna Cabrera, Francisco: "Reforma Educacional, Capital Humano y Desigualdad en Chile", *Horizontes Educacionales*, Vol. 12, No. 2: 43 - 50, 2007.
34. Cortazar, Rene: "Chile: Resultados Distributivos 1973 - 1982", *Desarrollo Econ6mico*, Vol. 23, No. 91 (octubre - diciembre 1983).
35. Cortés, Rosalía y Claudia Giacometti: *Políticas de Educación y Su Impacto sobre la Superación de la Pobreza Infantil*, CEPAL, Serie Políticas sociales, Santiago de Chile, 2010.

36. Courtis, Christian y Nicolás Espejo: *Por un "Contrato de Cohesión Social"*: *Apuntes Exploratorios*, CEPAL, Serie Políticas sociales, Santiago de Chile, 2007.

37. De Gregorio R., José: "Mucho Dinero y Poca Inflación: Chile y la Evidencia Internacional", *Documentos de Política Económica*, No. 8 – septiembre 2003, Banco Central de Chile.

38. Easterly, W. and S. Rebelo: "Fiscal Policy and Growth: An Empirical Investigation", *Journal of Monetary Economics*, 1993, 32 (Deeember): 417 – 458.

39. Escudé, Guillermo: "Lecciones de la Crisis Argentina", *Revista de Economía – Segunda Epoca* Vol. IX No. 2, Banco Central del Uruguay, nov. de 2002.

40. Fanelli, José María: "Crecimiento, Inestabilidad y Crisis de la Convertibilidad en Argentina", *Revista de la CEPAL* 77, ago. de 2002.

41. Faria, Vilmar E.: *Reformas Institucionales y Coordinación Gubernamental en la Política de Protección Social de Brasil*, CEPAL, Serie Políticas sociales, Santiago de Chile, 2003.

42. Fenton Ontañon, Rodrigo y Ramón Padilla Pérez: *Financiamiento de la Banca Comercial a Micro*, *Pequeñas y Medianas Empresas en México*, CEPAL, Serie Estudios y perspectivas, México, D. F., 2012.

43. Fernández – Arias, Eduardo: "Lecciones de la Crisis Argentina", *Revista de Economía – Segunda Epoca* Vol. IX, No. 2, Banco Central del Uruguay, nov. de 2002.

44. Ferraro, Carlo y Giovanni Stumpo: *Políticas de Apoyo a las Pymes en América Latina: entre Avances Innovadores y Desafíos Institucionales*, CEPAL, Santiago de Chile, 2010.

45. Ffrench – Davis, Ricardo: "Distribución del Ingreso y Pobreza en Chile", capítulo IX de*Entre el Neoliberalismo y el Crecimiento con Equidad: Tres Décadas de Política Económica en Chile*, J. C. Sáez Editor, 3ª edición, Santiago, 2003.

46. Filgueira, Fernando: *Cohesión, Riesgo y Arquitectura de Protección Social en América Latina*, CEPAL, Serie Políticas sociales, Santiago de

Chile, 2007.

47. Foschiatto, Paola y Giovanni Stumpo: *Políticas Municipales de Microcrédito: un Instrumento para la Dinamización de los Sistemas Productivos Locales, Estudios de Caso en América Latina*, CEPAL, Santiago de Chile, 2006.

48. Franco, Rolando, Martín Hopenhayn y Arturo León: "Crece y Cambia la Clase Media en América Latina: una Puesta al Día", *Revista de la CEPAL* 103, abr. de 2011.

49. Frenkel, Roberto: "Globalización yCrisis Financieras en América Latina", *Revista de la CEPAL* 80, ago. de 2003.

50. Frías Fernández, Patricio: *Papel de los Sindicatos y la Negociación Colectiva y Su Impacto en la Eficiencia y la Equidad del Mercado de Trabajo*, CEPAL, Serie Macroeconomía del desarrollo, Santiago de Chile, 2010.

51. Furtado, Celso: *La Economía Latinoamericana*, Siglo Veintiuno Editores, 18a edición en español, 1985.

52. Furtado, Celso: *Desenvolvimento e subdesenvolvimento*, Rio de Janeiro, Fundo de Cultura, 1961.

53. Gómez-Sabaini, Juan Carlos: *Cohesión Social, Equidad y Tributación: Análisis y Perspectivas para América Latina*, CEPAL, Serie Políticas sociales, Santiago de Chile, 2006.

54. González, Ivonne y Ricardo Martner: "Superando el 'Síndrome del Casillero Vacío'. Determinantes de la Distribución del Ingreso en América Latina", *Revista CEPAL*, 108, dic. 2012.

55. GTZ, CEPAL: *Manual de la Micro, Pequeña y Mediana Empresa*, San Salvador, 2009.

56. Hayek, F. A.: *The Constitution of Liberty*, Routledge and Kegan Paul, London, 1960.

57. Hopenhayn, Martín y Ana Sojo: *Sentido de Pertenencia en Sociedades Fragmentadas: América Latina en una Perspectiva Global*, Buenos Aires: Siglo Veintiuno Editores, 2011.

58. Infante, Ricardo: *El Sector de Empresas Pequeñas y Medianas: Lecciones de la Experiencia de la Unión Europea y Políticas de Homogeneización Productiva con Generación de Empleo*, CEPAL, Serie Políticas sociales, Santiago

de Chile, 2008.

59. Infante B., Ricardo y Osvaldo Sunkel: "Chile: hacia un Desarrollo Inclusivo", *Revista de la CEPAL* 97, abr. de 2009.

60. Infante, Ricardo: *El Desarrollo Inclusivo en América Latina y el Caribe: Ensayos sobre Políticas de Convergencia Productiva para la Igualdad*, CEPAL, Santiago de Chile, 2011.

61. InstitutoNacional de Estadísticas de Chile (INE): *Primera Encuesta Anual de las Pequeñas y Medianas Empresas*, 2006.

62. Jorratt De Luis, Michael: *La Tributación Directa en Chile: Equidad y Desafíos*, CEPAL, Serie Macroeconomía del desarrollo, Santiago de Chile, 2009.

63. Kuznets, S: "Economic Growth and Income Inequality", *American Economic Review*, 1955, (45).

64. Le Fort V., Guillermoy Sergio Lehmann: "El Encaje y la Entrada Neta de Capitales: Chile en el Decenio de 1990", *Revista de la CEPAL* 81, dic. de 2003.

65. Lewis A. W.: "Economic Development with Unlimited Supplies of Labor", *The Manchester School of Economic and Social Studies*, 1954, 22, (2).

66. Machinea, José Luis y Martín Hopenhayn: *La Esquiva Equidad en el Desarrollo Latinoamericano, una Visión Estructural, una Aproximación Multifacética*, CEPAL, Serie Informes y estudios especiales, Santiago de Chile, 2005.

67. Marinho M., María Luisa: *El Eslabón Perdido entre Educación y Empleo: Análisis sobre las Percepciones de los Jóvenes Urbanos de Escasos Recursos en Chile*, CEPAL, Serie Políticas sociales, Santiago de Chile, 2007.

68. Marramao, Giacomo: *Tras Babel: Identidad, Pertenencia y Cosmopolitismo de la Diferencia*, CEPAL, Serie Políticas sociales, Santiago de Chile, 2009.

69. Marshall, Enrique: "Implementación de Políticas Macroprudenciales en Chile", *Documentos de Política Económica*, No. 44 - mayo 2012, Banco Central de Chile.

70. Martner, Ricardo y Eduardo Aldunate: *Política Fiscal y Protección Social*,

CEPAL, Serie Gestión pública, Santiago de Chile, 2006.
71. Matthews, Brys, B. , S. and J. Owens: "Tax Reform Trends in OECD Countries", *OECD Taxation Working Papers*, No. 1, OECD Publishing, 2011, http: //dx. doi. org/10. 1787/5kg3h0xxmz8t - en.
72. Mesa - Lago, Carmelo: *Efectos de la Crisis Global sobre la Seguridad Social de Salud y Pensiones en América Latina y el Caribe y Recomendaciones de Políticas*, CEPAL, Serie Políticas sociales, Santiago de Chile, 2009.
73. Meyer - Stamer, Jörg y Frank Wältring: *Innovación Tecnológica y Perfeccionamiento de las Pequeñas y Medianas Empresas en la República Federal de Alemania: Incentivos y Financiamiento*, CEPAL, Serie Desarrollo productivo, Santiago de Chile, 2002.
74. Milesi, Dario, Virginia Moori, Verónica Robert y Gabriel Yoguel: "Desarrollo de Ventajas Competitivas: Pymes Exportadoras Exitosas en Argentina, Chile y Colombia", *Revista de la CEPAL* 92, ago. de 2007.
75. Ministerio de Desarrollo Social de Chile: *Informe de Política Social* 2012, www. ministeriodesarrollosocial. gob. cl.
76. Ministerio de Economía, Fomento y Turismo de Chile: *Segunda Encuesta Longitudinal de Empresas*, junio de 2012.
77. Minzer, Rodolfo: *Las Instituciones Microfinancieras en América Latina: Factores que Explican Su Desempeño*, CEPAL, Serie Estudios y perspectivas, México, D. F. , 2011.
78. Monsalves, Marcelo: *Las PYME y los Sistemas de Apoyo a la Innovación Tecnológica en Chile*, CEPAL, Serie Desarrollo productivo, Santiago de Chile, 2002.
79. OECD: *Perspectivas Económicas de América Latina* 2012: *Transformación del Estado para el Desarrollo*, 2011.
80. OECD, CEPAL: *Perspectivas Económicas de América Latina* 2013, editions 2012.
81. Ordaz, Juan Luis: *México: Capital Humano e Ingresos: Retornos a la Educación*, 1994 - 2005, CEPAL, Serie Estudios y perspectivas, México, D. F. , 2007.
82. Ordaz, Juan Luis: *México: Impacto de la Educación en la Pobreza Rural*,

CEPAL, Serie Estudios y perspectivas, México, D. F. , 2009.
83. Paredes, Ricardo D. y Valentina Paredes: "Chile: Rendimiento Académico y Gestión de la Educación en un Contexto de Rigidez Laboral", *Revista de la CEPAL* 99, dic. de 2009.
84. Parrado, Eric, Jorge Rodríguez y Andrés Velasco: "Responsabilidad Fiscal en Chile: Propuestas para Seguir Avanzando", *Estudios Públicos*, 127 (invierno 2012), http: //www. cepchile. cl.
85. Pautassi, Laura y Carla Zibecchi: *La Provisión de Cuidado y la Superación de la Pobreza Infantil: Programas de Transferencias Condicionadas en Argentina y el Papel de las Organizaciones Sociales y Comunitarias*, CEPAL, Serie Políticas sociales, Santiago de Chile, 2010.
86. Pavez, Patricia: "Un Analisis del IVA en Iberoamérica a Través de la Experiencia Chilena", 2005, Servicio de Impuestos Internos de Chile (SII): http: //home. sii. cl/.
87. Pavón, Lilianne: *Financiamiento a las Microempresas y las Pymes en México (2000 - 2009)*, CEPAL, Serie Financiamiento del desarrollo, Santiago de Chile, 2010.
88. Perotti, R. : "Income Distribution, Democracy and Growth", *Journal of Economic Growth*, 1996, 1 (2), 149 - 187.
89. Persson, T. and G. Tabellini: "IsInequality Harmful for Growth?", *American Economic Review*, 1994, Vol. 84, 600 - 621.
90. Portes, Alejandro y William Haller: *La Economía Informal*, CEPAL, Serie Políticas sociales, Santiago de Chile, 2004.
91. Prebisch, Raúl: *El Mercado Común Latinoamericano*, México, DF, CEPAL, 1959.
92. Prebisch, Raúl: *Hacia una teoría de la transformación*, Santiago de Chile, CEPAL, 1980.
93. Raczynski, Dagmar: *Sistema Chile Solidario y la Politica de Proteccion Social de Chile - Lecciones del Pasado y Agenda para el Futuro*, IFHC, CEPLAN, Santiago de Chile, 2008.
94. Román, Isabel: *Sustentabilidad de los Programas de Transferencias Condicionadas: la Experiencia del Instituto Mixto de Ayuda Social y "Avancemos"*

en *Costa Rica*, CEPAL, Serie Políticas sociales, Santiago de Chile, 2010.

95. Rosenstein – Rodan, P.: "Problems of Industrialization in Southern and Eastern Europe", *Economic Journal*, 1943, 53, 202 – 211.

96. Ruiz – Tagle, Jaime A.: *Chile*: 40 *Años de Desigualdad de Ingresos*, www. econ. uchile. cl , 1999.

97. Sáinz, Pedro y Alfredo Calcagno: *La economía brasileña ante el Plan Real y su crisis*, CEPAL, Serie Temas de coyuntura, Santiago de Chile, 1999.

98. Samoilovich, Daniel et. al. : *Instituciones de Apoyo a la Tecnología y Estrategias Regionales Basadas en la Innovación*, CEPAL, Serie Estudios y perspectivas, Buenos Aires, 2005.

99. Schkolnik, Mariana: *Caracterización de la Inserción Laboral de los Jóvenes*, CEPAL, Serie Políticas sociales, Santiago de Chile, 2005.

100. Schmidt – Hebbel, Klaus: "The Political Economy of Distribution and Growth in Chile", documento de trabajo No 417, Instituto de Economía, Pontificia Universidad Católica de Chile, Santiago de Chile, mayo 2012.

101. Sémbler R. , Camilo: *Estratificación Social y Clases Sociales*: *una Revisión Analítica de los Sectores Medios*, CEPAL, Serie Políticas sociales, Santiago de Chile, 2006.

102. Serra, José y José Roberto Afonso: *Tributación, Seguridad y Cohesión Social en Brasil*, CEPAL, Serie Políticas sociales, Santiago de Chile, 2007.

103. Sojo, Ana: *Identidades y Sentido de Pertenencia y Sus Tensiones Contemporáneas para la Cohesión Social*: ? *del Derrotero a las Raíces, y/o de las Raíces al Derrotero?* CEPAL, Serie Políticas sociales, Santiago de Chile, 2009.

104. Sunkel, Osvaldo y Ricardo Infante: *Hacia un Desarrollo Inclusivo*: *el Caso de Chile*, CEPAL y OIT, Santiago de Chile, 2009.

105. Superintendencia de Pensiones de Chile: *El Sistema Chileno de Pensiones*, Séptima Edición, Santiago de Chile, febrero 2010.

106. Tokman, Víctor E. : *Inserción Laboral, Mercados de Trabajo y Protección Social*, CEPAL, Serie Financiamiento del desarrollo, Santiago de Chile, 2006.

107. Tókman, Víctor E. : *Informalidad, Inseguridad y Cohesión Social en*

América Latina, CEPAL, Serie Políticas sociales, Santiago de Chile, 2007.

108. Tokman, Víctor E.: *Flexiguridad con Informalidad: Opciones y Restricciones*, CEPAL, Serie Macroeconomía del desarrollo, Santiago de Chile, 2008.

109. Torche, Florencia y Guillermo Wormald: *Estratificación y Movilidad Social en Chile: entre la Adscripción y el Logro*, CEPAL, Serie Políticas sociales, Santiago de Chile, 2004.

110. Urriola Urbina, Rafael: "Financiamiento y Equidad en Salud: el Seguro Público Chileno", *Revista de la CEPAL* 87, dic. de 2005.

111. Uthoff, Andras: *Brecha del Estado de Bienestar y Reformas a los Sistemas de Pensiones en América Latina y el Caribe*, CEPAL, Serie Políticas sociales, Santiago de Chile, 2006.

112. Villatoro, Pablo: "Programas de Transferencias Monetarias Condicionadas: Experiencias en América Latina", *Revista de la CEPAL* 86, ago. de 2005.

113. Weller, Jürgen: *Los Jóvenes y el Empleo en América Latina: Desafíos y Perspectivas ante el Nuevo Escenario Laboral*, CEPAL en coedición con Mayol Ediciones S. A. , 2006.

114. Weller, Jürgen: *El Nuevo Escenario Laboral Latinoamericano: Regulación, Protección y Políticas Activas en los Mercados de Trabajo*, Buenos Aires : Siglo Veintiuno Editores, 2009.

115. Zevallos V. , Emilio: "Micro, Pequeñasy Medianas Empresas en América Latina", *Revista de la CEPAL* 79, abr. de 2003.

后　记

　　本书的核心主题是"效率与公平"的关系。近几十年来，拉美国家在如何对待这一关系的问题上有过争论，也有过教训。如今，在新时代的十字路口，尤其是在拉美经济再次遇到麻烦的当下，到底应该如何正确处理这对关系，仍然值得人们深思。

　　20世纪八九十年代，拉美国家急于通过改革摆脱债务危机的阴霾并扫除旧发展模式的陈弊，经济增长和效率是最高目标，而社会公平并未得到应有的重视。21世纪头十年，拉美国家经济发展态势良好，而积累已久的社会矛盾和问题相对凸显，因此各国政府尤其是左派政府开始大力解决因过去重效率、轻公平而造成的收入分配、贫困、教育、社保等方面的问题。此时，"包容性发展"已成为拉美国家乃至全世界发展中国家所宣扬的一种发展模式。然而，全球金融危机之后，拉美国家虽然继续维持了数年的增长，但自从2013年，受国际环境影响，地区一些主要国家的经济开始一路下滑，危机重重，多年来产业结构不平衡、过分依赖初级产品出口的问题再次暴露出来。政府曾经许诺的雄心勃勃的社会改革计划恐怕也只能被迫暂时搁置了。由此我们再次认识到，对于发展中国家而言，发展依然是第一要务，如果蛋糕不持续做大，如何分蛋糕就只是一句空谈。但是，拉美国家还会回到过去的"效率重于公平"的老路上吗？我想答案是否定的，因为"包容性发展"的理念已经深入人心。"包容性发展"强调效率和公平的相互促进关系，人民在政治上拥有广泛而平等的政治权利，在经济上拥有公平的机会去自由竞争，才能带来生产性激励，促进经济长期增长。随着民主制度的巩固、人民生活水平的提高、中产阶级的壮大，收入分配等社会改革必将不断开展，走向深入。未来拉美国家一方面要努力调整产业结构和经济发展模式，保持经济可持续增长，为社会改革创造必要的物质条件；另一方面要促进生产过程、人力资源的公平和分配结果的公平，让公平对效率发挥作用，真正实现平等性增长。

对于中国而言，如今的经济下行压力也应当成为倒逼改革的动力。一方面，我国应当继续努力转变经济增长方式，依靠创新和协同发展，深入推进供给侧改革。另一方面，要切实改变过去重效率、轻公平的发展方式，推动"包容性发展"。胡锦涛同志曾指出，包容性增长的一个根本目的是让经济发展成果惠及所有人群，在可持续发展中实现经济社会协调发展。当前我国虽然经济增速放缓，经济改革和发展是头等大事，但绝不能因此而动摇既定的社会改革目标。正如十三五规划中核心理念之一"共享"所强调的，要注重公平，实现全体人民共同迈入全面小康社会，最终实现共同富裕。

能够完成本书，我要首先特别感谢我的博士导师吴国平教授。吴老师是国内拉美经济研究领域的权威专家，工作繁忙，但他仍拿出大量的时间和精力来培养我，对我寄予厚望。课堂上，他悉心讲解经济学研究方法和数据分析方法，课下，他对我的作业和小论文仔细修改，提出意见。另外，吴老师始终以严谨的治学态度高标准地要求我，督促我进步。正是在他的严格要求下，我始终不懈怠、不放松，将百分之百的精力投入到学习中。为了让我在实践中提高研究能力，吴老师积极安排我参与他主持的科研项目和国内国际学术活动，这都使我受益匪浅。生活中，吴老师时常对我嘘寒问暖，关心我的工作和生活，尽显师长之情怀。我发自内心地感激吴老师对我的栽培和帮助，同时我也深知，我现在努力所获得的进步离吴老师的期望值还很远，但未来我会再接再厉，提高自己的科研水平，让恩师为我而骄傲。

我还要衷心感谢中国社会科学院拉丁美洲研究所各位老师在我攻读博士学位期间给予我的无私的帮助。感谢郑秉文所长给我的指点和照顾，感谢宋晓平老师、柴瑜老师、张凡老师、岳云霞老师、房连泉老师在我博士论文开题时以及论文撰写过程中对我的点拨和引导，感谢杨志敏老师、刘维广老师、张勇老师在我学习过程中给我的帮助，感谢系秘书刘亚楠老师所做的细致的工作，感谢所有给我传授过知识的拉美所的老师们。

衷心感谢北京大学国际关系学院王正毅教授、中国经济体制改革研究会产业改革与企业发展委员会廖明会长、人力资源和社会保障部劳动工资研究所苏海南所长、现代国际关系研究院尚德良研究员。他们在百忙之中抽出时间耐心细致地审阅我的博士论文，提出了许多宝贵意见，并给予我充分的肯定和热情的鼓励。他们的大师风范和平易近人的态度令我难忘。

衷心感谢中国社会科学出版社的罗莉老师和刘艳编辑。她们在对本书内容的校对编辑过程中做了大量细致的工作，付出了努力和辛劳。

最后我要特别感谢我的爸爸、妈妈、妻子、岳父、岳母对我的支持，感谢他们为我所做的一切。正是因为生活在这个温暖的家庭，我才会有勇气去面对和战胜一切困难，并在未来的学术道路上坚定地走下去。

黄乐平

2016 年 6 月